本书由广西高校人文社会科学重点研究基地（广西
质量发展研究中心）基金资助出版。

中国西部地区优化合作机制参建国际陆海贸易新通道研究

黄伟新 著

知识产权出版社
全国百佳图书出版单位
—北京—

图书在版编目（CIP）数据

中国西部地区优化合作机制参建国际陆海贸易新通道研究 / 黄伟新著 . — 北京：知识产权出版社, 2024.10. — ISBN 978-7-5130-9485-6

Ⅰ. F125.533

中国国家版本馆CIP数据核字第20245XG639号

内容提要

本书以国际陆海贸易新通道沿线地带为考察范围，深入探讨了中国西部地区如何通过优化合作机制参与国际陆海贸易新通道的建设，详细分析了中国西部地区现行合作机制的运作状态，并结合“一带一路”背景，探究了影响合作机制优化的关键因素。在借鉴国内外相关地区在区域国际陆海贸易通道建设中的先进合作经验的基础上，提出借助“一带一路”建设机遇，优化西部地区合作参与机制，进而推动国际陆海贸易新通道建设加速发展的具体策略与方案。

本书可作为相关领域研究者和从业者的参考用书，也可作为普通高等院校国际贸易等相关专业学生的课外读物。

责任编辑：李小娟　　**责任印制**：孙婷婷

中国西部地区优化合作机制参建国际陆海贸易新通道研究

ZHONGGUO XIBU DIQU YOUHUA HEZUO JIZHI CANJIAN GUOJI LU-HAI MAOYI XINTONGDAO YANJIU

黄伟新　著

出版发行：	知识产权出版社有限责任公司	**网　址**：	http：// www. ipph. cn
电　话：	010－82004826		http：// www. laichushu. com
社　址：	北京市海淀区气象路50号院	**邮　编**：	100081
责编电话：	010－82000860转8531	**责编邮箱**：	laichushu@cnipr.com
发行电话：	010－82000860转8101	**发行传真**：	010－82000893
印　刷：	北京中献拓方科技发展有限公司	**经　销**：	新华书店、各大网上书店及相关专业书店
开　本：	720mm×1000mm　1/16	**印　张**：	21.25
版　次：	2024年10月第1版	**印　次**：	2024年10月第1次印刷
字　数：	301千字	**定　价**：	98.00元

ISBN 978-7-5130-9485-6

前言

西部陆海新通道[1]是中新(重庆)战略性互联互通示范项目框架下,纵贯我国西南地区,密切联系西北地区与西南地区,有机衔接"一带"和"一路",协同长江经济带,支撑西部地区参与国际竞争与合作,推进西部大开发形成新格局,促进交通物流经济深度融合的陆海联运综合运输通道。该通道地处我国西部中心地区,是西部地区深度融入"一带一路"倡议、打开开放合作新空间的重要战略通道。它的建设与发展一直受到党中央、国务院的高度重视,习近平总书记更是在多个场合对建设陆海新通道做出重要指示。

回顾其发展历程,我们可以看到,这条支撑和带动西部地区高质量发展的陆海新通道的建设与发展始终离不开包括西部地区在内的通道沿线地区及国家各部门的通力合作。尤其在西部陆海新通道建设上升为国家战略之前,以重庆、广西为代表的直接受益省(区、市),就不断努力共邀西部地区抢抓机遇,共建共享这条陆海新通道。时至今日,西部地区12个省

[1] 2015年11月,中国与新加坡签署《关于建设中新(重庆)战略性互联互通示范项目的框架协议》,启动中新(重庆)战略性互联互通示范项目。2017年5月10日,"渝桂新"南向通道测试班列开行,试运行后,这条班列线路被纳入中新(重庆)战略性互联互通示范项目,更名为"南向通道"。2018年11月,中国与新加坡签署《关于"国际陆海贸易新通道"建设合作的谅解备忘录》,"南向通道"正式更名为"国际陆海贸易新通道"。2019年8月,国家发改委印发《西部陆海新通道总体规划》,从该规划出台的背景和内容上看,西部陆海新通道建设也是为了支持和促进中新(重庆)战略性互联互通示范项目合作。因此,本书将中国西部地区优化合作机制参建的"国际陆海贸易新通道",及其前身"南向通道",还有"西部陆海新通道"均视为同一个事物在不同历史时期和现实场景中的不同称呼。为便于行文和读者阅读理解,本书多数时候将"南向通道""国际陆海贸易新通道""西部陆海新通道"也称为陆海新通道,但考虑到官方文件用词、机构名称使用的规范性,本书在介绍陆海新通道发展背景和相应合作机制的时候,仍然会使用"南向通道""国际陆海贸易新通道""西部陆海新通道"这些名称。

(区、市)已经全员参与西部陆海新通道建设,并在西部陆海新通道建设省部际联席会议(简称省部际联席会议)的指导下,与海南省、广东省湛江市、湖南省怀化市构建了省际层面的"13+2"合作共建机制。只不过,受到诸多因素影响,当前以政府为主导的区域合作机制尚不完善,在推动西部地区高水平参建陆海新通道,助推西部大开发形成新格局,实现西部地区经济高质量发展方面的力度也有限。基于此,本书结合作者主持的同题国家社科基金项目开展了相关研究,选择中国西部地区参建国际陆海贸易新通道的合作机制优化为研究对象,综合运用经济地理学、公共管理学、管理科学与系统科学等学科的理论、思维方法与技术手段,结合我国西部地区所处的特殊区情,就如何优化现有合作机制推动西部地区高水平参建陆海新通道展开了详细讨论。总体来看,得出了以下几个主要结论。

第一,区域参建陆海新通道的合作机制有其内在要求。陆海新通道具有系统性、综合性、开放性、准公共品性等特征,陆海新通道基础设施建设、国际物流供需群体引流和陆海新通道组织与管理体系建设是区域合作参建陆海新通道的主要内容,为此,区域合作参建陆海新通道合作机制的内在要求应该为:合作机制目标要有明确的取向;合作机制建设须多主体参与;合作机制要因事而立且有所作为;合作机制还要与时俱进。

第二,区域优化合作机制参建陆海新通道遵循"需求生成—启动实施—绩效评价"的循环过程,且受到诸多因素的影响。从过程视角,区域优化合作机制参建陆海新通道一般经过需求生成、启动实施及绩效评价3个环节。其中,区域优化合作机制需求生成主要受到区域优化合作机制的共同意愿和核心成员优化区域合作机制的能力两大要素影响;启动实施阶段的影响因素既包括外部权威势力介入、区内法规的上位法、区外社会舆论及其他区域的示范效应等外部因素,也包括区域地方政府间关系、区域制定的规则、区域合作的经济基础、区域社会参与水平和区域科技创新水平等内部因素;在区域优化合作机制绩效评价环节,绩效评价的实施主体和绩效反馈质量是其重要的影响因素。此外,本书认为,区域合作历史记载着以往区域合作机制建立与运行的起因、过程和结果，它也能够影响区域优化合作机制参建陆海新通道的每个环节并产生一定的作用。

第三，西部地区合作参建陆海新通道历经了分散探索、组团交友建设、全员参与建设3个阶段。相应地，每个阶段西部地区都基于当时的陆海新通道建设状况努力构建一个稳健高效的区域合作机制，只不过受到诸多因素影响，西部地区参建陆海新通道的合作机制始终处于动态调整之中。直到如今，才基本形成以省部际联席会议制度及其领导下的西部陆海新通道省际协商合作联席会议（简称省际协商合作联席会议）机制，以及推进国际陆海贸易新通道建设合作工作机制为代表的核心机制，还有包括中新（重庆）战略性互联互通示范项目合作机制、中国西部国际投资贸易洽谈会、中国—东盟博览会、中国西部国际博览会、泛珠三角区域合作行政首长联席会议、中国—亚欧博览会、西部陆海新通道班列运输协调委员会等辅助机制。

第四，鉴于当前西部地区参建陆海新通道的合作机制存在的不足，以及由此导致的区域通道参建水平与新时代对西部地区的新要求脱节等问题，有必要加快调整和优化现有合作机制。首先，当前西部地区参建陆海新通道的合作机制主要存在以下不足：一是区域内强有力的协调组织机构尚未出现；二是合作机制成员间信息交互共享不够充分；三是西部陆海新通道沿线政府间的利益补偿机制不够完善；四是核心机制的运行缺乏有力的制度支撑。其次，鉴于上述区域合作机制存在的不足，加上如下情形、构建新发展格局需要新动能，但西部地区陆海新通道参建水平总体不高且增速缓慢；推进西部大开发要形成新格局，但西部省地区陆海新通道参建水平较不平衡且差异持续扩大；陆海新通道建设要有机衔接“一带一路”，但西部地区陆海新通道各项建设任务推进不协调。下一步，有必要优化现有合作机制以促进陆海新通道沿线地区和国家有关部门高水平参建陆海新通道。

第五，西部地区优化合作机制参建陆海新通道的历史因素最重要的是机制成员应具备用历史经验做出决策的能力，至于区域优化合作机制需求生成、启动实施和绩效评价这些环节，它们最需关注的影响因素依次为陆海新通道建设给所有西部省（区、市）带来的机遇，西部省（区、市）协同制定的关于参建陆海新通道的合作规则，以及由国务院确立的绩效评价实施主体的权威公正性。因此，面对现有合作机制存在的诸多问题，当前首要考虑的因素应该是强调陆海新通道建设给所有西部省（区、市）带来的机遇，以此激发西部所有省（区、市）优化合作机制的共同意愿。然后，利用西部地区内部的力量推动现有合作机制的调整，过程中注意开展督促检查和绩效考评，只不过这个环节更需要中央政府成立专项小组，并且在绩效反馈时重点针对合作机制成员单位所在省（区、市）党政一把手进行考核，以此引起他们的重视，进而通过层层压力传导，让这些省（区、市）中实际参与协作的相关单位和个人改变工作作风，配合完成陆海新通道合作共建机制的调整与优化。

第六，分析美国密西西比河运输通道、日本东海道新干线运输通道、德国莱茵河运输通道等沿线地区优化合作机制参与通道建设的经验，并对我国京津冀、长江经济带沿线地区、泛珠三角地区优化合作机制参建区域陆海新通道的经验进行剖析，认为有6点经验对西部地区优化合作机制参建陆海新通道有极大启示，分别是：优化区域合作机制应当坚持中央政府的领导地位；优化区域合作机制应当围绕通道发展目标和思路；优化区域合作机制应当建立强有力的统筹协调机制；优化区域合作机制应当准确地把握合作的重点领域；优化区域合作机制应当健全促进区域合作的制度；优化区域合作机制应当充分发挥宣传舆论的引导作用。

第七，存在以下整合难度从易到难，在推进顺序上有递进关系的3套合作机制优化方案可供决策部门参考：方案1，西部地区协调参与陆海新通道建设的合作机制，它旨在跨出“统筹西部地区参与国际陆海贸易新通道”的第一步，主要参照西部大开发省部联席落实推进工作机制的成员构成和领导规格，建议对省部际联席会议扩员，并将重庆市牵头成立的省际协商合作机制、商务部牵头成立的推进国际陆海贸易新通道建设合作工作机制、国铁集团牵头成立的西部陆海新通道班列运输协调委员会纳入加快西部陆海新通道建设与发展工作机制，然后在省部际联席会议制度下将上述3个工作协调机制改设为相应的专项工作小组，同时建议调整合作机制的一些规则。方案2，西部地区协作参与陆海新通道建设的合作机制，它旨在解决西部地区协作参与陆海新通道建设的难点问题，迈出西部地区形成发展合力的关键一步。该方案的核心是，建议在国务院西部地区开发领导小组的统筹指导下，由重庆市牵头，联合原有合作机制的成员组成"加快西部陆海新通道建设与发展"协作小组（协作小组由重庆市委书记担任组长），作为国家层面的议事协调机构，原来的省部际联席会议、省际协商合作联席会议、推进国际陆海贸易新通道建设合作工作机制同时撤销，目的是确立重庆市在"统筹西部地区参与国际陆海贸易新通道建设"中的主导地位。方案3，统筹西部地区协调参与通道建设的合作机制，旨在为进一步强化通道沿线地区协作机制的领导力、执行力，结合落实西部大开发战略，加快西部陆海新通道建设与发展进程。该方案的核心建议是待时机成熟，将加快西部陆海新通道建设与发展协作机制升格为加快西部陆海新通道建设与发展领导小组（领导小组由一名国务院领导担任组长）。

本书内容共分为6章。第1章为绪论。该章首先论述本书的背景并指明问题研究的重要意义，接下来对研究思路、研究内容进行安排，并对研究方法进行总结，最后对本书的创新之处进行说明。第2章是区域优化合作机制参建陆海新通道的机理研究。该章首先界定了合作、合作机制、区域合作、区域合作机制优化、陆海新通道的内涵，然后阐明了陆海新通道的特点及区域合作参建内容，之后论述了区域合作参建陆海新通道对其合作机制的内在要求，并揭示区域优化合作机制参建陆海新通道的一般过程及其影响因素，从而为下文的研究提供一个理论分析框架。第3章是中国西部地区合作参建国际陆海贸易新通道的进程及现有机制运行现状。该章梳理了西部地区合作参建陆海新通道的进程及现有合作机制的历史沿革、当下现状和存在不足，分析新阶段加快现有合作机制优化的必要性，从而总体厘清了西部地区参建陆海新通道的合作机制现状及进一步优化的必要性。第4章是中国西部地区优化合作机制参建国际陆海贸易新通道的影响因素评价。该章基于本书提出的分析框架，首先结合西部地区以往合作历史和当下调整合作机制的实践，甄别影响西部地区优化合作机制参建陆海新通道的诸多因素，然后构建层次分析模型，并通过yaahp软件收集分析影响因素评价的数据，探寻影响西部地区优化合作机制参建陆海新通道的关键因素。第5章是国内外相关地区优化合作机制参建区域陆海新通道的先进经验及借鉴。该章通过对国内外典型地区优化合作机制参建区域陆海新通道成功经验的凝练概括，为明确西部地区优化合作机制参建陆海新通道的目标取向和方案设计提供了有益启示。第6章是中国西部地区优化合作机制参建国际陆海贸易新通道的方案设计。该章从西部地区实际情况出发，提出当前和今后一段时间西部地区优化合作机制参建陆海新通道的指导思想、基本原则和总体目标，据此设计3套改革力度由小到大的区域合作机制优化方案及相应的保障措施。

本书尽管有其理论和现实意义，也在一定层面上进行了积极的创新尝试和深入研究，但由于区域合作与通道可持续创新是一个涉及内容非常丰富的议题，宏观层面涉及国家法律、制度和政策问题，中观层面涉及通道沿线地区的交通物流及相关产业发展、资源的最优配置问题，微观层面还涉及参建企业的技术创新和企业合作等相关问题，这些问题绝非本书内容所能涵盖。此外，本书在西部地区合作共建陆海新通道的路径选择，以及西部地区各省（区、市）参建陆海新通道的方案设计等问题都还有待于今后进一步深入研究。

由于作者能力有限，尽管在研究过程中尽了最大努力，但本书仍难免存在不足之处，恳请读者批评指正。

目　　录

第1章 绪 论

1.1 研究背景及意义

1.1.1 研究背景

国际陆海贸易新通道,也称西部陆海新通道,是在中新(重庆)战略性互联互通示范项目(简称中新互联互通项目)框架下,纵贯我国西南地区,密切联系西北与西南地区,有机衔接“一带”和“一路”,协同长江经济带,支撑西部地区参与国际竞争合作,推进西部大开发形成新格局,促进交通物流经济深度融合的陆海联运综合运输通道。该通道地处我国西部中心地区,是西部地区深度融入“一带一路”,打开开放合作新空间的重要战略通道。它的建设与发展一直受到党中央、国务院的高度重视,习近平总书记更是在多个场合对建设陆海新通道做出过重要指示。❶

回顾其发展历程,可以看到,这条支撑和带动西部地区高质量发展的陆海新通道的建设与发展,始终离不开包括西部地区在内的沿线地区及国家相关部门的通力合作。尤其在西部陆海新通道建设上升为国家战略之前,以重庆、广西为代表的直接受益省(区、市)不断努力共邀西部地区抢抓机遇,共建共享这条陆海新通道。例如,2015年11月,中新互联互通项目落户重庆。2016年3月18日,就中新互联互通项目在交通物流方面的合作,重庆国际物流枢纽园、广西北部湾国际港务集团、新加坡港务集团共同提出三方设想:“重庆铁路港—广西北部湾港—新加坡港”三港联动,实现“一带一路”无缝衔接、内陆口岸与全球连接、中西部与东盟联动发展。同年5月13日,重庆国际物流枢纽园与广西北部湾国际港务集团

---

❶ 国家发改委基础司.以习近平总书记建设西部陆海新通道重要论述为指引按下西部陆海新通道建设“快进键”[EB/OL].(2020-08-20)[2023-04-30].https://www.ndrc.gov.cn/fggz/zcssfz/dffz/202008/t20200811_1235827.html.

签订战略合作协议，正式拉开中国西部地区组团交友建设陆海新通道的序幕。2017年2月，中新互联互通项目联合协调理事会第一次会议在北京召开，中新互联互通项目南向通道（简称南向通道）首次被正式提出。2017年4月，重庆、广西、贵州、甘肃4省（区、市）政府建立了南向通道合作机制。2018年6月和8月，借助中国（青海）藏毯国际展览会、中国—亚欧博览会两大合作机制，青海、新疆先后加入南向通道共建机制。2019年1月，中新互联互通项目联合实施委员会第四次会议及共建陆海新通道主题对话会系列活动在重庆市举行，重庆、广西、贵州、甘肃、青海、新疆、云南、宁夏8个西部省（区、市）签署《关于合作共建中新（重庆）战略性互联互通示范项目“国际陆海贸易新通道”的框架协议》（简称《中新（重庆）互联互通项目框架协议》）。同年5月，在中国西部国际投资贸易洽谈会上，陕西正式加入合作共建陆海新通道。7月，重庆市党政代表团赴四川省学习考察期间，两省（市）共同签署了《中新（重庆）互联互通项目框架协议》。8月，国家出台《西部陆海新通道总体规划》，把西部陆海新通道建设上升为国家战略，标志着西部陆海新通道建设迎来重大机遇。10月13日，在《西部陆海新通道总体规划》的框架下，西部12个省（区、市）与海南省、广东省湛江市一起，在重庆市签署《合作共建西部陆海新通道框架协议》，标志着“13+1”省际合作机制初步形成。

如今西部地区已经全员参与陆海新通道建设，相关合作机制也在不断调整与完善，然而合作机制成员间信息交互共享不够充分、地区利益补偿机制不够完善、制度体系尚未健全等问题依然突出，进而导致西部地区陆海新通道参建水平总体偏低，部分地区参建陆海新通道的速度和质量不甚理想，区域内的各项陆海新通道建设任务推进也不够协调，降低了陆海新通道整体竞争力，也使陆海新通道建设不能很好满足地区开放发展的需求。为此，亟须系统全面地深入探讨中国西部地区优化现有合作机制的一系列相关问题，促进合作各方高水平共建共享陆海新通道，并最终实现陆海新通道的战略价值。

1.1.2 研究意义

1.1.2.1 理论意义

以区域公共治理理论、协作联盟理论、国际物流理论、运输通道理论为理论基础，建立在区域经济一体化框架下研究经济体之间通过优化合作机制参建陆海新通道的研究体系。这一新的认知体系不仅适用于考察中国西部省（区、市）合作参建区域陆海新通道问题，而且也能够为区域经济一体化框架下，相关经济体共建共享区域陆海新通道提供理论参考，从而丰富了现有陆海新通道建设的一般理论。

1.1.2.2 现实意义

一是西部省（区、市）优化合作机制参建陆海新通道的理论研究成果，将为区域陆海新通道建设实践提供应用参考。

二是对中国西部地区优化合作机制参建陆海新通道的现状及影响因素评价，有利于把握西部地区合作参建陆海新通道现行机制的不足，明确西部地区优化合作机制参建陆海新通道的影响因素及其作用机理，是制定相关政策的有益参考。

三是结合西部特殊区情特点，针对西部地区现有合作机制，设计合作机制的优化方案，推动陆海新通道建设，并提出与不同合作机制优化方案相应的保障措施，可为有关部门制定政策提供实践参考。

1.2 研究思路及内容

1.2.1 研究思路

本书的研究思路是运用公共管理学、经济地理学、区域经济学、管理科学与系统科学等学科理论、思维方法与技术手段，阐释区域优化合作机制参建陆海新通道的机理，分析中国西部地区合作参建陆海新通道的进程及现有机制的运行现状，探讨中国西部地区优化合作机制参建陆海新通道的影响因素,理论结合实际,有针对性地探索区域合作共建陆海新通道,西部地区可选择的合作机制优化方案与对应的保障措施。

1.2.2 研究内容

本书由以下5个部分组成,具体如下。

第一部分:区域优化合作机制参建陆海新通道的机理研究。主要包括:①相关概念的内涵界定;②分析陆海新通道的特点,阐述区域优化合作机制的内容;③区域优化合作机制参建陆海新通道的影响因素及影响路径、调控机理;④建立"区域优化合作机制参建陆海新通道的理论模型",阐述该理论模型的内涵。

第二部分:西部地区合作参建陆海新通道的进程及现有机制运行现状。主要包括:①在梳理西部地区合作参建陆海新通道历程基础上,从陆海新通道基础设施建设、国际物流供需群体引流、陆海新通道组织与管理体系建设3个方面分析西部地区合作参建陆海新通道现状;②分阶段考察西部地区合作参建陆海新通道现有合作机制的历史沿革,剖析现阶段核心机制与辅助机制的运行状况,并探讨其中不足;③论述西部地区加快优化合作机制,推动陆海新通道建设的必要性。

第三部分:西部地区优化合作机制参建陆海新通道的影响因素评价。主要包括:①基于"区域优化合作机制参建陆海新通道的理论分析框架",从西部地区优化合作机制的历史因素、需求生成、启动实施、绩效评价等方面探讨相关因素对西部地区优化合作机制参建陆海新通道的影响;②构建西部地区优化合作机制参建陆海新通道的影响因素评价指标体系,建立层次结构模型,深入分析影响西部地区优化合作机制的关键因素及其影响路径。

第四部分:国内外相关地区优化合作机制参建区域陆海新通道的先进经验及其借鉴。主要包括:①分析美国密西西比河运输通道、日本东海道新干线运输通道、德国莱茵河运输通道等沿线地区优化合作机制参与通道建设的经验;②对京津冀优化合作机制参建区域综合运输通道,长江经济带沿线地区优化合作机制参建长江黄金水道,泛珠三角地区优化合作机制参建泛珠综合运输通道分别开展调查分析;③总结先进地区优化合作机制推动区域陆海新通道建设的成功经验,从中提炼出西部地区可以借鉴的经验。

第五部分:西部地区优化合作机制参建陆海新通道的方案设计。主要包括:①西部地区优化合作机制的总体思想、基本原则与预期目标;②设计改革力度不同的3套合作机制优化方案。其中,方案1为西部地区协调参与陆海新通道建设的合作机制,内容包括该方案的总体考虑和相关事项的方案设计,以及对该方案的总体评价;方案2为西部地区协作参与陆海新通道建设的合作机制,该方案是对方案1的优化升级,内容包括该方案的总体思路和相关事项的具体安排,以及对该方案的总体评价;方案3为统筹西部地区协调参与陆海新通道建设的合作机制,该方案是在方案2基础上的再升级,详细介绍了设计方案的总体考虑和相关事项的具体方案,以及对该方案的总体评价。

1.3 研究方法及技术路线

1.3.1 研究方法

一是多学科综合分析。本书研究对象涉及面广,需综合运用公共管理学、经济地理学、区域经济学、管理科学与系统科学等学科理论、思维方法与技术手段,来指导整体研究工作。

二是理论分析与逻辑推理。本书主要针对区域优化合作机制参建陆海新通道的模式、阶段性特点,区域优化合作机制参建陆海新通道的影响因素及影响路径、调控机理等内容进行研究。

三是文献归纳演绎、间接考察与实地调研。本书通过文献归纳演绎、间接考察用于文献收集分析与研究基础、异地资料等收集归纳,实地调研用于对陆海新通道沿线的西部省(区、市)合作参建陆海新通道实际情况与第一手资料等的获取。

四是定性分析与定量研究相结合。定性分析贯穿本书,对部分内容采用定量分析的研究方法,如对西部地区优化合作机制参建陆海新通道的影响因素,构建评价指标体系,建立层次结构模型,采用层次分析法定量评价影响西部地区优化合作机制的关键因素。

五是综合咨询与科学论证相结合。本书在设计合作机制备选方案研究方面,通过咨询会议或意见征询等多种方式对有关专家学者和政府管理部门、陆海新通道参建企业的负责人等进行多角度、多维度的咨询,再结合理论与现实反复研讨论证。

1.3.2 技术路线

基于上述研究思路、研究内容和方法选择,本书设计如图1-1所示的技术路线。

1.4 创新之处

本书的创新点主要体现在以下几个方面。

一是论证建立区域优化合作机制参建陆海新通道的理论模型。本书明确了陆海新通道具有系统性、综合性、开放性、准公共品性等特征,阐明区域合作参建陆海新通道的内容包括基础设施建设、国际物流供需群体引流,以及组织与管理体系建设,据此提出区域合作参建陆海新通道对其合作机制的内在要求为:合作机制要有明确的目标,机制建设需多主体参与,合作机制要因时而立、有所作为且与时俱进。在以上结论基础上,本书还揭示了区域优化合作机制参建陆海新通道的阶段性目标及其相应的影响因素与作用机理等内容,为我国西部地区优化合作机制参建陆海新通道总结了理论分析框架(图1-1)。

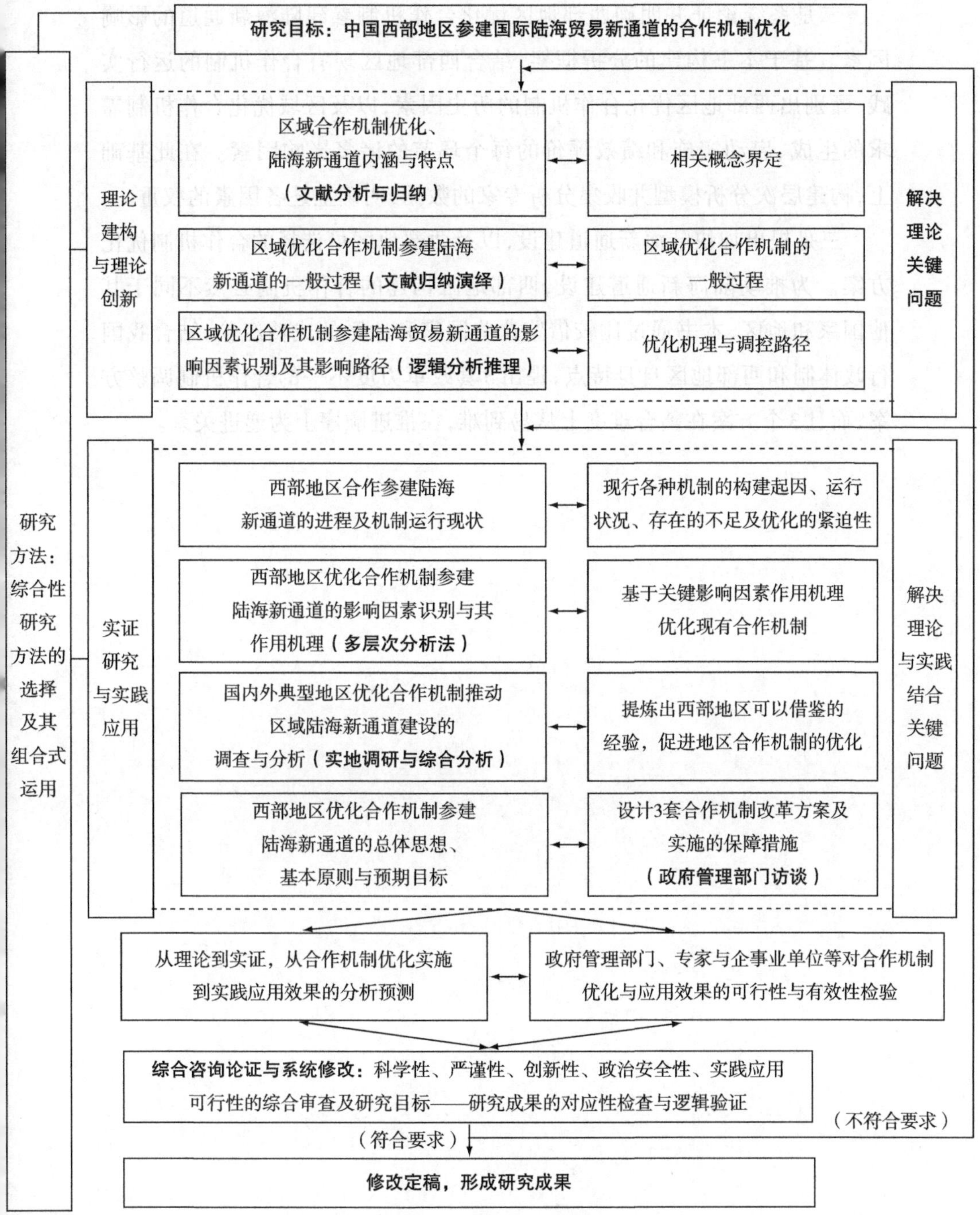

图 1-1　本书研究的技术路线

二是系统论证并明确西部地区优化合作机制参建陆海新通道的影响因素。基于本书构建的分析框架，结合西部地区现有合作机制的运行实践，甄别出西部地区优化合作机制的历史因素，以及区域优化合作机制需求的生成、启动实施和绩效评价的每个环节的诸多影响因素。在此基础上，构建层次分析模型并收集分析专家的数据，明确上述各因素的权重。

三是提出加快陆海新通道建设，以及西部地区可选择的合作机制优化方案。为推动陆海新通道建设，西部地区构建的合作机制必然不同于其他国家和地区，本书通过比较借鉴这些国家和地区的成功经验，结合我国行政体制和西部地区自身特点，提出3套改革力度不一的合作机制调整方案，而且3个方案在整合难度上从易到难，在推进顺序上为递进关系。

第2章　区域优化合作机制参建陆海新通道的机理研究

2.1　相关概念界定

2.1.1　合作

合作一词由“合”与“作”两个汉字组成。其中“合”字，从图2-1所示的字源演变来看[1]，最初它看似由两部分组成，下面像一个器皿，上面像一个盖子。对此，有学者认为下面的“口”好似煮饭用的锅，上面的“亼”为锅盖，锅盖正好与锅相合，故认为“合”是象形字[2]。另一种观点认为“合”是会意字，因为“亼”是古字“集”，有集合之意[3]，“口”可以视作一个较小的范围或区域，两者合并在一起，意为来自不同地方的事物聚集在一起，此为聚集之意，如合资、合作、合力、联合、聚合等。此外，“合”也可视为“人”“一”“口”，意为：大家同吃一碗饭，是合作；人人发出一个声音，是合心。[4]“作”最早见于甲骨文(图2-2)，是物象化了的象形文字，今天舞台上古人穿的名为“斜领袍”的上衣斜领部分的样子，用这个形象来表示“做工”“为”“制造”“开始”“起”等抽象的意思。[5]其字形演变至今，由单人旁“亻”和“乍”两部分构成。由于“乍”可以视为从事某种活动，所以“亻”和“乍”，意为：人去做某种活动，是做事。综合上述“合”与“作”两个字的意思，合作可以定义为来自不同地方的行为主体，为了特定目标，同心同德一起从事某项活动的行为。此外，如果从关系发展视角分析，合作本质上属于一

---

[1] 李学勤，赵平安．字源[M]．天津：天津古籍出版社；沈阳：辽宁人民出版社，2012：462-463.

[2] 吴东平．汉字文化趣释[M]．武汉：湖北人民出版社，2001：200-202.

[3] 赵武宏．细说汉字[M]．北京：大众文艺出版社，2010：333-334.

[4] 李土生．土生说字(第3卷)[M]．北京：中央文献出版社，2009：149-151.

[5] 陈政．字源谈趣[M]．南宁：广西人民出版社，1986：331-332.

种伙伴关系的建立和发展，它涉及合作双方的价值互换。只不过，要想建立可持续的伙伴关系，需要一方创造和传递另一方需要的价值，另一方应该回报对方想要的等价物。

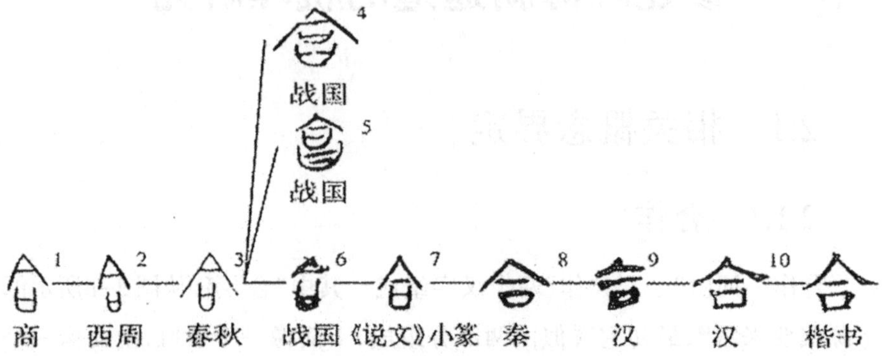

图 2-1 “合”的字形演变[1]

图 2-2 “作”的字形演变[2]

2.1.2 合作机制

在给出合作机制的定义之前，先对机制的含义进行分析和界定。机制由“机”和“制”两个字组成。其中，“机”字，其繁体字为“機”，该字左边的“木”指木头、木料、木材；繁体字右边部分包括一个“戈”、两个“幺”，还有一个“人”。由于“戈”是兵器，有击杀的意思，“幺”是小部件、小零件，又像是丝绳牵扯，“人”位于字体内部，意味着与人相关，所以“機”可以理解为

[1] 李学勤，赵平安．字源[M]．天津：天津古籍出版社；沈阳：辽宁人民出版社，2012：462-463.

[2] 陈政．字源谈趣[M]．南宁：广西人民出版社，1986：331-332.

用木材制造,有细小零部件或是由丝线牵扯发动可击杀人的器械。当代的"机"可以指机器,即由许多零件组成,可以做功或有特殊作用的装置或设备。如果做进一步延伸,那些为了完成某项任务而凝聚众多部门或个体所组成的组织,同样可以视作一种"机器",因为这种组织具有构成机器的几个要素:一是包含许多细分的单位;二是所有单位之间按照某种规则相互联系;三是它可以发挥一定的作用;四是组织功能的发挥及其存在的意义都牵涉人。至于"制",《新华字典》对其的解释共有4个:一是规定、订立;二是限定、约束、管束;三是制度、法度、法则;四是造、作。[1]如此,综合"机"和"制"两字的含义,机制也具有多重含义。当将"制"解释为造或作时,机制可以理解为机器制造,如机制糖,意思是由机器制造出来的糖;当将"制"解释为规定、限定或制度时,机制可以解释为要组成某种机器并使其能够运转,机器各部分所必须遵循的结构关系和运行方式。制度,是指对各部件在机器内承担何种职能及如何运作的一系列规定。本书探讨的是西部地区参建陆海新通道的合作机制优化问题,认为机制可以界定为一种组织体制或规定体制内各构成要素有序运行的制度,是能够促进西部地区高质量参与陆海新通道建设的一种无形组织。本书所说的机制是组织西部地区高质量参与陆海新通道建设所必须遵循的体制和制度。本书所说的体制包括西部地区及其域外所有利益相关者所构成的组织架构。本书所说的制度可以认为是规定西部地区及其域外所有利益相关者要承担何种职能,以及如何对接、如何履职的一系列国家和地方法律法规和相关组织的规章条例。

至于合作机制的定义,本书认为合作指的是来自不同地方的行为主体为了特定目标,共同从事某项活动的行为。机制又可以理解为是一种体制内各构成要素有序运行的制度。因此,合作机制的含义是指来自不同地方的行为主体,为了特定目标,按照一定规则建立起来的组织体系及在该体系下各行为主体按照相关制度开展互动行为的组织建立与运行模式。根据该定义,合作机制有如下3层意思:一是合作机制的构建具有目

[1] 新华字典:11版[M].北京:商务印书馆,2011:651.

标指向性；二是它是由来自不同地方的行为主体按照一定规则建立起来的组织体系；三是所有的行为主体在既定的组织体系下，按照相关制度进行相互联系、相互作用；四是上述行为最终形成一个特定的组织并具有相应的运行模式。

2.1.3 区域合作

一般而言，区域是指一个地区的范围或界限。美国地理学家哈特向认为，区域是一个具有具体位置的地区，在某种方式上与其他地区有区别，并限于这个差别所延伸的范围之内。[1]从该定义可以看出，要划定一个地区的范围，应该以特定的标准为前提。例如，根据区域的经济功能，可以认为是基于描述、分析、管理、计划或制定政策等目的而作为一个应用型整体加以考虑的一片地区。[2]在马库森(Markusen)看来，区域是历史上发展起来的、相邻的地域社会，它拥有物理环境与社会经济、政治和文化环境，以及不同于其他地区和其他主要地域单元、城市和国家的空间结构。[3]根据该定义不难得知，区域是一个动态发展的系统，它包括一定的地理空间及与之相对应的自然系统，也包括在给定地域范围内发展起来的社会、经济、政治和文化等人文子系统。那么，如果按照人类的生产、生活和管理活动的不同性质与对象，区域可以做出基于不同角度的类型划分，如自然地理区域、政治区域、经济区域、行政区域等。其中，行政区域的划分标准主要基于主权或者法定界分的行政区划。在行政区域界限内，国家或国家内部的地方政府有权对社会公共事务进行管理，而且只要国家没有消亡，国家内部行政区域的划分就依然存在。[4]

如此，结合前文关于合作的定义，区域合作可以界定为：来自不同行

❶ R. 哈特向. 地理学性质的透视[M]. 黎樵，译. 北京：商务印书馆，1981：129-130.

❷ 埃德加·M. 胡佛，弗兰克·杰莱塔尼. 区域经济学导论[M]. 王翼龙，译. 上海：上海远东出版社，1992：239.

❸ MARKUSEN A R. Regions：The economics and politics of territory[M]. Washington：Rowman & Littlefield Pub Inc，1987.

❹ 杨爱平，陈瑞莲. 从"行政区行政"到"区域公共管理"——政府治理形态嬗变的一种比较分析[J]. 江西社会科学，2004(11)：23-31.

政区划的行政区域，为了特定目标，齐心协力，一起从事某项活动的行为。当区域合作是为了地区经济发展时，区域合作被认为是不同区域在生产、流通、信息和技术开发过程中，彼此相关和相互依赖的各经济单位或组织之间，为了获得较高的生产效率和物质利益，同时也为了提高自身的市场竞争力和占有更多的市场份额，在平等、互利的原则下，通过一定的合同或协议组织起来的各种联合体和建立起来的各种经济联系。[1]需要注意的是，随着时代的发展，现代社会具有明显的经济全球化、社会信息化等特征，一些越来越"外部化""无界化"的"区域公共问题"日益凸显，如跨国或跨行政区划的环保问题、人口与资源问题、流域治理问题、基础设施建设问题、区际法律冲突问题、地区稳定问题、流行病的防治问题等，这就使以往由一个国家或一个地方政府进行的单边公共行政机构力不从心，无法应对大量的"区域公共问题"[2]，这时就需要区域政府和其他非政府组织（如企业、非营利组织）开展联合治理，供给必需的区域公共产品。所以，有些学者认为，区域合作是以行政区划为主要划分标准的区域之间或区域内部不同地区之间的主体，包括政府、团体、自然人等，依据一定的目标、原则和制度，将不同的系统要素在地区之间进行重新配置、整合与优化，形成规模更大、结构更佳的组织体系，以便获取最大的经济效益、社会效益和生态效益的个体和集体相互协作的行为。[3]

根据前文关于合作机制的定义，无论从哪个维度看待，开展合作的行为主体，只要合作事项牵涉自身利益，所有利益相关者在合力完成目标任务过程中，均会以某种方式建立起一个组织，而且该组织会形成特有的运行模式。鉴于本书从行政区视角分析区域合作，因此，基于该视角的合作机制等同于区域合作机制，并将其界定为来自不同行政区域的行为主体（包括自然人、法人、其他组织等），为了特定目标，按照一定规则建立起来的组织体系及在该体系下各行为主体按照相关制度开展互动行为的组织

[1] 孙久文．区域经济学：2版［M］．北京：首都经济贸易大学出版社，2010：231.

[2] 陈瑞莲．论区域公共管理研究的缘起与发展［J］．政治学研究，2003（4）：75-84.

[3] 石佳弋．泛珠三角区域分工合作模式的经验及启示——基于泛长三角区域的角度［J］．现代经济信息，2011（2）：265，269.

建立与运行模式。对于西部地区而言，参建陆海新通道的合作机制，应该是为了实现陆海新通道建设与发展，包括西部地区在内的所有利益相关者按照相关制度相互联系、相互作用，所形成的一个具有特定作用的组织及其运行模式。由于区域合作的主体为各级行政区，且以政府为代表[1]，因此针对本书所探讨的西部地区优化合作机制参建陆海新通道这一议题，最重要的行为主体是西部地区12个省级行政区的各级人民政府。它们为了共建共享陆海新通道，在《中华人民共和国宪法》(简称《宪法》)和《中华人民共和国行政法》规定的"本行政区域"职权范围内，共同开展各种相关活动。然后，由于现代社会区域公共问题愈加"外部化""无界化"，区域合作机制的建立与运行，还应该关注行政区范围内的非政府组织(如企业、非营利组织)，以及行政区外的上级政府和非政府组织。

2.1.4 区域合作参建

《现代汉语词典》(第7版)中，对参建的解释为"参与建造；参加建设"。按此定义，可以推测，从个体角度分析，所要建设的项目，应该不只有一个参与主体，而是有两个或两个以上。如果将这里的个体理解为一个组织或制度单元(地区、城市等)，就意味着有两个或两个以上组织或制度单元(地区、城市等)共同建设某个项目。对于以行政区域为划分标准的区域而言，一个行政区域其本质属于一个制度单元，所探讨的参建，其内涵等同于"区域参建"。单就项目本身而言，要完成一个项目，需要多少个行政区域参与，是否需要区域之间开展合作，以及相互间的合作程度，取决于项目的难易程度和项目建设给各方带来的利益。从合作关系的紧密程度而言，一旦项目建设涉及两个或两个以上行政区域，那么无论它们之间合作关系紧密程度如何，都可以将这种合作行为称为"区域合作参建"。区域合作机制是影响区域合作参建程度的直接因素。就本书而言，西部地区合作参建陆海新通道需要关注的是区域合作机制及其优化。西部地区只有通过优化合作机制，才能使来自不同区域的行为主体同心同德、相互配合，进而不断提高区域合作参建陆海新通道的水平，实现创新与发展。

---

[1] 孙久文. 区域经济学：2版[M]. 北京：首都经济贸易大学出版社，2010：231.

2.1.5　区域合作机制优化

一般而言,区域合作与发展是一个动态调整过程。因为区域合作的参与主体(政府、私人企业、非营利组织、自然人等)所面临的内外部环境一直都处于变化之中,其随着自身所处环境的变化而不断调整在区域合作中的预期成本与收益,进而做出行为上的改变。由于区域合作参与主体目标和行为的改变具有方向性,即有正向作用与负向阻碍之分,那么按照人类命运共同体的基本立场,为了某种特定目标,按照一定规则建立起来的区域合作机制也必然存在是否有利于区域合作与发展的情况。然后,当区域合作机制的调整能够帮助区域合作参与主体更好适应新的合作发展环境,并且能够有效促进区域合作,实现区域可持续发展,就可以认为区域合作机制处于优化的过程。又因为区域合作机制可以认为是来自不同行政区域的行为主体为了特定目标,按照一定规则建立起来的组织体制与制度,那么,区域合作机制优化就是来自不同行政区域的行为主体,为了帮助区域合作参与主体更好适应新的合作发展环境,有效促进区域合作,实现区域合作发展目标所进行的组织体制与制度调整过程。西部地区在合作参建陆海新通道过程中,要想实现区域合作机制的优化,可以通过以下途径:一是调整组织体制,即调整西部地区及其域外所有利益相关者所构成的组织架构;二是完善制度体系,即建立和完善制度,明确西部地区及其域外所有利益相关者要承担何种职能,如何对接、如何履职等一系列国家和地方法律法规及相关组织的规章条例;三是上述两种方式同时进行。

特别说明的是,本书探讨的是西部地区在合作参建陆海新通道过程中需要什么样的合作机制,以及为什么要优化合作机制,如何优化合作机制等问题。西部地区整体上属于区域的范畴,由于行为主体指的是行使某项行为的自然人、法人、其他组织等,所以从严格意义上来讲,西部地区不能作为优化合作机制的行为主体。因此,本书抽象出来的区域合作机制优化,对其概念进行解释时,特别指出优化合作机制的行为主体不是区域,而是来自不同行政区域的行为主体(包括自然人、法人、其他组织等)。

此外，考虑到区域具有可细分性，即一个区域可以细分为若干个子区域，如中国西部地区可以细分为12个省级行政区域，如此会出现区域优化合作机制到底是一个区域整体，还是某个子区域的混淆。对此，本书将一个区域中子区域之间为了更好合作而共同努力构建更完善的合作机制的现象，称为“区域合作机制优化”，或称“区域优化合作机制”；将一个区域中某个子区域为了自身利益而努力推动区域整体合作机制优化的现象，统称为“优化区域合作机制”。

2.1.6 陆海新通道

《现代汉语词典》中关于通道有两个解释：一是往来的大路；二是将通道等同于通路，泛指物体通过的途径。从广义视角分析，如果《现代汉语词典》解释中的大路和途径都不局限于两地之间的陆地、水域或空域，而是三者都涵盖，那么通道可以称为大通道。相对地，如果将物品从供应地到接收地通过的途径或道路仅限于两地之间的陆地、水域或空域中的任何一个，抑或更具体到陆地中的公路、铁路、管道，所指的通道就是狭义的理解。

在当今国际贸易中，由于货物海运的成本相比陆运和空运都要低，所以一般情况下，临海的国家和地区都会优先选择海运。不过，国际货物即便选择了海运，仍然需要经过一段陆地运输才能最终将货物送到指定地点。这时候，如果陆海衔接不畅，国际货物运输的综合成本就会高于其他运输方式。又因为国际物流离不开基础设施，同时国际物流规模的扩大往往能够带动沿线地区贸易、产业的发展，所以不管国际物流的发展是由政府主导还是由市场自发形成，都会推动区域国际物流大通道的形成与发展。当一个国家和地区发展国际贸易，面临国际运输方式的选择时，如果选择新开辟一条陆海衔接的国际物流大通道支撑本地区国际贸易发展，那么这条通道就可以称为陆海新通道。

就本书而言，陆海新通道有着特定的内涵：首先，它是中国与新加坡于2018年11月签署的《关于中新（重庆）战略性互联互通示范项目“国际陆海贸易新通道”建设合作的谅解备忘录》中所指的是战略性互联互通示范项目。其次，这条通道是在“一带一路”框架下，以广西、云南、贵州、四川、重庆、甘肃、青海、新疆、陕西等中国西部相关省（区、市）为关键节点，利用铁路、海运、公路等运输方式，向南通达新加坡等东盟国家，进而辐射澳新、中东及欧洲等区域，向东连接东北亚、北美等区域，向北与重庆、兰州、新疆等地的中欧班列连接，是西部地区实现与东盟及其他国家区域联动和国际合作，有机衔接“一带一路”的复合型对外开放通道。[1]最后，其自身发展有着特定的历史脉络。1919年，孙中山在《建国方略》一书中提出了开辟西南出海通道设想。1992年5月，中共中央下发《中共中央关于加快改革，扩大开放，力争经济更好更快地上一个新台阶的意见》，明确提出“要发挥广西作为西南地区出海通道的作用”的决策部署，西南出海大通道的建设正式开始。[2]2015年11月7日，中国与新加坡签署政府间合作协议，启动中新互联互通项目。该项目不设物理边界，而是以“现代互联互通和现代服务经济”为主题，以重庆为运营中心，聚焦金融服务、航空产业、交通物流、信息通信4大重点领域开展合作。2017年5月10日，“渝桂新”南向通道测试班列开行，这条班列线路被纳入中新互联互通项目的基础项目。2018年11月12日，国务院总理李克强同新加坡总理李显龙共同见证两国签署了《关于中新（重庆）战略性互联互通示范项目“国际陆海贸易新通道”建设合作的谅解备忘录》，南向通道正式更名为国际陆海贸易新通道。2019年8月15日，国家发展改革委印发《西部陆海新通道总体规划》，西部陆海新通道的定位进一步提升，内涵也更加丰富。西部陆海新通道也被认为是在中新互联互通项目框架下，以重庆市为运营中心，以广西壮族自治区为陆海衔接枢纽，以贵州、甘肃等省（区、市）为关键节点，西部相关省（区、市）与新加坡等东盟国家通过区域联动、国际合作共同打造有

---

[1] 国家推进“一带一路”建设工作领导小组办公室.国际陆海贸易新通道（New International Land-Sea Trade Corridor）[EB/OL].（2019-02-20）[2023-02-06]. https://www.yidaiyilu.gov.cn/zchj/slbk/80076.htm.

[2] 佚名.中共中央首次明确提出发挥广西作为西南出海通道的作用——1992年中共中央《关于加快改革、扩大开放，力争经济更好更快地上一个新台阶的意见》[EB/OL].（2009-03-20）[2023-10-20]. http://www.gxdfz.org.cn/flbg/gxzhizui/ls/201612/t20161227_35203.html.

机衔接"一带一路"的陆海新通道。❶故而,西部陆海新通道又称南向通道。❷

综上所述,西部陆海新通道,可以定义为:在中新互联互通项目框架下,纵贯我国西南地区,密切西北与西南地区联系,有机衔接"一带"和"一路",协同长江经济带,支撑西部地区参与国际竞争合作,推进西部大开发形成新格局,促进交通物流经济深度融合的陆海联动综合运输通道。该通道地处我国西部中心地区,是西部地区深度融入"一带一路",打通开放合作新空间的重要战略通道。从地理位置上看,这条通道纵贯南北,深入我国西北地区腹地,向南通达新加坡等东盟国家,进而辐射澳新、中东及欧洲等区域,向东连接东北亚、北美等区域,向北与重庆、兰州、新疆等省(区、市)的中欧班列连接。陆海新通道的运营中心为重庆市,关键节点为广西、贵州等西部省(区、市),在公路、铁路、海运、航空等多种运输方式共同作用下,有机衔接"一带一路",使西部地区实现与东盟及其他国家区域的联动和国际合作。从空间布局上看,西部陆海新通道的主体为《西部陆海新通道总体规划》中划分的三条出海陆路主通道,即中国重庆经贵阳、南宁至北部湾出海口,重庆经怀化、柳州至北部湾出海口,成都经泸州(宜宾)、百色至北部湾出海口。西部陆海新通道以重庆、广西、四川成都、海南洋浦为重要枢纽,沿线地区分为西南地区核心覆盖区和西北地区辐射延展带。从战略定位上看,西部陆海新通道是"一带"与"一路"相衔接的陆海联动通道,是推动西部地区积极参与国际经济合作发展的陆海贸易通道,更是促进交通物流经济横向纵向融合发展的一条综合运输通道。

2.2 陆海新通道的特点及区域合作参建内容

2.2.1 陆海新通道的特点

一般而言,一条能够支撑区域发展的陆海新通道,具有系统性、综合

❶ 赵光辉,谢柱军,任书玉. 西部陆海新通道枢纽经济效益分析[J]. 东南亚纵横,2020(2):94-102.

❷ 王水莲. 推动西部陆海新通道建设走深走实[J]. 开放导报,2020(5):48-53.

性、开放性、准公共品性等基本特征,具体表现如下。

2.2.1.1 系统性

主要表现为陆海新通道中的不同运输方式虽然各成体系,但是国际货物运输往往涉及不同运输方式之间的衔接,因此陆海新通道内各条运输线路和运输方式都需要有机衔接、相互协作才能完成跨区域、跨国界运输。

2.2.1.2 综合性

主要表现为区域范围内存在多条线路和多种运输方式,国际物流要实现大流通,就不能局限于海路、内河运输、铁路、公路、航空运输、管道运输中的单独一种,而是综合多种运输方式的优缺点,通过多种运输方式开展货物的跨区域、跨国界运输。

2.2.1.3 开放性

陆海新通道具备国际货物运输的国际性、开放性特征。陆海新通道的开放性特征,要求物流基础设施建设不仅满足本区域物流需要,还要在链接其他国家物流设施的同时,对周边区域开放,才能吸引大量的国际物流途经本区域的运输通道。本书重点指出的是,陆海新通道开放程度受到区域发展层次和阶段影响,同时其开放的程度具有指向性。就陆海新通道的指向性,可以有如下表现:当区域之间经贸合作往来较频繁,合作强度不断加深时,该区域就会选择性重点建设面向合作区域的国际运输通道,随着运输通道的不断完善,面向合作区域的陆海新通道就会突出呈现,表现为一种双向的开放。

2.2.1.4 准公共品性

陆海新通道具有非竞争性和不充分的非排他性两大特征,属于一种准公共品。其中的非竞争性主要表现为:一是正常情况下,行驶在陆海新通道中的公共道路上的车辆,它们的车速不是谁出价更高就能更快通过,特别是发生交通拥堵时,消费的竞争性几乎不存在;二是当陆海新通道的运行能力没有达到设计的最高负荷时,新增一个通道使用者的边际成本几乎为零,但是通道中的公共道路已经达到甚至超过设计的最大负荷,变得交通拥挤时,就需要改扩建或新增通道,可这时也无法以单个通道使用者来计算边际成本。不充分的非排他性突出表现在通道中的公共道路使用和消费场景,如来自任何地方的车辆一旦驶入通道的某一路段,一定程度上就会排斥其他车辆在本路段行驶,否则就会产生交通拥堵。

2.2.2 区域合作参建陆海新通道的内容

根据国外典型货物运输通道(如美国的密西西比河通道,欧洲的莱茵河运输通道,日本的太平洋通道等)的形成和发展经验,一个地区要建设和发展的运输通道,通常有几个共同特性:一是有相对应的经济和产业基础;二是有相对应的综合运输体系基础;三是有保障其高效运行的协调机制。❶

对于跨行政区域的陆海新通道而言,其要发展成一条陆海衔接,有效支撑本地区国际贸易发展的国际运输大通道,需要在通道基础设施、国际物流供需群体引流、国际物流组织与管理三方面开展建设。相应地,按照前文关于区域合作参建的定义,并结合运输通道的共性特征,区域合作参建陆海新通道同样需要合作各方共同投入人力、实体、组织等有形和无形的资源,才能完成上述三方面建设任务。

2.2.2.1 陆海新通道基础设施建设

货物要跨越国家或地区的边界,需要借助相应的运输工具,选择适合的道路才能够实现。物流基础设施既是货物运输工具载运货物的前提,也为货物包装、加工、配送和信息处理提供必要的条件。在陆海新通道建设中,为发展国际物流需要,往往在区域已有的物流基础设施上,对原有物流基础设施进行完善。即便是专门建设的国际物流通道,无一例外地都要加大公路、铁路、航空机场、港口码头、油气管道等运输线路建设,因为这些运输线路直接决定了国际货物运输工具能否顺畅运行,特别在商

❶ 李红启,常馨玉,李嫣然. 国外典型运输通道发展概况与启示[J]. 综合运输,2014(9):70-75.

业社会中，应用先进技术、高水准建设的基础设施，将极大降低区域国际货运成本，增强区域国际物流竞争力。同时，如果涉及跨区域、长距离、高强度的国际物流运输，没有布局合理的物流枢纽，通畅的物流通道将难以保证，因此在陆海新通道基础设施建设中，为国际物流提供流通加工服务的物流园区、物流基地等枢纽型物流处理中心无疑也是区域陆海新通道建设内容。

2.2.2.2　国际物流供需主体引流

陆海新通道要真正建设起来，并且可以长期保持运行，离不开利用陆海新通道来获取各自利益的物流服务供给群体和对应的需求群体。其中，需要引流的国际物流的供给群体指的是利用物流通道提供各种国际物流服务活动的个人和组织。作为供给群体包括但不限于个人、传统储运企业、流通加工企业、第三方物流企业、从事跨境运输的企业、物流中介组织等。特别是一些提供国际物流服务的物流企业，它们在国际货物运输途中开展一定的附加作业，如包装、仓储、搬运、装卸、配送、物流信息收集与整理等，能够降低物质资料运输过程中的损耗，减少运输成本，提高国际物流效率，将极大地提高陆海新通道的吸引力。国际物流的需求群体指的是从陆海新通道中获取国际物流服务的个人和组织，它们主要包括个人消费群体、工业生产和商贸流通的企业群体、行业协会、研究机构、政府部门、事业单位等。以上国际物流需求群体产生的各种各样的物流需求，作为一种市场力量，是推动陆海新通道建设的重要力量。同时，陆海新通道只有在供需双方多频次、高强度参与的情况下，才能够发挥其本身的作用，实现自身的价值，进而再继续促进政府和市场力量投入更多资源完善陆海新通道各方面的功能，推动陆海新通道朝着更大、更好的方向发展。

2.2.2.3　陆海新通道组织与管理体系建设

陆海新通道包括海陆空多条线路和庞大的综合运输体系，要保证国际货物在陆海新通道内顺畅流转，就需要专门的部门和组织对陆海新通道运行进行有效地组织和管理。从管理学的角度，也就是对陆海新通道中各部分进行充分的计划、组织、领导、协调和控制。这方面政府能够对陆海新通道进行规划、设计与管理,但是政府作为一个多部门构成的组织,每个部门承担一定的职责和从事相应的管理工作,有时还存在重复管理、交叉管理情形,为此在陆海新通道建设中,需要在陆海新通道干线的规划、物流枢纽的选址与布局、物流服务商的组织与管理、物流信息网络系统、相关制度政策的制定等方面,落实具体任务到相应的政府部门,形成自上而下的组织体系,同时构建有效的管理机制,保证陆海新通道建设能够政令畅通,各项工作高效衔接。

2.3 区域合作参建陆海新通道对其合作机制的内在要求

前文界定了合作机制、区域合作参建、陆海新通道的内涵,并且阐述了陆海新通道的一般特征,以及区域合作参建陆海新通道的内容。本节承接前文内容,探讨区域合作参建陆海新通道对其合作机制的内在要求,目的是深入分析不同行政区域合作参建陆海新通道的合作机制所呈现的共有特征。

2.3.1 合作机制要有明确的目标取向

目标是行为主体开展活动的向导。区域合作机制是为了特定目标而形成的一种组织形式与运行模式,所以就区域合作参建陆海新通道而言,来自不同行政区域的行为主体及其利益相关者所建立的合作机制自然是为了一个明确的目标而存在和运行的。至于这个目标应该如何描述,最基本的要求是遵循SMART原则进行目标的描述,即合作机制建立和运行的目标要具体、可测量、与陆海新通道相关、有时间限制。如果要建设的陆海新通道相关项目尚处于设想阶段,那么合作机制建立的目标或许可以定义为在特定时间内拟定一个可执行的建设方案。如果陆海新通道已经开始运行,那么新阶段的合作机制优化目标或许可以描述为在规定的时间内使陆海新通道在哪些方面取得什么样的新成就。如果陆海新通道运行中出现了重大问题,这时合作机制运行的目标是在规定时间内解决问题。

2.3.2　合作机制建设需多主体参与

合作就意味着参与主体的数量不少于两个。那么,不同行政区域合作参建陆海新通道的合作机制其建设与发展必然需要政府部门和非政府部门(私营组织、非营利组织或公民个人)等多个主体的参与。同时,要想保证合作机制运行顺畅高效,还需要合作参与主体具备一定的素质和结构。特别在涉及跨区公共品生产管理时,单靠本地区政府和职能部门参加,可能出现动力不足、效果不佳的情况。对于陆海新通道而言,其建设内容包括跨区的交通基础设施,物流供需群体的空间布局,还有运营管理过程中的组织协调等,每一项都涉及政府、经济组织、社会团体和广大居民的利益。所以,区域合作参建陆海新通道的合作机制更需政府、企业、研究机构、社会团体乃至居民代表等多种类型的行为主体共同参与。然后,合作各方根据自身立场和能力,在合作机制中扮演好各自的角色,就能共同推动合作机制的建设与有效运行。

2.3.3　合作机制要因事而立且有所作为

前文提到,合作是来自不同地方的行为主体,为了特定目标一起从事某项活动的行为。合作机制建立的目的是推进合作的进行,具体来讲,就是在规定的体制和制度约束下,凝聚各方力量,一起从事某项活动。陆海新通道的建设往往事关沿线地区的经贸发展,但是要实现陆海新通道从设想到真正运行不能一蹴而就,也不是单个地区能够做好的,其发展过程中要解决一系列问题,如通道线路的走向、枢纽的规划与选址、沿线地区产业布局、生态环境保护等。因此,区域合作参建陆海新通道的合作机制存在的意义是为了推动其建设与发展,而且合作机制的运行必须有所作为。一旦合作机制不能有效解决陆海新通道建设过程中出现的各种问题,就要及时调整合作机制的运行规则,甚至重新设计一个新的合作机制。

2.3.4 合作机制要与时俱进

区域合作参建陆海新通道的合作机制要随着区域合作环境的变化而做出相应的调整,才能与时俱进,推动陆海新通道持续健康发展。这是因为,从一定程度来讲,陆海新通道本身就是一个新的事物,它的发展要面临很多问题,如在空间上如何布局,要具备何种功能,需要投入多少资源,运行模式如何推陈出新等。然后,这些问题的处理方式和结果又使陆海新通道建设面临新的发展环境。这时候调整和优化区域合作参建陆海新通道的合作机制就势在必行,而且合作机制的演进趋势总体表现为从自发无序到组织有序,具体表现在合作机制建设从无到有,涉事范围由点及面,合作机制级别从低到高,优化难度由易到难的特点。

2.4 区域优化合作机制参建陆海新通道的一般过程

既有理论研究表明,合作机制的演化有一定的逻辑性,也是一个渐进式发展历程。格雷(Gray)和伍德(Wood)在《合作联盟:从实践转向理论》一文中指出,合作联盟作为一种组织形式,它的成立是为了解决复杂的、需很长时间且无法通过单方面行动解决的问题。他们认为,要理解合作联盟需要理论上解释清楚3个重要问题,即使合作成为可能及激励利益相关者参与的先决条件、合作过程、合作结果。[1]林(Ring)和范德文(Van de Ven)认为组织间合作关系的发展过程是"商谈—签约—履约"的循环过程,而且每个周期中的3个阶段都要根据一定的规则进行评价。汤姆森(Thomson)和佩里(Perry)基于"前因—过程—结果"模型对合作过程进行了深入探讨,认为合作伙伴会在合作过程中学习到治理和管理、相互性、规范、组织自治五个方面的知识,然后通过重新谈判达到一个新的合作状

[1] GRAY B, WOOD D. Collaborative alliances: Moving from practice to theory [J]. Journal of applied behavioral science a publication of the NTL Institute, 1991, 27(1): 3-22.

态。❶阿尔莫格(Almog-Bar)和斯密德(Schmid)认为伙伴关系的建立是一个3阶段的发展过程,具体为形成伙伴关系,设计其管理安排和程序,以及实施其决策并实现目标和结果。❷赵晖和许思琪构建了一个包含"合作意愿—合作过程—合作结果"三个维度的"避害型"府际合作生成的分析框架,认为"避害型"跨区域合作的达成并非由公共问题引发的单一合作过程,而是由合作意愿、合作过程和合作结果组成的相互衔接的渐进式发展历程。❸

本书认为,既然区域合作参建陆海新通道的合作机制具有与时俱进的内在要求,这就意味着区域合作机制要随着环境的变化做出调整,必须是转向更加合理、更高水平的合作机制。同时,区域优化合作机制不是一蹴而就的,而是为了推动陆海新通道这种具有公共性质的系统工程建设。所以,区域优化合作机制参建陆海新通道需要经历一段时间,而且整个过程从开始到完成要经过"需求生成—启动实施—绩效评价"3个阶段,并在结束后,随着环境变化和新问题的出现进入区域优化合作机制的新一轮周期(图2-3)。

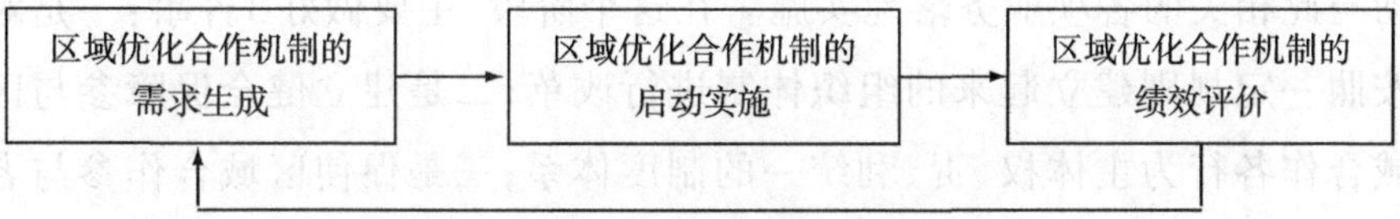

图2-3　区域优化合作机制参建陆海新通道的一般过程

2.4.1　区域优化合作机制的需求生成

区域合作参建陆海新通道的合作机制之所以需要优化,其背后的直接原因是现有区域合作机制已经不能有效地促进区域参与陆海新通道建

❶ THOMSON A M, PERRY J L. Collaboration processes: Inside the black box[J]. Public administration review, 2006(66): 20-32.

❷ ALMOG-BAR M, SCHMID H. Cross-sector partnerships in human services: Insights and organizational dilemmas[J]. Nonprofit and voluntary sector quarterly, 2018, 47(341): 119-138.

❸ 赵晖,许思琪.跨域环境治理中的"避害型"府际合作:研究框架与生成逻辑——以广佛合作治理水污染为例[J].理论探讨,2022(3):87-95.

设。只不过,对于参建陆海新通道这件事,从个体角度而言,并非每个参与者都有相同的历史使命感和加快区域合作机制优化的意愿与能力,所以要实现区域合作机制的优化,第一步需要合作各方都认同要通过优化合作机制合力推进陆海新通道建设,即区域优化合作机制的需求的生成。退一步来讲,即便陆海新通道建设对沿线地区发展具有同等的重要作用,但是要调整既有的合作机制,必然涉及诸多合作参与者的利益,有些合作伙伴会获得更多利益,有些合作伙伴会因此少得一点,抑或预期收不抵支,其结果必然是合作各方优化区域合作机制的意愿强度有别。此外,根据经济学的需求理论,仅有优化合作机制的意愿而没有这个能力,称不上真正的需求。所以,既有合作机制的调整与优化,前提是每个参与者都存在优化合作机制的意愿,同时具备相应的能力,然后通过一定途径达成共识,才算完成区域优化合作机制的需求确认。

2.4.2 区域优化合作机制的启动实施

一旦各方达成共识要优化区域合作机制以此提高区域合作参建陆海新通道的水平,接下来就要启动区域合作机制优化,以及采取必要措施推动与此相关的各项业务落地实施。在这个阶段,主要做好3件事:一是对按照一定规则建立起来的组织体制进行改革;二是建立健全保障参与区域合作各行为主体权、责、利统一的制度体系;三是促使区域合作参与者主动改变自身的行为方式。需要注意的是,要实现区域合作机制的优化,上述活动并非要同时启动与实施。有时只需要调整原有制度中的一些规定,就能解决区域合作机制运行中存在的问题;有时需要出台一项新的制度,促进区域合作机制更顺畅运行;有时需要同时调整组织体制和对应的规章制度,才能让区域合作机制有效运转。不管怎样,区域合作参建陆海新通道的合作机制一旦确定要进行优化,在推进过程中,切不可盲目行事。要针对区域合作参建陆海新通道所遇到的新环境、新问题,并结合现行区域合作机制所能应对的承受能力,来选择性地改革既有合作机制所涉及的区域合作组织体制和制度,而且一般都需综合考虑各方面的影响因素,然后做好顶层设计,统筹推进才能取得较好效果。

2.4.3　区域优化合作机制的绩效评价

区域优化合作机制启动实施后，与合作机制优化有关的体制制度改革所带来的结果必须及时反馈给参与陆海新通道建设的所有利益相关者，并被他们认可与接受，只有这样才能确保区域优化合作机制的整个过程全部完成。这是因为区域优化合作机制的直接目的是引导和鼓励来自不同行政区域的行为主体及其利益相关者高水平参建陆海新通道，但是任何一次与合作机制优化有关的体制制度改革，都会影响相关组织和个人的利益，牵一发而动全身。如果区域优化合作机制启动实施后，对每一项改革举措都能提前预判可能出现的问题，事中和事后及时向利益相关者进行反馈，并得到认可与接受，那么区域合作参建陆海新通道的合作机制最终会得到调整和优化。将本轮调整后的区域合作机制作为下一轮区域合作机制优化的起点，同时本轮区域合作机制优化的整个过程，以及所有行为都被存档，这些合作历史还会成为下一轮区域合作机制优化的重要参考。

2.5　区域优化合作机制参建陆海新通道的影响因素

自格雷和伍德于1991年提出合作联盟的“先决条件—过程—结果”分析框架，那些对合作过程各阶段产生影响的诸多因素逐步被学者们研究发现（图2-4）。归结起来，影响先行阶段的关键变量包括资源稀缺度、资源需求、合作历史、相互依赖度、风险分担需要、问题复杂程度，这些要素是区域合作产生的前提；过程阶段受到合作管理方式、政府行政管理、合作伙伴关系依存性、组织自主性、信任准则和互惠规范等因素影响，它们决定合作过程或者机制的运行是否顺畅；结果阶段包括合作目标实现、新的伙伴关系建立所产生的资源利用能力、组织间关系深入、自主解决问题的能力等，这些因素影响组织间合作的结果输出；最后，合作结果构成下一个循环的前因。

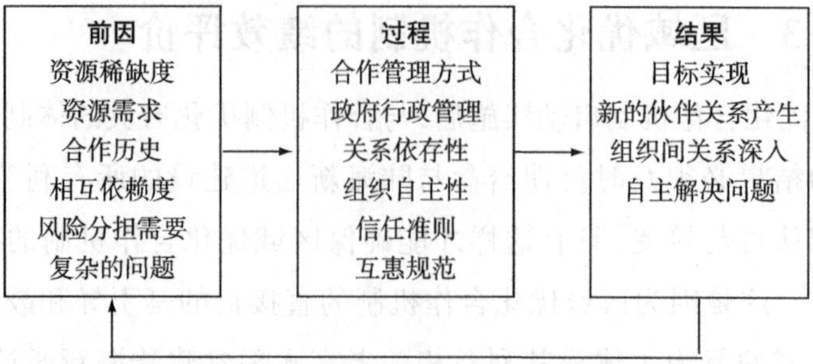

图2-4 “先决条件—过程—结果”三阶段的关键影响因素

注：参考格雷和伍德、汤姆森和佩里、赵晖和许思琪的研究绘制。

就区域优化合作机制参建陆海新通道所要历经的“需求生成—启动实施—结果与反馈”3个阶段，由于区域优化合作机制的每个阶段都有独特的目标任务，以及陆海新通道沿线地区独有的区情，所以需要针对区域优化合作机制的各阶段，分别探讨其影响因素及作用机理，以便更好地掌握区域优化合作机制参建陆海新通道的内在机理。需要指出的是，影响区域优化合作机制的因素是复杂和多样的，本书对影响区域优化合作机制因素的划分仅出于问题研究的需要，在区域优化合作机制实践中，各个因素彼此交织，很难进行区分。

2.5.1 区域优化合作机制的历史因素

组织间关系的成长与发展都无法割断与历史的内在联系。因为组织间关系在任一时间点上的知识存量，均来自过去学习过程中新知识的不断积累和对已丧失价值的旧知识的不断摒弃[1]，区域合作历史记载以往区域合作机制建立与运行的起因、过程和结果，参与区域合作的任何组织或个人，通过对以往区域合作历史的剖析与掌握，将更加明辨事理，也将具备更强的能力分析现实、预判未来，乃至做到未雨绸缪，所以，从历史角度分析，陆海新通道沿线地区之所以产生优化区域合作机制的需求，主要原因是历史与现实的结合，催生了合作参与者加强区域合作的需求，进而迫切需要调整现有合作机制以推动各方加强合作和实现发展目标。不仅如

[1] 刘祖云.政府间关系：合作博弈与府际治理[J].学海，2007(1)：79-87.

此，即便已经开启实施区域优化合作机制，以往调整优化区域合作机制的历史经验也会影响相关参与主体的决策。与此相同，这种情况同样会发生在区域优化合作机制的绩效评估阶段。

其内部机理具体解释如下：原来参与合作的各方基于既定的合作机制开展区域合作，但是随着环境变化和新问题的出现，合作各方的一个或多个基于历史和现实的考虑，产生了优化区域合作机制以此加强区域合作的意愿，同时在区域合作历史中积累了更强的优化区域合作机制的经验，由此形成了优化区域合作机制的个体需求；如果各方发现相互间确实都一定程度地存在优化区域合作机制的需求，那么通过区域合作机制的优化加强合作就很容易达成。进入区域合作机制优化的启动实施阶段及绩效评估阶段，以往相应阶段的合作历史则被合作机制成员参考与借鉴，从而及时调整他们在合作机制调整实施过程及绩效评价的行为，并最终影响区域合作机制优化的结果。

不过，需要注意的是，虽然区域合作历史是一个比较重要的影响因素，但是它的作用大小受到以下3方面因素的影响。一是区域合作历史保存的情况。在区域合作机制建立与运行过程中，如果所发生的事件都能被全部记录与保存下来，会极有助于还原区域合作参建陆海新通道的历史。二是参与各方对待区域合作历史的态度。历史保存再完整，如果没有正确对待历史的态度，就不会想办法深挖历史的价值，做到古为今用、推陈出新。三是分析历史的技术手段。分析历史的技术越先进，手段越高明，越能相对容易地全面掌握区域合作历史的原貌，进而影响决策者对合作历史的了解，以及基于历史的现实判断能力。

2.5.2 区域优化合作机制需求生成的影响因素

从个体角度分析，合作参与者产生优化区域合作机制的需求要同时具备两个条件：一个是优化区域合作机制的意愿；另一个是优化区域合作机制的能力。区域合作属于集体行为，区域合作机制调整事关每个合作参与者的切身利益，所以根据集体行动的逻辑，存在合作参与者自己不行动，而期待集团中的其他成员做出行动，分得集团行动成果的“搭便车”现象。[1]这时候，从集团的角度，区域优化合作机制有效需求的形成，其条件变为：一是合作参与者都有推动区域合作机制优化的意愿，即存在区域优化合作机制的共同意愿；二是核心成员具备优化区域合作机制的能力。另外，由于区域优化合作机制是对原来合作机制的调整，其对应的区域合作历史能够影响参与者优化区域合作机制的意愿生成和能力水平。所以，区域优化合作机制有效需求生成的影响因素包括区域合作历史、区域优化合作机制的共同意愿和优化区域合作机制的能力。该阶段相关因素的作用机理，详见图2-5所示。

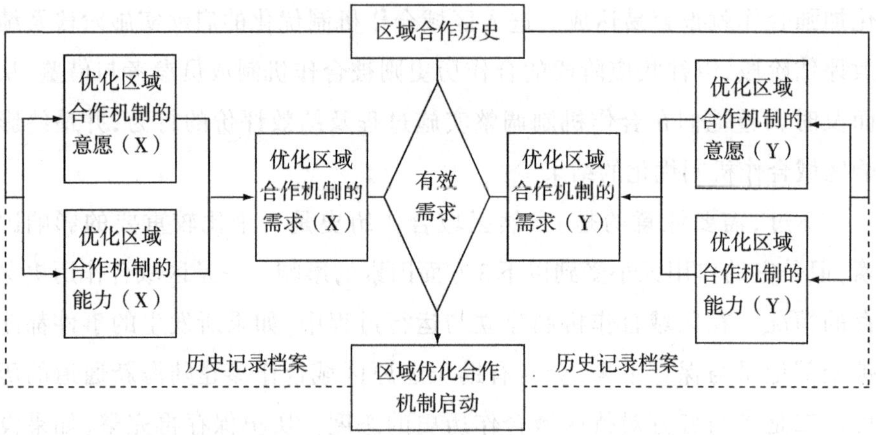

图2-5　区域合作历史影响参与者产生优化区域合作机制需求的作用机理

注1：实线表示实际作用，虚线表示数据记录。

2：X、Y分别表示子区域X和子区域Y。

2.5.2.1　区域优化合作机制的共同意愿

每个参与陆海新通道的行为主体，无论来自哪个地区，都是带着个体的期盼参与到陆海新通道建设中的。然而，在区域合作参建陆海新通道进程中，总会出现各种各样的问题，如合作一方出现过失，甚至是失职和不作为，导致合作进度缓慢；合作组织体制问题导致合作各方沟通过程烦琐，不能有效应对陆海新通道建设中的突发情况；某些制度规定已经过

[1] 曼瑟尔·奥尔森. 集体行动的逻辑[M]. 陈郁，郭宇峰，李崇新，译. 上海：格致出版社；上海：上海三联书店；上海：上海人民出版社，2014.

时,不能适应合作建设陆海新通道面临的新形势、新情况,导致合作错失重大机遇,以及区域外部成员合作的示范效应;等等。以上可能发生的种种问题,均会导致部分地区在合作参建陆海新通道过程中,现实情况与最初的理想发生偏离,进而使一些参与区域合作的行为主体产生优化区域合作机制的想法。思想是行动的先导和动力,因此具有优化区域合作机制意愿的任何一个区域合作参与者都有可能采取一些措施推动区域合作机制的优化。如果有这方面意愿的参与者数量很多,区域优化合作机制启动的可能性将大大增加。一旦区域合作机制优化成为所有合作参与者的共同愿望,必然形成一股强大的力量推动区域合作机制朝着更加合理、更高水平的方向调整。需要注意的是,区域合作参建陆海新通道的合作机制优化存在事多面广的情况,而且区域合作机制优化只有进行时,没有终点。所以,对于每个参与者而言,期许区域合作机制要调整的内容,以及优化区域合作机制意愿的强烈程度必然不会相同。在这种情况下,区域优化合作机制的共同意愿,即参与者优化区域合作意愿的最大公约数才是能够影响区域合作机制优化的根本力量。

2.5.2.2　核心成员优化区域合作机制的能力

即便所有合作参与者都产生了优化区域合作机制的意愿,但是还需核心成员的主动作为,才能引领大多数乃至全部成员一同启动区域合作机制的优化。因而核心成员优化区域合作机制能力不仅是形成优化区域合作机制需求的关键因素,也是区域优化合作机制后续各阶段不可或缺的影响因素。

但是,核心成员优化区域合作机制能力的影响力会因区域合作机制对应的网络治理结构类型不同有所差异。普罗文(Provan)和凯尼斯(Kenis)提出了网络治理的3种结构类型:领导型网络治理、共享型网络治理和行政型网络治理。[1]在领导型网络治理结构中,由于领导型网络有一个核心成员,其他网络成员倾向于与该成员形成直接或间接的连接关系,在整个

[1] PROVAN K, KENIS P. Modes of network governance: Structure, management, and effectiveness [J]. Journal of public administration research and theory 2008, 18(2): 229-252.

区域合作机制中处于领导地位的参建单位,其优化区域合作机制的能力能够直接决定区域合作参建陆海新通道合作机制优化的方向和进程。在共享型网络治理结构中,成员之间是平等的多边关系,成员间分权互惠、相互依存,单个参与者优化区域合作机制的能力相对不是特别重要,但是达成共识后合作各方凝聚而来的区域优化合作机制能力将是决定性因素。行政型网络治理是一种依赖于网络外某个组织的资源配置或信息供给的网络治理形式,成员之间的关系受制或依赖于网络外部代理人的资源、信息及资金等管控。采取行政型网络治理的区域合作机制,其成员优化区域合作机制的能力无论大小,都不能随意发挥作用,而是被网络外部代理人左右何时使用、怎么使用。如果某个成员优化区域合作机制的能力不足,网络代理人甚至会给予帮扶,助其参与推动区域合作机制的优化。

至于核心成员优化区域合作机制能力的影响因素,则受到参与者拥有的可用于区域合作的资源量、资源生产力和获取外部资源能力3个方面因素的影响。首先,参与者资源拥有量。在区域合作共建陆海新通道中,每个参与者自身资源的数量是有限的,如果其中一方拥有的资源相对较多,它在区域合作机制优化诸多事务中会有更多的话语权和决定权。其次,资源生产力。参与者优化区域合作机制能力的提高,需要不断投入大量的人力、物力、财力。只有具有资源自生能力的组织或个人,才具备向合作伙伴持续提供对方所需资源的能力,从而令个体在合作组织中成为不可替代的存在,同时也会发展成为推动区域合作机制优化的倡导者,乃至领导者。最后,获取外部资源的能力。一个善于利用外部资源发展自我的个体,通常具备更广阔的视野及先进的理念,还有更高远的格局,进而在“接触和利用外部资源—自我发展—再接触和利用外部资源”的循环发展中,不断提高个体在合作组织中的权威性,而权威性又是个体推动区域合作机制优化极为重要的因素。

2.5.3　区域优化合作机制启动实施的影响因素

区域合作的动力来自区域内部各要素相互作用产生的内在动力，以及区域外部环境相互作用产生的外部动力。[1]同样，区域合作参与者确认要启动区域合作机制优化后，接下来区域优化合作机制的实施过程也受到来自区域内部各要素及区域外部相关要素的共同影响（图2-6）。来自区域外部的影响因素主要包括外部权威势力介入、区内法规的上位法、区外社会舆论及其他区域的示范效应；来自区域内部的影响因素包括区域地方政府间关系、区域制定的规则、区域合作的经济基础、区域社会参与水平和区域科技创新能力。

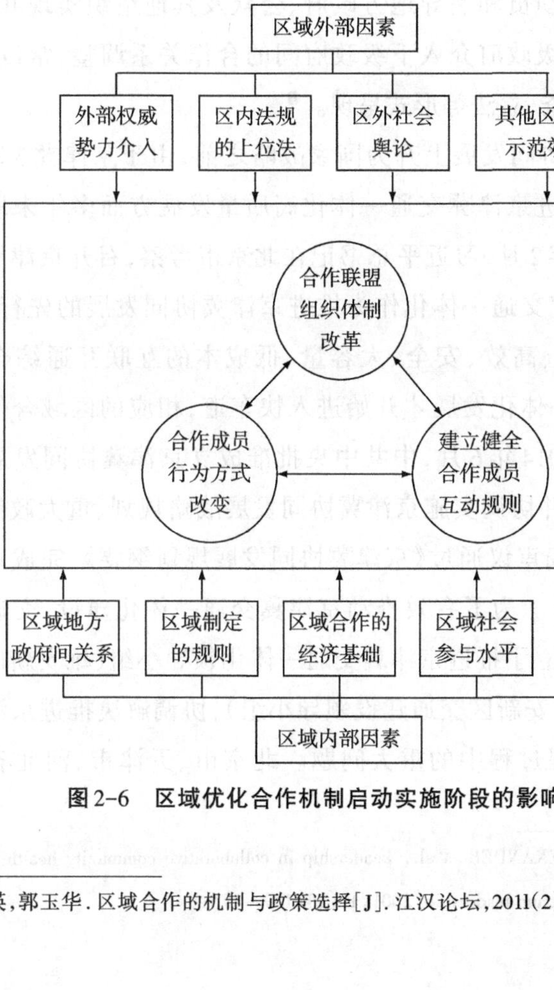

图2-6　区域优化合作机制启动实施阶段的影响因素

[1] 蒋瑛，郭玉华．区域合作的机制与政策选择[J]．江汉论坛，2011(2)：25-28．

2.5.3.1 区域外部因素

(1)区域外权威势力介入。

一般而言,陆海新通道沿线都会分布若干个地区,来自这些地区的行为主体理论上可能隶属于一个共同的行政区域,也可能隶属于两个乃至更多的行政区域。不管这些区域合作参与者是否隶属于同一个行政区政府管理,只要合作区之外的有权势的组织或领导者介入,就会产生一定程度的影响。尤其针对那些互不隶属的地方政府,当交易成本较高,地方政府间缺乏实施合作主动性时,来自上级政府或有权势的国际组织介入就成为推动合作的关键性力量(图2-6)。也诚如杰弗里(Jeffrey)和亚历山大(Alexander)所言,有权势的组织或领导者可以利用正式权力创建一个强制性的沟通框架,动员和引导地方政府、公众及其他组织实现共同目标。在相关实践中,上级政府介入下级政府间的合作关系调整,常以调研、座谈、命令、指导、检查、立法等形式呈现。[1]

例如,京津冀协同发展上升为国家战略之前,由于京津冀3地政府相互竞争,在合作推进京津冀交通一体化高质量发展方面多年未取得满意成果。直到2014年2月,习近平总书记在北京市考察,召开京津冀协同发展座谈会,强调"把交通一体化作为推进京津冀协同发展的先行领域,加快构建快速、便捷、高效、安全、大容量、低成本的互联互通综合交通网络",京津冀交通一体化发展才开始进入快车道,相应的区域合作机制也逐步实现优化。2014年6月,中共中央批准成立京津冀协同发展领导小组,负责组织拟订并协调实施京津冀协同发展战略规划、重大政策。2015年4月,中央政治局审议通过《京津冀协同发展规划纲要》,完成京津冀协同发展的顶层设计。为了有效推动京津冀交通一体化建设,交通运输部2014年7月牵头成立了推进京津冀交通一体化领导小组(雄安新区成立后更名为京津冀暨雄安新区交通建设领导小组),协调解决推进京津冀交通一体化建设与发展过程中的重大问题。北京市、天津市、河北省成立了

---

[1] JEFFREY A, ALEXANDER et al., Leadership in collaborative community health partnerships [J]. Nonprofit management and leadership, 2001, 12(2): 159—175.

“京津冀三省市区域交通一体化统筹协调小组”，办公室设在北京市交通委员会协同发展处，负责牵头组织协调京津冀交通委（厅），共同开展区域交通一体化工作，为研究解决具体工作问题搭建平台，创造沟通条件。[1]具体到河北省，则形成了跨区域、宽领域、多层次的“5+1”协同发展工作机制。其中，“5”指5个层面对接机制，即国家层面的交通运输部京津冀暨雄安新区交通建设协同工作机制、3省（市）交通运输部门层面的区域交通一体化联席会议机制、省直部门层面的交通一体化联席会议机制、河北省交通运输厅层面的交通一体化工作领导小组机制、京津冀毗邻区域市（县）层面交通一体化工作机制；“1”指1套日常对接机制，即常态化专题会议、应急联动、联合执法、信息共享、规范性文件交叉备案等日常协同工作机制。[2]

（2）区内法规的上位法。

制度的基本功能是为合作提供“共识”。[3]因为制度通过提供一系列规则界定人们的选择空间，约束人们之间的相互关系，从而减少环境中的不确定性，减少交易费用，保护产权，促进生产性活动，减少冲突而增进合作。[4]现代法律法规作为一种正式的制度，对区域合作机制的形成与优化起到非常重要的作用。对此，有学者将制度化机制作为长江经济带区域合作机制的重要组成部分，并指出制度化机制是能对区域合作主体行为构成约束的法律、法规、政策等制度规范。[5]就区域合作参建陆海新通道的合作机制而言，合作制度的建立健全是区域合作机制优化的重要内容，但是区域合作制度的建设也要遵循相关法律法规。特别当陆海新通道沿

---

❶ 李先忠．京津冀交通一体化成就介绍[EB/OL].（2020-01-02）[2022-12-20]. https://www.meiligaosu.com/h-nd-1202.html.

❷ 佚名．省政府召开着力推动京津冀交通一体化发展新闻发布会[EB/OL].（2023-02-21）[2023-03-20]. https://baijiahao.baidu.com/s?id=1758511287516656230&wfr=spider&for=pc.

❸ 卢现祥．西方新制度经济学[M]．北京：中国发展出版社，1996：46.

❹ 张紧跟．当代美国地方政府间关系协调的实践及其启示[J]．公共管理学报，2005（1）：24-28，83-92.

❺ 唐德才，张瑛，李智江．长江经济带区域合作机制研究[J]．现代管理科学，2019（4）：67-69.

线地区隶属于某个主权国家时，地方政府制定的法律法规，抑或是跨区合作制定的法律法规，都要依据本国宪法，或其他上位法制定。因为从法律效力位阶来看，法可分为3类，即上位法、下位法和同位法。而且通常是上位法高于下位法，后者在上位法下生效，不得与前者相抵触。同位法之间则具备同等效力，在各自的权限范围内施行。由此，当陆海新通道沿线地区在实施区域合作机制优化的过程中，区域合作参与者无论是调整合作联盟的治理结构，还是建立健全区域合作制度，抑或是相互间的任何合作行为，都受到本区域内法规的上位法影响。即便许多制度建设的设想有利于区域合作机制的高效运转，但如果过于超前，与上位法以及整个地方政权制度相冲突就应慎重行事。因为跨区域行政协调的制度安排，不仅涉及当事地方政府之间的利益，还涉及一国地方政权建设。❶

(3)区外社会舆论。

从区域合作参建陆海新通道的合作机制形成之日起，其建设和发展就受到区域内外各类相关组织和公民的关注。当合作机制运行良好，能够推动陆海新通道快速发展，产生巨大经济社会价值时，无论区域内外都会给予极大的赞美，从而激励合作参与者以更大的热情共同创业。反之，当合作机制已经成为区域合作发展的障碍时，不单有区域内部利益相关者主动提出优化区域合作机制的设想，还有区域外部的社会媒体对合作机制运行模式和成效进行播报和评价，从而引发更广泛的社会关注与讨论，形成一定程度的社会舆论压力，从而倒逼区域合作机制加快优化。从舆情危机的角度上看，区域合作参建陆海新通道的合作机制一旦发生调整，必然引起区域外部社会舆论的关注与讨论，在区域外社会舆论影响下，区域合作机制调整的方向和力度可能被迫有所改变。

(4)其他区域的示范效应。

区域外部成员间的合作会给本区域的合作带来示范效应，同时也带来巨大压力，迫使区域内的成员积极参加合作。❷同样，陆海新通道沿线地区在启动实施合作机制的优化进程后，其他区域成员间通过合作机制的

❶ 傅钧文．日本跨区域行政协调制度安排及其启示[J]．日本学刊，2005(5)：23-36.

❷ 蒋瑛，郭玉华．区域合作的机制与政策选择[J]．江汉论坛，2011(2)：25-28.

调整产生的合作示范效应也是区域启动合作机制优化后所面临的影响因素之一。其作用机理是陆海新通道覆盖范围之外的其他地区为了某个共同目标，通过区域合作机制的调整，产生一定程度的合作成效，如因为区域合作机制的调整使本地区取得了巨大经济效益，又或者本地区因为区域合作机制调整引发了一些新的问题，将会由此及彼地推断本区域如果按照这些区域的做法，也将产生同样的效果，从而调整原定的区域合作机制优化方案。

2.5.3.2　区域内部因素

(1)区域地方政府间关系。

区域合作的主体以政府为代表。[1]尤其针对陆海新通道这种跨区域公共品供给问题，地方政府更是区域合作当仁不让的主要参与主体。因为政府是制定和实施公共决策，实现有序管理的机构。与区域合作有关的各项活动必须在政府制定的规则、规定、法律和政策框架下进行。我国由合作区内不存在隶属关系的地方政府及其职能部门连接而成的合作网络，已经成为区域合作治理的重要表现形式。因此，区域合作参建陆海新通道的合作机制优化必然以合作区内地方政府间关系的调整与改善为主旋律。换言之，合作区内地方政府间关系是陆海新通道沿线地区优化合作机制的重要影响因素。

(2)区域制定的规则。

不论是国家地区还是各行各业要想实现高质量发展都要制定规则，因为规则能够对物质资本、人力资本及技术水平等生产要素产生影响[2]，而且规则制定本身就是一种应对公共挑战的方式[3]。对于区域合作参建国际陆海贸易新通道的合作机制而言，在区域合作机制优化过程中，无论是合作联盟治理机构的调整，还是合作成员互动规则的变动，抑或是合作成

[1] 孙久文. 区域经济学：2版[M]. 北京：首都经济贸易大学出版社，2010：231.

[2] DARON A, ELHANAN H. Contracts and technology adoption[J]. American economic review, 2007(97)：916-943.

[3] 科尼利厄斯·M. 克温. 规则制度：政府部门如何制定法规与政策：3版[M]. 刘璟，张辉，丁洁，译. 上海：复旦大学出版社出版，2007.

员行为方式的改变，除了要遵守前文提到的区内法规的上位法之外，还要遵守本区域制定的各项规定、法律和政策。至于区域制定的规则为什么能够影响到区域优化合作机制的实施，其内在逻辑是：区域制定的规则提供了一套约束行为主体的行为规范，这套制度体系明确了参与区域合作的行为主体可以做什么，不可以做什么，以及触犯规则要承担的后果。在此规则约束下，区域合作参与主体在调整区域合作机制过程中，就有了可以遵循的制度。有时也会在区域优化合作机制过程中发现新问题，解决这些新问题需要重新修订一些落后的规则，否则将妨碍区域合作机制的优化。

（3）区域合作的经济基础。

经济基础和上层建筑的理论认为，经济基础是由社会一定发展阶段的生产力所决定的生产关系的总和，是构成一定社会的基础；上层建筑是建立在经济基础之上的社会意识形态及与其相适应的制度、组织和设施。经济基础决定上层建筑，上层建筑反作用于经济基础。[1]经济基础对上层建筑的决定作用表现在：经济基础决定上层建筑的产生；经济基础决定上层建筑的性质；经济基础决定上层建筑的变革。上层建筑对经济基础的反作用主要表现为积极地为自己的经济基础服务。上层建筑一经产生，便成为一种积极的、能动的力量，促进自己经济基础的形成、巩固和发展；同时与阻碍、威胁自己经济基础发展的其他经济关系、政治势力和意识形态进行斗争。政治上层建筑运用强制手段，把人们的行为控制在一定秩序范围内。思想上层建筑则利用舆论工具，论证自己经济、政治制度的合理性，规范和控制人们的思想与行动。统治阶级就是凭借上层建筑维护和巩固本阶级的政治统治和经济利益的。

根据上述理论，区域合作参建陆海新通道的制度的组织和设施是由区域经济基础决定的。由于陆海新通道所具有的开放性特征：是由陆海新通道沿线地区所组成的合作区域；是开放度较高的经济系统，它以地区在整体范围内开放为前提，通过对外和对内开放进行不同经济主体之间的

---

[1] 赵家祥．对经济基础决定上层建筑原理的深刻阐释——《反杜林论》中“暴力论”三章的解读［J］．马克思主义理论学科研究，2017，3（5）：14-23．

要素衔接，在达到资源优化配置的同时，还拥有培育未来强大市场竞争力的高科技战略型产业的底蕴。[1]至于区域经济基础之所以影响区域优化合作机制的实施，是因为区域优化合作机制的目的是促进陆海新通道沿线地区的经济发展，同时也是为了更好地同阻碍威胁本区域经济发展的其他经济关系、政治势力和意识形态进行斗争。从发展的角度看，陆海新通道沿线地区所组成的合作区域，其经济基础随着陆海新通道的建设与发展而不断发生量变和质变，这就要求区域合作参建陆海新通道的合作机制也要发生相应的改变，即区域优化合作机制的实施进度要跟上区域经济开放发展的变化速度，只有这样才能使双方的区域合作机制在同一社会制度范围内加以调整。

(4)区域社会参与程度。

社会参与是公民和组织参与社会、社区等共同体生活，以便改善他人境遇或是改变共同体未来的一种社会现象。就区域优化合作机制参建陆海新通道而言，区域内的公民和组织或多或少能感觉到加快陆海新通道建设，会给经济和社会发展带来一定帮助，从而给自己带来一定利益。因此，基于对自身利益的关心和对社会公共利益、公共事务的自觉认同，陆海新通道沿线地区会有部分公民和组织将会参与到区域优化合作机制的实践活动中来。

公民和组织的社会参与具有自愿性和选择性，所以区域社会参与程度，既取决于区域内公民和组织对社会公共利益、公共事务的认同程度，也取决于公民和组织参与社会发展活动的便利程度，以及参与者的数量和活跃度。特别是后者，它要求公民和组织在社会参与活动中能得到充分、有效、平等的表达机会和行动自由，才会有更多参与者愿意参与公共事业。对此要加强陆海新通道沿线地区公民和组织参与公共事务活动的基础设施建设，同时更要将本地公民和组织作为区域优化合作机制的出发点和落脚点。

[1] 黄伟新，龚新蜀．我国沿边地区开放型经济发展水平评价及影响因素的实证分析[J]．经济问题探索，2014(1)：39-45.

(5)区域科技创新。

区域科技创新是依托区域科学技术创新实力,以及有效利用区域科技创新资源,协调区际(国际)间的科技合作与竞争,实现区域内科技创新资源(人才、知识、投入)的高效配置与结构优化,促进区域科技创新活动的广泛开展和创新成果的应用、推广和普及,从而创新和发展区域的竞争优势。区域科技创新既涵盖区域的科学创新,又涵盖区域的技术创新。其中,科学创新是创造新知识的行为,它要求认识事物的本质,解决客观事物是什么、为什么的问题,是科学研究获得新的基础科学和技术知识的过程。而技术创新是创造新技术的行为,它解决的是怎么做、如何做的问题,所以它是学习革新技术和商品的过程。[1]

在区域优化合作机制的实施过程中,区域科技创新能够源源不断为区域合作提供动力,推动区域合作机制低成本、高效率完成运行模式切换,进而实现区域合作机制的不断优化。

2.5.4 区域优化合作机制绩效评价的影响因素

从绩效管理的角度,区域优化合作机制的完整周期应包括绩效评价,其目的是定期考察和评价区域优化合作机制参与者的工作业绩,让合作参与者了解自己在区域合作机制调整过程中的业绩是否达到了目标,行为态度是否合格,让组织管理者和合作参与者双方达成对评估结果一致的看法;双方共同探讨合作参与者自身在优化区域合作机制中存在的不足,并制定优化区域合作机制的改进计划,同时组织管理者向合作参与者传达区域优化合作机制的期望,双方对新一轮区域优化合作机制周期的目标进行探讨,最终形成绩效合约。针对上述绩效评价的目的,它的实现主要受到以下两个因素的影响。

2.5.4.1 绩效评价的实施主体

绩效是指个体在一定时期内对组织目标的贡献水平,是业绩和效率的

[1] 方旋,刘春仁,邹珊刚. 对区域科技创新理论的探讨[J]. 华南理工大学学报(自然科学版),2000(9):1-7.

统称。区域优化合作机制的绩效评价，首先是对参与区域合作个体和组织进行绩效评估，然后组织管理者据此向区域合作参与者开展绩效反馈。要想获得客观公正的区域优化合作机制绩效评估结果，需要依靠权威实施主体开展高水平、高质量的绩效评估。

2.5.4.2　绩效反馈的质量

绩效反馈是区域优化合作机制绩效评价工作的最后一个环节，也是最重要的环节。缺少绩效反馈，或者开展低质量的绩效反馈，区域优化合作机制的参与者可能很难清楚地掌握目前区域合作机制的调整情况及其运行质量，也不能清醒地认识作为个体在整个区域优化合作机制中表现如何、贡献有多大，以及是否存在有待改进的地方。相反，高质量的绩效反馈，能够准确无误地将组织对个体的相关绩效评价结果传递给被评估者，通过共同讨论找出合作者在优化区域合作机制中存在的问题，进而影响被评估对象合作参建陆海新通道的行为。当然，高质量的绩效反馈是持续跟踪区域优化机制的每项活动并适时开展绩效评价与反馈的。

上述情形告诉我们，如果对区域优化合作机制参建陆海新通道的绩效评估和反馈设定一个时限，本书认为不仅期末时的绩效评估水准和反馈质量对区域优化合作机制产生影响，期中也有必要开展绩效评价与反馈，从而更好推动区域合作机制的优化。

2.6　区域优化合作机制参建陆海新通道的理论框架

本章以上内容是对区域优化合作机制参建陆海新通道的一般性理论进行了阐述。为了对区域优化合作机制参建陆海新通道进行全景式解读，在前文关于区域优化合作机制参建陆海新通道的一般性理论分析基础上，结合区域公共治理、合作协作联盟、国际物流通道的相关研究、模型和现实观察，本书构建了包含“需求生成—启动实施—绩效评价”3个维度的区域优化合作机制参建陆海新通道的分析框架(图2-7),具体阐释如下。

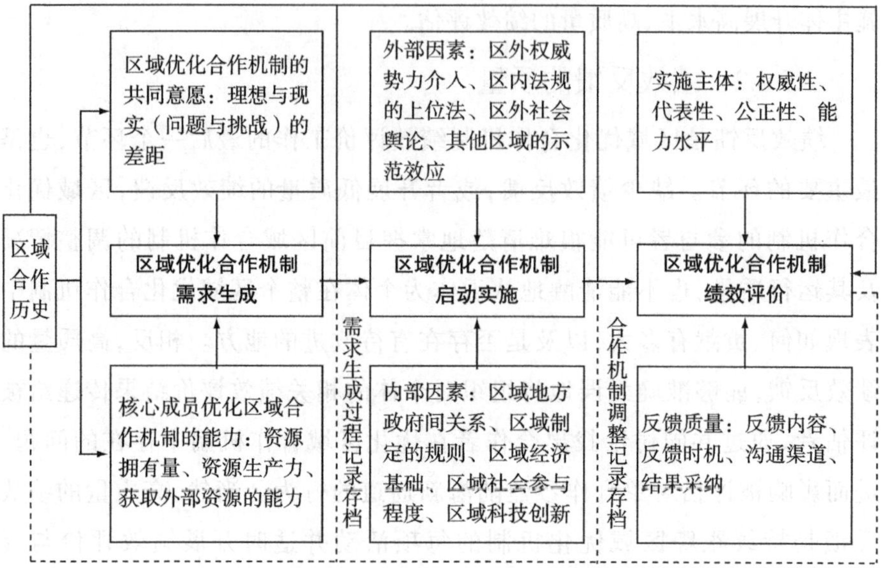

图2-7 区域优化合作机制参建陆海新通道的分析框架

注:实线表示实际作用,虚线表示数据记录。

首先,区域优化合作机制的逻辑起点为区域合作历史,合作各方在回顾区域合作历史的基础上,将合作历史与现实结合,产生优化区域合作机制,进而加快陆海新通道建设的意愿,同时使优化区域合作机制的能力在借鉴合作历史的基础上得以提升,最后,由于存在区域优化合作机制的共同意愿,以及得到核心成员的支持和推动,在整个地区形成推动区域合作机制优化的有效需求。

其次,根据区域合作历史,合作主体受到本地内部和外部各种因素的影响,开始启动实施区域合作机制的优化。影响区域合作机制优化的区外因素包括区外权威势力介入、区内法规的上位法、区外社会舆论、其他区域的合作示范效应;影响区域优化合作机制的区内因素包括区域地方政府间关系、区域制定的规则、区域合作的经济基础、区域社会参与程度、区域科技创新等。

再次，在调整区域合作机制时，需要就既定的区域优化合作机制绩效目标开展绩效评价。对于优化合作机制参建陆海新通道这项任务，机制成员的绩效目标通常包括区域合作机制中的组织体制改革、制度体系完善；陆海新通道建设者参与建设的态度、行为的改观；陆海新通道的基础设施、对外开放等状况改善；新的伙伴关系产生或者组织间关系深入等。影响区域优化合作机制绩效评价的因素既包括以往区域合作机制调整时的绩效评价经验，还包括绩效评价实施主体的权威性及绩效反馈的质量。因为只有定期考察和评价区域优化合作机制参与者的业绩，并结合以往区域合作历史，才能发现自身的不足，进而找到对策。

最后，整个过程从区域优化合作机制需求生成开始，到区域合作机制优化的启动实施，再到结果输出与评价都要有各种形式的历史资料存档。

特别指出的是，鉴于陆海新通道具有系统性、综合性、开放性、准公共品性等特征，以及区域合作参建陆海新通道的内容包括基础设施建设、国际物流供需群体引流及组织与管理体系建设，因此不管如何调整区域参建陆海新通道的合作机制，都应有一个能够紧跟发展并能适时自我改革的合作机制。

第3章 中国西部地区合作参建国际陆海贸易新通道的进程及现有合作机制运行现状

3.1 西部地区合作参建陆海新通道进程

3.1.1 区域合作参建陆海新通道历程

随着“一带一路”倡议的推进，西部陆海新通道沿线各地区经贸合作的进一步深化，推动着物流通道的快速建设。作为西部地区参与国际合作的重要窗口，其在合作参建陆海新通道的过程中经历了3个阶段。首先，是分散探索期，在这一阶段，西部地区参与陆海新通道建设主要是为了服务西部大开发战略。[1]随后，进入组团交友建设期，自《中新（重庆）互联互通项目框架协议》签订以来，西部省（区、市）陆续加入共建合作机制，区域合作建设范围与方向更加多元化，区域合作的重要性进一步提高。当前，正处于西部陆海新通道沿线地区全员参与建设的热潮之中。按照《西部陆海新通道总体规划》的部署，西部的12个省（区、市）全部参与其中，陆海新通道建设也由原来的“提升战略地位、夯实基础条件”阶段，顺利迈向了“突破发展瓶颈、实现快速进步”的新阶段，既着力抓好沿线公路、铁路、航道、港口等硬件建设，又着力抓好多式联运体系、通关便利化、物流标准化等软环境建设，加快打造成为体系完整、交通便捷、产业兴旺、物流畅通、设施先进的陆海新通道。

需要说明的是，从现阶段中新互联互通项目框架下的西部陆海新通道建设内涵来看，2019年8月国家出台《西部陆海新通道总体规划》前，西部地区12个省（区、市）或是独自与周边国家加强交通基础设施互联互通，或

[1] 李牧原．西部陆海新通道的前世今生与当下行动[J]．中国远洋海运，2019（10）：38-39.

是小范围组团联合开发西南出海大通道，但是它们都未建立起如今西部地区全员参与的区域合作机制。2015年11月，中国和新加坡两国政府签署《中新（重庆）互联互通项目的框架协议》前，虽然西部地区有些省（区、市）组织了建设南向通道[1]的实践，但是彼时的陆海新通道没有完全具备此时的西部陆海新通道内在地推进西部大开发形成新格局，有机衔接“一带一路”倡议，更好支撑构建新发展格局的内涵。简而言之，彼时的陆海新通道在诸多方面尚未成熟完善，与现今所展现出的形态和影响力相去甚远。为了厘清西部地区优化合作机制、参建陆海新通道的历史演进，本章将以1992年党中央颁布的《中共中央关于加快改革，扩大开放，力争经济更好更快地上一个新台阶的意见》为历史起点，分析中国西部地区合作参建陆海新通道的进程及对现有合作机制进行历史沿革的探讨。

3.1.1.1 分散探索阶段（1992—2015年）

1919年，孙中山在其著作《建国方略》中，首先提出开辟西南出海通道的构想，他指出解决出海通道问题是推动西南地区发展的关键。然而，由于历史原因，孙中山的规划未能实现。1991年，中国政府签订首个中外汽车运输协定，开启我国与国际道路运输的互联互通。[2]1992年3月，广西、贵州、云南和四川4省（区）政协联席会议代表团齐聚南宁，共同探讨了“加快大西南出海通道建设”的重要议题，西南出海大通道的建设被重新提到重要的位置上。1992年4月，华南和西南部分省（区、市）的区域规划会议在北海召开，国务院副总理邹家华听取了广西“西南地区出海大通道”的工作汇报并拟定了关于西南地区出海通道服务的15项交通工程建设规划。自此，我国正式将西南出海通道纳入国家战略通道建设的宏伟蓝图中。1992年5月，党中央下发《中共中央关于加快改革，扩大开放，力争经

[1] 1993年9月15日，云南、贵州、四川、广西、湖南、湖北六省（区）和武汉、重庆两市政协联合举办“加快大西南出海通道建设速度战略研讨会”，在会议纪要中，就出现“在本世纪末以前集中资金和物资建设好最便捷的南向通道”的表述。见文献：朱坚真．六省区二市政协“加快大西南出海通道建设速度战略研讨会”纪要[J]．经济问题探索，1993(11)：61-62.

[2] 薛志伟．我国将力促国际道路运输互联互通[EB/OL]．(2014-10-16)[2023-10-18]．http://politics.people.com.cn/n/2014/1016/c70731-25844012.html。

济更好更快地上一个新台阶的意见》，明确提出了"要充分发挥广西在西南地区作为出海通道的重要角色"的决策部署，自此西南出海大通道的建设正式开始。❶1993年9月，由云南、贵州、四川、广西、湖南、湖北6省（区）和武汉、重庆两市政协联合举办的"加快大西南出海通道建设速度战略研讨会"在南宁召开，会议通过了《关于深入贯彻区域规划纲要，加快推进西南地区出海通道建设的建议》。该建议由六省（区）二市政协主席、副主席共同签署，并呈报国务院。❷此后，在六省（区）二市的积极推动下，渝怀、南昆、渝港出海大通道等一系列对西南区域经济发展有重大作用的项目得以实施。21世纪初，国家西部大开发这一重大战略的实施，以及一系列的国际合作项目的深入推进，为西南出海大通道的继续探索提供了极为难得的契机。2001年12月，经过精心建设，一条连接成都，途经贵阳、南宁，直至北海的西南出海辅助通道全线连通。在港口方面，北部湾港虽然是我国中南和西南地区通往东盟最近的出海口，但由于物流费用相对较高，以及港口通过能力的局限，大部分西部地区的货物并未选择经此出口。2005年12月26日，由重庆至湛江全长1 314千米的西南出海快速大通道建成通车，真正实现了快速通行的目标。自2005年—2007年7月，铁道部积极与包括广西、云南、贵州、四川和重庆在内的各省（市、区）进行深入沟通，并签署了关于加速铁路建设的会议（协商）纪要。这些纪要详细规定了各项具体建设项目的前期工作、建设管理及投资划分等方面的内容与责任分工，以确保铁路建设的顺利进行。❸2008年，中铁集装箱运输有限责任公司、广西北部湾国际港务集团有限公司和广西沿海铁路股份有限公司等单位，共同成功开发并推出了北部湾港口至昆明物流中心的

---

❶ 樊东方．建设西南地区出海大通道纪实[J]．广西党史，1994(5)：4-7.

❷朱坚真．六省区二市政协"加快大西南出海通道建设速度战略研讨会"纪要[J]．经济问题探索，1993(11)：61-62.

❸ 蔡庆华．加强省部合作 完善路网结构 畅通西南出海大通道[N]．人民政协报，2007-07-24(A03).

集装箱海铁联运五定班列项目[1]，运行区段为南昆线，途经南宁南、百色、威舍、昆明南等站[2]。2014年12月，广西北部湾港国际港务集团为破解货源缺乏困局，打造集装箱干线港，成功开通了昆明至北部湾港的海铁联运快速班列。同时，广西北部湾港国际港务集团还精心筹划将该班列逐步升级为五定班列，以便将此模式拓展至四川、重庆、贵州、湖南等内陆腹地，探索打造一条全新的双向互通的物流通道。2015年7月30日，重庆与新加坡围绕共同打造临空经济区的重要议题，签署了5个合作项目协议，包括新加坡盛裕控股集团参与的规划设计项目，以及新加坡新翔集团、普洛斯和丰树集团等知名跨国工业物流集团参与的航空配餐、机场地勤服务运营管理、航空物流园和保税物流项目。

从西南出海大通道的首次提出到"一带一路"倡议提出的23年里，西南地区出海大通道打通了重庆、贵州、广西北部湾的公路网络，以及南昆铁路等一系列重要物流基础设施项目相继建成，极大地改善了我国西南地区的交通环境。虽然，这条大通道并没有真正成为一条国际物流大通道，但是西南出海大通道的建设历程无疑为今天陆海新通道的发展提供了宝贵的经验和实践基础。

3.1.1.2 组团交友建设阶段（2016—2019年）

2015年11月，中国与新加坡两国政府正式签署了《中新（重庆）互联互通项目框架协议》。该项目以重庆作为运营中心，围绕交通物流、信息通信、金融服务、航空产业4大重点合作领域开展合作，旨在整合双方资源，降低物流成本和融资成本，推动中国西部地区的联通，进而提升整个区域的综合竞争力。为推进该项目的实施，中国和新加坡两国政府相继发布了一系列支持政策和实施计划。就外向物流通道而言，中国西部地区虽已在东向和北向的通道运输方面有所进展，但南向出海线路方面，仍存在

[1] 五定班列，其含义为装卸车站固定、运行线固定、班列车次固定、货物发到时间固定和全程运输价格固定，适用于整车、集装箱货物运输。

[2] 黄兴忠．北部湾港口—昆明物流中心海铁联运集装箱班列开通［EB/OL］．(2008-03-06)［2024-01-03］．http://www.gxnews.com.cn/staticpages/20080306/newgx47cf1697-1406092.shtml.

运输距离长、在途时间长、物流成本高等问题，这无疑对中新互联互通项目的物流效率产生负面影响。因此。构建一条既便捷又高效的南向陆海通道，成了当前迫切需要解决的问题。2016年5月，在中新互联互通项目框架下，中国的广西壮族自治区、重庆市和新加坡两国三方的工作组成功签署了合作协议，共同提出了推进南向通道建设的构想。2017年2月，中国和新加坡两国总理在双边合作系列会议上再次聚焦南向通道建设，双方一致表示将加大合作力度，深入探索建设一条连接广西、重庆至北部湾，最终延伸至新加坡的陆海贸易新通道，更将与21世纪“海上丝绸之路”紧密结合。此次会议标志着南向通道建设正式提上了合作议程。2017年8月，广西、重庆、甘肃及贵州签署了《关于合作共建中新互联互通项目南向通道的框架协议》。随后，广西与新加坡政府共同签署了《关于支持推进中新互联互通项目南向通道建设合作备忘录》，开启了推动通道发展的国内外政府间合作新篇章。2017年9月，习近平总书记在北京会见了新加坡总理李显龙，对南向通道给出了精准的定义，并强调了陆海贸易的核心内涵。自南向通道开始建设至2017年年底，重庆经北部湾港进出口的货物已通达35个国家和地区的58个港口，这一成绩显著提升了物流效率，使运输时间比传统通道缩短了12天。[1]这一变化不仅节约了运距和时间成本，更给进出口企业带来了极大的便利。同时，南向通道的建设不仅促进了中国与东盟国家的经贸往来，还吸引了中国西部各省（区、市）及阿联酋、新加坡、越南、波兰等国家的积极参与。2018年1月，我国将南向通道纳入“一带一路”项目库予以重点支持，意味着相应的指导意见和优惠政策也将不断填充和倾斜。2018年，全国“两会”期间，来自重庆、广西、陕西、四川、云南、甘肃、贵州等地的23名政协委员共同提交了一份提案，强烈建议将南向通道上升为国家战略。同年6月，渝桂黔陇青五方在“一带一路”经贸合作和地毯产业绿色发展圆桌会议上签订《青海省加入共建中新互联互通项目南向通道合作机制的备忘录》，标志着南向通道建设“朋

[1] 广西壮族自治区交通运输厅.借力“一带一路”有机衔接重要门户　广西北部湾港全力进军区域性国际航运中心[EB/OL].(2018-07-08)[2024-01-03]. http://www.zgsyb.com/news.html?aid=26781.

友圈”再添新成员。2018年11月，中国和新加坡两国总理共同签署了《关于“国际陆海贸易新通道”的谅解备忘录》，南向通道正式更名为国际陆海贸易新通道，通道建设的方向和范围得到进一步招展和延伸。2019年1月，云南、宁夏宣布加入共建陆海新通道工作机制，陆海新通道的“朋友圈”扩大至8个省（区、市）。2019年5月16日，重庆、广西、贵州、甘肃、青海、新疆、云南、宁夏、陕西9个来自西北、西南的省（区、市）在重庆签署了《合作共建西部陆海新通道框架协议》。[1]同年7月，重庆党政代表团赴广西、四川学习考察，并分别召开座谈会，就如何合力共建陆海新通道展开了深入的交流和探讨。在四川学习考察期间，重庆党政代表与四川签署了《中新（重庆）互联互通项目的框架协议》。这一协议的签署，使陆海新通道的“朋友圈”进一步扩大，从9个省（区、市）增加到了10个省（区、市）。8月2日，国家正式出台了《西部陆海新通道总体规划》，将西部陆海新通道建设上升为国家战略。在随后的10月13日，重庆、广西、贵州、甘肃、青海、新疆、云南、宁夏、陕西、四川、内蒙古、西藏西部地区12省（区、市）和海南省及广东省湛江市，共同签署了《合作共建西部陆海新通道的框架协议》。

从南向通道到国际陆海贸易新通道，陆海新通道的建设经历了一个由点到线再到面的过程，初步形成经甘肃、重庆、贵州等西部省（区、市）到广西北部湾，由广西北部湾出发至新加坡的贸易通道，实现了“丝绸之路经济带”与“21世纪海上丝绸之路”和“中南半岛的经济走廊”有机融合，形成了一套高效的多形式联运网络体系，成为连接中国与东盟价格最优、服务最好、时间最短的陆海贸易通道。

3.1.1.3　全员参与建设阶段（2020年至今）

自“13+1”共建格局形成后，各省区市（直辖市）提出联手打造跨区域的综合运营平台，旨在整合各方优势资源，增强陆海新通道综合服务能力。2020年3月，广西、重庆、甘肃、贵州、新疆、宁夏6省（区、市）企业代表

[1] 赵宇飞，伍鲲鹏．我国西部9省份合作共建“陆海新通道”［EB/OL］．（2019-05-16）［2024-01-03］．https://www.gov.cn/xinwen/2019-05/16/content_5392242.htm.

在重庆召开协商会议，共同成立陆海新通道运营有限公司，提供贸易、产业、数据、物流、金融等专业化服务，整合通道物流资源，共同提升供应链的综合服务能力。在辐射范围方面，陆海新通道班列的数量提升明显。截至2020年10月，西部陆海新通道已开通滇桂、渝桂、陕桂、川桂、陇桂、黔桂6条海铁联运班列线路；在跨境公路班车方面，中国西部地区经广西陆路口岸至马来西亚、老挝、越南、柬埔寨、泰国等国家的线路已经实现了常态化开行。陆海新通道沿线地区也在利用自身的资源优势，借力西部陆海新通道建设进一步开拓国际市场：青海首次借助陆海新通道将纯碱出售至曼谷；甘肃实现了至沙特阿拉伯班列常态化运行；贵州已首发了陆海新通道外贸出口定制化专列。在机制更新方面，2020年6月，重庆成立陆海新通道物流运营中心，建立权威规范的通道运行统计和信息发布机制，全面监测运营数据、重大项目和重要事项的开展和建设情况。2020年9月，陆海新通道运营有限公司率先在全国范围内开具首张中国国际货运代理协会（China International Freight Forwarders Association，CIFA）多式联运提单，凭借这张提单，企业只需进行一次委托，就可以享受“一箱到底、一次结算、一次保险”的便捷服务，免去了原有模式下陆运、海运分段委托的烦琐流程。

随着《西部陆海新通道总体规划》的发布，西部陆海新通道战略从地方层面上升至国家层面，国际合作也步入新里程。受疫情影响，全球贸易和物流行业面临前所未有的挑战，许多传统贸易通道的运行受到了严重冲击。然而，在这一背景下，西部陆海新通道却展现出了强大的韧性和潜力，依然保持常态化运行，开行班列数量得到了显著提升。在这一阶段，陆海新通道的主要任务是打通物流链，确保货物能够顺畅、高效地流通。为此，西部陆海新通道着重加强了物流通道的建设，投入大量资源提升交通物流的设施能力。许多重大项目都以此为核心目标，通过优化运输线路、增强运输能力、提升物流效率等方式，为物流链的畅通提供了有力保障。2021年9月，《“十四五”推进西部陆海新通道高质量建设实施方案》（简称《实施方案》）发布，明确到2025年，基本建成经济、高效、便捷、绿色、安全的西部陆海新通道。2022年1月，交通运输部、国家铁路局、中国民航局、国家邮政局联合印发《西部陆海新通道"十四五"综合交通运输体系建设方案》(简称《建设方案》)，对西部陆海新通道的综合交通运输体系建设进行统筹谋划和战略部署。在一系列"硬核"政策的加持下，西部陆海新通道建设不断提速增效。海铁联运班列、跨境公路班车、国际铁路联运等多种运输方式不断完善。西部陆海新通道海铁联运班列开行量从最初2017年的178列上升至2022年的8 820列，年均增长118.3%，呈现强劲增长态势❶。截至2022年12月底，西部陆海新通道已辐射18个省(区、市)、60个城市、116个站点，通达全球119个国家和地区的393个港口❷，西部陆海新通道海铁联运班列实现与长江黄金水道和中欧班列的高效衔接，北部湾港集装箱航线基本实现了东盟国家及全国沿海主要港口全覆盖。2021年4月，陆海新通道运营新疆公司正式揭牌成立，区域运营平台公司数量达到5个，西部陆海新通道跨区域综合运营平台建设不断完善。❸2021年5月，在第三届中国东西部合作与投资贸易洽谈会和陆海新通道国际合作论坛期间，西部陆海新通道沿线省(区、市)和印度尼西亚、越南、老挝等国家联合发布"陆海新通道国际合作(重庆)倡议"。省际协商合作不断深化，2022年1月20日，四川省陆海新通道发展有限公司在成都成立，将进一步推进完善西部陆海新通道沿线节点设施布局，推动通道班列与中欧班列线路对接和信息共享，提升西部陆海新通道品牌效应。2022年7月，西部12个省(区、市)与海南省、广东省湛江市、湖南省怀化市在重庆共同签署了《合作共建西部陆海新通道框架协议》，确立了"13+2"省区市(直辖市)合作共建西部陆海新通道的格局。2023年4月，由商务部牵头建立的推进国际陆海贸易新通道建设合作工作机制第一次会议在重

❶ 周红梅. 西部陆海新通道海铁联运班列开行突破2.5万列[EB/OL].(2023-03-24)[2023-04-20]. http://gx.people.com.cn/n2/2023/0324/c179430-40349591.html.

❷ 于青，李志兰. 小机构服务大战略——西部陆海新通道物流和运营组织中心助力通道经济蓬勃发展[EB/OL].(2023-06-09)[2023-07-10]. https://business.sohu.com/a/683645371_99910418.

❸ 广西发展和改革委员会. 陆海新通道运营新疆公司正式揭牌[EB/OL].(2021-05-20)[2022-03-20]. http://fgw.gxzf.gov.cn/fzgggz/xblhxtd/t8926333.shtml.

庆召开，外交部等6个部门的相关司局、陆海新通道沿线省（区、市）的13个商务主管部门、重庆市人民政府口岸和物流办、重庆市中新示范项目管理局、国铁集团的负责人参会，标志着陆海新通道建设合作工作机制正式运行。

总体而言，在《实施方案》和《建设方案》发布后，西部陆海新通道建设持续提速，尤其随着《区域全面经济伙伴关系协定》（Regional Comprehensive Economic Partnership，RCEP）的生效实施，西部陆海新通道吸引力不断增强，西南地区和东盟国家经贸联系更加紧密，这对北部湾港和西部陆海新通道的发展起到十分重要的作用。目前，西部陆海新通道仍处于提供运输服务产品的阶段，而通道还需带动产业、贸易等多方面发展。接下来，除了要继续稳步推进西部陆海新通道交通设施建设之外，还要顺势推进供应链、产业链和服务链建设与完善，围绕贸易便利化、管理法制化等规则体系开展“软项目攻关”，推动陆海新通道高水平建设。

3.1.2　区域合作参建陆海新通道现状

自西部陆海新通道正式运行以来，西部地区根据自身资源条件，先后加入合作共建机制，并在陆海新通道建设中发挥各自优势，为陆海新通道的顺利推行做了大量工作，并取得了一定的成效。为了全面展示中国西部地区合作参建陆海新通道的成果，下面将结合《西部陆海新通道总体规划》的内容，从陆海新通道基础设施的建设情况、国际物流供需群体的引流，以及国际物流的组织与管理3方面分析西部地区合作参与陆海新通道建设现状（表3-1）。

表3-1　西部地区参与陆海新通道建设所做的主要工作

省（区、市）	主要工作
重庆	重庆是通道的物流和运营组织中心。近些年积极发挥了重要作用，积极推动通道建设。 目前，西部陆海新通道海铁联运班列在重庆形成“一主两辅多节点”的始发集结体系；加强与其他西部省（区、市）对接，积极组织货源，推动陆海新通道万达开运营中心建设；西部陆海新通道目的地已辐射到106个国家和地区的

续表

省(区、市)	主要工作
重庆	308个港口(截至2021年9月);在新加坡、越南等地建立海外仓。重庆—东盟公路班车实现对中南半岛全覆盖,开通重庆—乌兹别克斯坦线,干线总数达到7条。开通国际(地区)航线累计达到108条,通达全球35个国家80个城市(截至2022年5月)。 同时,重庆成立了西部陆海新通道物流和运营组织中心工作机构,负责西部陆海新通道建设综合服务、规划发展、区域合作、项目推进、信息服务等工作。重庆还积极创新,推广铁海联运"一单制",开具全国首张CIFA多式联运提单;推进铁路运单物权化试点;开发并启用西部陆海新通道融资结算应用场景,助力降低企业融资成本
广西	广西是西部陆海新通道的重要出海口,在推进通道重大项目建设方面工作成果显著。 目前,广西已建成钦州港30万吨级油码头、钦州港10万吨级双向航道等项目,开工建设全国首个海铁联运自动化集装箱泊位、钦州港20万吨级航道等项目,北部湾国际门户港发展基础进一步夯实。 在铁路方面,广西开工建设了南宁至深圳高铁南宁至玉林段、南宁至崇左段。同时,建成钦州铁路集装箱中心站,加快完善铁路运输网络。 广西还深化与其他地区交流,推动各方加入通道建设。目前,广西已与重庆、四川等沿线省(区、市),以及新加坡等国家的企业达成合作,共同运营北部湾港。此外,广西还与重庆、四川等沿线省(区、市)建立了常态化沟通机制,推动成立陆海新通道运营有限公司,建立健全通道运营监测体系
四川	四川在加入通道共建机制后,从完善交通物流设施、提升通道运行效能、增强对外经贸合作3方面着力,通道建设取得了显著的阶段性成效。 加速高速公路建设,川渝、川黔、川滇高速公路通道将分别达到13条、3条、5条。同时,四川开辟了涪陵至泸州"散改集"航线,泸州、宜宾至重庆"水水中转"班轮也实现了常态化运行。 班列方面,四川推动成都经钦州至东盟海铁联运班列"天天班"稳定运行,引导货流向主通道聚集。宜宾、内江、自贡、泸州、广安、达州等市均开通了铁海联运国际货运班列或至北部湾班列。同时,四川省港航投资集团联合通道沿线"13+2"省区市(直辖市)的500余家单位,建立了西部陆海新通道物流产业发展联盟,共同推动区域物流一体化发展

续表

省(区、市)	主要工作
贵州	贵州结合自身实际,围绕通道能力建设和提升物流组织水平,实现"四步走"。 第一步谋划通道发展。贵州成立了专项工作组,起草相应实施方案,明确贵阳市、遵义市是通道重要节点城市,提出以提升物流枢纽功能为重点的发展战略。 第二步推进项目建设。贵州重点加快通道干线建设和物流基础设施建设,如开通贵阳至南宁铁路;贵阳改貌铁路口岸一期主体工程已完工并投入使用。 第三步提升通道效率。组建了贵州多式联运有限责任公司,通过培育壮大多式联运经营主体,强化物流运输组织,已开通6条集装箱班列线路。 第四步推动协作开放。依托通道货运,与澳大利亚、日本、新西兰、泰国、越南等共建"一带一路"国家建立了常态化贸易往来
云南	云南根据自身区位条件,提升利用瑞丽、猴桥、清水河等口岸,联通缅甸皎漂港,拓展西部陆海新通道出海口,更好地支撑西部地区参与国际经济合作,更快地助推"一带"和"一路"的陆海联动。 云南已开通澜沧江—湄公河国际航运,持续推进澜沧江244界碑至临沧港四级航道,完成了右江百色库区(云南境内段)高等级航道前期工作,推进水富至宜宾三级航道建设工程前期工作。云南的通航里程已突破5 000千米。 同时,云南加快推进物流建设。省内重点物流企业已覆盖老挝、缅甸、泰国、越南等国家,对内衔接粤港澳大湾区、长三角地区、成渝经济区,对外辐射南亚、东南亚国家,内联外通的物流服务网络已见雏形
甘肃	在通道建设方面,甘肃把重心放在提升运输能力和物流发展质量上。 首先,逐步完善综合交通运输体系。例如,宝兰高铁、兰渝铁路、十天高速、陇南机场等重大交通项目已建成投运;兰州中川国际机场三期、兰合铁路、天陇铁路等项目也相继开工建设。其次,甘肃在口岸平台建设方面成效显著。目前,甘肃已陆续建成敦煌航空口岸、兰州铁路口岸、兰州新区综合保税区等8类10个指定海关监管场地;兰州国际陆港多式联运物流园、冷链物流园、京通易购电商产业园等物流交易园区也在加快建设。此外,不断深化与通道沿线兄弟省(区、市)的协作共建。在基础设施互联互通、重点产业协作共兴、公共服务共建共享、市场有机融合等方面达成多项合作共识

续表

省(区、市)	主要工作
青海	青海结合自身实际,制定了《青海省参与建设西部陆海新通道实施方案》。通过加快运输通道建设、加强物流设施建设等方式,积极参与通道建设。 目前,青海正推动兰新高铁、格库铁路建设,争取早日投运;西宁至成都铁路项目已正式开工建设,建成后将大幅缩短青海与新疆等周边省(区、市)的运输距离,为西北地区通道构建发挥积极作用。同时,青海积极探索与甘肃省建立国际货运班列合作机制,鼓励两省班列承运企业拼箱集货,实现两地优势互补,支持外贸企业稳定发展。 青海开行西部陆海新通道海铁联运班列总数不断增加。海铁联运班列在实现常态化运营基础上不断加密,标志着青海省融入西部陆海新通道建设进入了快车道
宁夏	宁夏以错位竞争、功能互补、联动发展为原则,明确了支持打造银川口岸经济核心区,建设石嘴山、中卫口岸经济支撑区的联动发展定位。 目前,依托宁夏国际货运班列,发展粮食、棉花、海产品、生活用品集散中心,积极将银川打造成为内陆地区向西开放的重要物流节点和区域性国际物流中心、区域性联运配送中心。 同时,宁夏还依托石嘴山保税物流中心(B型)、惠农陆港、中卫陆港,发展石化、矿石、煤炭、木材等产业,将石嘴山打造成为区域性大宗商品集散交易基地,将中卫打造成融入西部陆海新通道的区域性综合运输枢纽
新疆	新疆不断深化国际合作,构建东联西出的大通道。目前,新疆已与周边5个国家开通了国际运输线路118条,为西部陆海新通道建设提供了交通便利。 新疆立足自身区位,加强西部陆海新通道与“丝绸之路经济带”核心区有效衔接。例如,加快乌鲁木齐国际陆港区建设,推进喀什经济开发区、霍尔果斯经济开发区高质量建设,加快口岸经济带建设,与170多个国家和地区建立了经贸关系等。 新疆国际陆港有限责任公司与重庆市平台公司签署《合资合作框架协议》,区域平台公司陆海新通道运营新疆有限公司申报工作有序推进,进一步推动新疆融入通道建设

续表

省(区、市)	主要工作
陕西	陕西坚持顶层设计,完善整体工作方案,同时紧抓具体项目推进通道建设。 目前,陕西已出台了《陕西省关于加快西部陆海新通道建设实施方案》,明确了推进西部陆海新通道建设的工作目标、重点任务和责任部门。 根据《西部陆海新通道总体规划》要求,陕西已基本建成西安国际航空物流港和西安新筑铁路物流基地两个项目。同时,陕西还启动了西安至银川、重庆、包头的高铁和一批省际高速公路建设,进一步畅通了南北客货运大通道,增强西安的枢纽服务和带动作用。 此外,陕西也在全力配合做好通道建设相关工作,如加大西部陆海新通道宣传推介力度,动员有关企业主动融入西部陆海新通道建设等
内蒙古	内蒙古通过加快运输通道和物流设施建设,大力提升运输能力和物流发展质量效率,促进西部陆海新通道建设。 目前,内蒙古正有序推进通道及物流基础设施建设,如建成赤峰至京沈高铁连接线项目,开工建设集宁至大同高铁、集通铁路电气化改造等工程。在物流基础设施方面,内蒙古布局建设以7个国家物流枢纽承载城市为重点,以旗县物流中心为补充的枢纽网络。 呼和浩特是西部陆海新通道沿线枢纽,内蒙古将提升呼和浩特的枢纽功能,呼和浩特综合保税区于2024年4月25日实现了跨境公路物流通道的正式开通。呼和浩特新机场项目航站区工程全面开工建设
西藏	西藏主动参与西部陆海新通道建设,积极改善基础设施,加强互联互通。例如,推动实施尼泊尔沙拉公路、阿尼哥公路的升级改造,构建"依托内地、面向南亚"的综合立体交通走廊。 西藏还依托园区建设,促进开放发展动能转换。目前,西藏已制定并实施吉隆边境经济合作区工作方案,推进吉隆边境经济合作区建设;借助中国西藏与尼泊尔经贸协调委员会工作机制,积极推进中尼跨境经济合作区建设;以开放型经济园区建设为重点,积极推进"两带六线"开放布局;围绕青藏铁路、川藏铁路构建产业集聚区;围绕口岸和传统边贸通道加强对尼泊尔的国际产能合作

注:资料来自杨骏.携手共建西部陆海新通道"13+1"省区市出新招夯基础[EB/OL].(2020-11-17)[2021-12-30].https://www.cqrb.cn/content/2020-11/17/content_285874.htm.

3.1.2.1 参与通道基础设施建设现状

1. 合作参建陆路运输通道现状

(1)合作参建公路运输通道。

跨境公路方面，截至2022年，西部陆海新通道有20条跨境公路运输线(表3-2)，以四川、重庆、广西为起点，经广西、云南、新疆沿边沿线口岸中转，最终与越南、泰国、新加坡、老挝等东盟国家相连。在现行运营路线中，东线、中线、西线、新加坡线、中亚线、越南线全程采用陆运，而东复线和亚欧线则采用陆海、公铁联运，形成一个以公路运输为主、公铁与陆海为辅的国际干线运输网络。作为西部陆海新通道的重要组成部分，重庆跨境班车充分发挥公路运输安全性高、灵活性强、时效性快的特点，将重庆及沿线地区的运输货物快速、高效运至东南亚和中亚地区，东南亚和中亚的农副产品、木材、粮油等商品也可以直抵重庆，并依托重庆的交通网络辐射至中国的中西部地区。自2016年4月开行至2023年1月31日，西部陆海新通道跨境公路班车累计发车12 161车次，总货值约73.06亿元。[1]

表3-2 2022年陆海新通道跨境公路班车运营路线

省(区、市)	线路		运输距/千米	运行时间/天
四川	成都—凭祥/河口—河内	7条	1 610/1 535	—
	成都—凭祥/河口—岘港		2 360/2 290	—
	成都—凭祥/河口—胡志明市		3 330/3 240	—
	成都—瑞丽—仰光		2 490	—
	成都—瑞丽—曼德勒		1 875	—
	成都—磨憨—万象		2 140	—
	成都—磨憨—曼谷		2 615	—
重庆	重庆—凭祥/龙邦—越南河内—越南胡志明市	8条	3 200	5

❶ 王欣悦 . 重庆公路物流基地2022年市场交易额超千亿元[EB/OL].(2023-02-23)[2023-12-30]. https://m.gmw.cn/baijia/2023-02/23/1303292314.html.

续表

省(区、市)	线路		运输距/千米	运行时间/天
重庆	重庆—凭祥/龙邦—越南河内—柬埔寨金边		3 400	6
	重庆—磨憨—老挝万象—泰国曼谷		2 800	4
	重庆—钦州港—新加坡		4 300	10
	重庆—凭祥—越南河内—老挝沙湾拿吉—泰国曼谷—马来西亚吉隆坡—新加坡		4 500	7
	重庆—瑞丽—缅甸仰光		2 700	4
	东盟地区—重庆—欧洲		12 400	20
	重庆—畹町—缅甸仰光—印度孟买		6 700	10
广西	广西—凭祥—河内	5条	450	1
	广西—凭祥—胡志明市		2 100	3
	广西—凭祥—老挝万象		1 400	2.5
	广西—凭祥—柬埔寨金边		2 700	3.5
	广西—凭祥—曼谷		1 800	3

资料来源：西部陆海新通道门户网。

注："—"表示数据缺失。

在国内公路运输方面，西部陆海新通道公路基础设施较为完善，南向公路段全部实现高等级化，高速路网基本建成，主通道、重要枢纽、核心覆盖区和辐射延展带上各地区之间的互联互通基本实现。广西建成连接周边省(区、市)的高速公路15条，其中连通广东省、湖南省各5条，连通云南省2条、连接贵州省3条，西南、中南地区连接东盟出海出边的高速公路网络初步形成。同时，广西积极推进鹿寨至钦州港(全长334千米)、桂林至钦州港(全长403千米)、龙胜至铁山港(全长730千米)等高速公路建设，预计这些高速公路将在2030年前后建成。

(2)合作参建铁路运输通道。

在国内铁路运输方面，国内干线铁路能力基本满足需求。根据《西部陆海新通道铁路规划建设方案》,通道川渝地区南向可以分为东、中、西三条铁路主通道。其中,东通道和中通道主要承担重庆方向的货物运输,西通道则承担四川成都方向的货物运输,各条通道的建设情况,如表3-3所示。

表3-3　陆海新通道主要铁路运输通道

通道	线路	区段	里程/千米
东部通道（重庆—怀化—柳州—钦州）	渝怀铁路	重庆—怀化	613
	焦柳铁路	焦作—柳州	446
	湘桂铁路	衡阳—凭祥	169
	黎钦铁路	黎塘—钦州	562
中部通道（重庆—金城江—柳州—钦州）	川黔铁路	重庆—贵阳	533
	黔桂铁路	龙里—柳州	582
	湘桂铁路	衡阳—凭祥	169
	黎钦铁路	黎塘—钦州	562
西部通道（成都—内江—百色—南宁—钦州）	成渝铁路	成都—重庆	276
	内六铁路	内江—六盘水	503
	水红铁路	六盘水—红果	158
	威红铁路	威舍—红果	68
	南昆铁路	南宁—昆明	814

资料来源:郑平标.西部陆海新通道海铁联运班列发展策略研究[J].铁道运输与经济,2021,43(10):30-34,60.

目前,3条主通道铁路建设正有力有序地推进。东部通道渝怀铁路增建二线、焦柳铁路怀化—柳州段电化改造工程、怀化西编组站正式开通运营;中线通道黔桂铁路增建二线、贵阳—南宁高速铁路工程加快推进;西线通道黄桶—百色铁路、成渝铁路成都—隆昌段、水红铁路等正在扩能改造、内六铁路宜宾—内江段、南昆铁路百色—威舍段增建二线工程正在稳步推进中。

国际铁路联运方面，目前开行的主要有广西、重庆、贵州3省（区、市）。其中，广西至越南、重庆至越南、重庆至老挝的国际班列已实现常态化运营，这些线路的运距、运行时间等情况，详见表3-4。特别需要提出的是，作为"一带一路"重要项目之一，从云南昆明至老挝万象的中老铁路于2021年12月全线通车运营，成为西部陆海新通道一条全新的物流线路。这条新线路的货运时间相比于传统海运缩短近20天，通过铁铁、铁公联运运输，只需一天就能到达曼谷等中南半岛主要城市。这条跨境铁路的全线贯通，对于提高国际铁路通道的运输能力和运输效率，实现中国与东南亚地区铁路互联互通和更大范围的陆海联通具有重要意义。

表3-4　2022年陆海新通道国际铁路联运班列情况

线路	运输距离/千米	运行时间/天	开行频次
广西—越南河内	391	3	每周1~2列
重庆—越南河内	1 560	7	每周3~4列
重庆—老挝万象	1 800	7~8	每周5~6列

资料来源：西部陆海新通道门户网。

2. 合作参建海路运输通道现状

根据《西部陆海新通道总体规划》，西部陆海新通道出海港口包括广西北部湾港、海南洋浦港、广东湛江港。近些年，为了加快国际货物的陆海联运，西部陆海新通道沿线地区不断加大港口基础设施建设力度，同时适时开通多条海运航线，满足国际货物对海路运输通道的需求。截至2021年，北部湾港、洋浦港、湛江港的建设和运行情况，见表3-5和表3-6。海南洋浦港作为西部陆海新通道新支点，近年来不断优化运力，新开及加密多条航线，大力吸引国内外货源。截至2021年年底，洋浦港外贸航线总数达到39条，港口码头泊位47个，码头种类齐全，集装箱吞吐量超130多万标箱，增速位居全国沿海港口第一。[1]湛江港充分发挥"铁路连接西南，

[1] 林文泉．2021年洋浦港集装箱总量超130万标箱同比增长30%[EB/OL].（2022-01-19）[2022-04-25]. https://baijiahao.baidu.com/s?id=1722388754010321920&wfr=spider&for=pc.

海运面向国内沿海和东南亚”的优势，积极拓展黔粤班列合作，构建“西部陆海新通道—湛江—粤港澳大湾区/海南自贸港—海外‘一带一路’”的供应链服务体系，打通矿产、农产品及粮食等大宗商品经海铁联运“借港入陆”的通道，也为“黔货出山”提供重要契机。[1]

表3-5　2022年陆海新通道出海口建设情况

港口	货物吞吐能力/亿吨	集装箱吞吐能力/万标箱	生产性泊位/个	万吨级以上泊位/个
北部湾港	2.77	425	274	101
洋浦港	1.10	220	42	32
湛江港	3.45	80	147	42

资料来源：西部陆海新通道门户网。

表3-6　2022年陆海新通道出海港口辐射范围

港口	航线情况			辐射国家和地区	主要货物品类	
	航线数	外贸航线	远洋航线		进口	出口
北部湾港	75	47	6	泰国、越南、新加坡、印度尼西亚、马来西亚、日本、韩国、南非等国家	原木、纸浆、矿类、高岭土、黄牛二层蓝湿革、发动机润滑油、铁镍合金、木薯淀粉等	化肥、瓷砖、磷酸、酵母、汽车配件、发动机、摩托车散件等
洋浦港	40	13	3	非洲、澳洲、越南、新加坡、缅甸、泰国、孟加拉国等国家	原木、高岭土、椰子、玉米、石英砂等	原纸、文化纸、聚酯切片、聚丙烯、木浆等

[1] 林子菲.“粤”升湾区阔　潮涌看中国｜湛江港“硬核”服务“一带一路”[EB/OL].(2023-06-17)[2023-07-10]. https://baijiahao.baidu.com/s?id=1768956738320659593&wfr=spider&for=pc.

续表

港口	航线情况			辐射国家和地区	主要货物品类	
	航线数	外贸航线	远洋航线		进口	出口
湛江港	27	6	0	新加坡、越南、泰国、马来西亚、柬埔寨、印度、日本、韩国等国家和中国香港、中国台湾等地区	冷冻产品、农副产品、化工产品、矿类、化肥等	纸制品、电器、冷冻产品、化工产品、农副产品等

资料来源：西部陆海新通道门户网。

广西始终抢抓机遇，连续多年投入大量资金、人力和物力，推动港口码头、进港航道，航线开发等建设，不断夯实北部湾港作为西部陆海新通道的主要出海枢纽港的地位。现如今，北部湾港航线有64条，生产性泊位274个，其中万吨级以上泊位达101个，实现了来自西部省（区、市）的货物从钦州港“下车即上船”，来自世界各地的货物“下船即上车”，海铁联运无缝衔接。据介绍，当前钦州港智慧口岸建设正在加快推进，全国首个海铁联运自动化集装箱码头如期启用，北部湾港“智慧湾”项目建设不断深化，海关“两步申报”“提前申报”等便利化改革政策红利持续释放，极大地提升了通道物流运输效率。❶

尤其需要指出的是，作为加快建设交通强国的标志性工程、西部陆海新通道骨干工程的平陆运河，于2022年5月全线动工建设，目前运河建设正在按计划有序推进。该运河始于南宁横州市西津库区平塘江口，经钦州灵山县陆屋镇沿钦江进入北部湾，全长约135千米。平陆运河经济带的规划范围是：以南宁、钦州为重点，联动发展柳州、贵港、防城港、来宾、梧州、北海等城市，沿西江黄金水道向上游延伸至云南等地、向下游延伸至

❶ 康安．西部陆海新通道出海枢纽港优势凸显前10月钦州港口岸进出口896.5亿元[EB/OL].(2022-12-01)[2022-12-30]. https://gx.cri.cn/n/20221201/57f56e7f-5cde-2029-29e6-6db5e235810c.html.

粤西等地，沿西部陆海新通道向北辐射至川、渝、贵、湘、陕、甘、青等地。平陆运河纵向贯通西江干流与北部湾国际枢纽海港，有利于进一步完善西部陆海新通道的结构性功能，大幅提升通道运输能力，维护产业链供应链稳定，提升区域交通网络系统韧性和安全性。平陆运河建成后，将以最短距离开辟西江干流入海新通道，实现广西5 873千米内河航道网、云贵部分地区航道与海洋运输直接贯通，极大释放航运优势和潜力。[1]

3. 合作参建空路运输通道现状

航空运输方面，西部陆海新通道沿线地区基本建成以重要运输机场为枢纽、支线机场为支点、通用机场为节点的综合机场体系，形成面向东盟、辐射全国、连接国外的航线网络布局。未来在西部陆海新通道的建设中，航空仍是其中必不可少的一环。

2021年6月，成都天府国际机场正式通航，随着天府国际机场的建成，成都作为西部陆海新通道沿线地区中唯一拥有双机场的城市，将承担世界各国大量人员往来的功能，成为西部陆海新通道内陆开放重要的空中门户。作为国内8大区域枢纽机场之一，重庆江北国际机场拥有3条跑道和3座航站楼。2020年，重庆江北国际机场完成旅客吞吐量3 494万人次，位居全国第四，国际货邮吞吐量15.1万吨，居西部地区第一，可通航33个国家和地区的216座城市，为重庆与世界沟通架起了空中桥梁。[2]广西作为西部陆海新通道上的重要一环，除了在陆路、海路上发挥不可或缺的作用外，在航空上也发挥着重要作用。2021年10月，广西出台西部陆海新通道三年提升计划，提出建设高效快捷空中走廊，发展南宁吴圩机场至东盟国家的航线，开拓全货机国际航线，鼓励货运航空公司在南宁开设基地，建设贺州机场、防城港机场等项目，研究建设百色机场和北海新机场等改扩建项目，促进民航运输融入西部陆海新通道。昆明机场开通全货机航线8条，客改货航线9条，通航点覆盖印度、越南、澳大利亚、英国等15个国家，基本实现了南亚、东南亚国家首都和重点旅游城市客运全覆盖，成为

[1] 吴丽萍. 一图概览运河规划[N]. 广西日报数字报，2022-08-29(010).

[2] 巴渝商讯. 重庆自贸试验区含金量足[EB/OL].(2021-04-13)[2021-12-30]. https://baijiahao.baidu.com/s?id=1696893684163228620&wfr=spider&for=pc.

连接西部陆海新通道与中南半岛的重要桥梁。截至2022年年底，云南累计开通南亚、东南亚航点33个，位居全国第一。目前，甘肃已陆续建成兰州和敦煌航空口岸，并与广西机场集团合作，积极对接新加坡樟宜机场，共同开通“兰州—南宁—新加坡”的南向空中通道。根据《西部陆海新通道总体规划》要求，陕西已基本建成西安新筑铁路物流基地和西安国际航空物流港两个项目。海南允许进出岛的国际航班加注保税航油，取消飞机和船舶的境外融资限制等。这些政策将为海南吸引更多的航空和海运流量，助力海南加快打造西部陆海新通道的国际航空和航运枢纽。

4. 合作参建信息运输通道现状

信息传递方面，西部陆海新通道建设周期较长且跨越省（区、市）较多，过程中沟通协调工作极其庞杂，沿线地区相互间的信息沟通对于及时掌握工作进展，发现和解决建设过程中的瓶颈问题至关重要。因此，网络的建设对于打破地区间各种运输方式之间的信息壁垒，推动通道在信息领域的互联互通建设发挥着至关重要作用。

2017年，广西首个物流公共信息服务平台“行·好运”上线，业务覆盖通道沿线的云南、贵州、四川等地区，该平台通过大数据、信息化整合物流资源要素，推进空港、海港、内河港、公路港、铁路港“五港”信息联动，消灭“信息孤岛”，形成跨区域开放共享的“互联网+”高效物流平台。截至2021年12月，该平台累计注册用户7.8万户，服务货值突破10 000亿。[1]重庆认真落实《西部陆海新通道总体规划》赋予的重要任务，深入推进“单一窗口”建设，成立西部陆海新通道运营组织中心，联合沿线地区交通、口岸、海关等部门，共同搭建西部陆海新通道公共信息平台，推动合作共赢。2021年12月，陆海新通道运营有限公司与中移集成公司、中移物联网公司、中国移动重庆公司（简称“四方”）共同签署战略合作框架协议，携手共建“数智陆海通道”。“四方”以本次战略合作签约为契机，借助“5G+创新驱动”，共建陆海联、陆海云、陆海物联网等基础平台，实现西部陆海新通道信息共享、数据信息互通，并在数字贸易、智慧物流、智慧数据、智慧产业、

[1] 九派新闻.“行·好运”网服务货值突破一万亿[EB/OL].（2021-12-16）[2021-12-30]. Https://baijiahao.baidu.com/s?id=1719309783959757363&wfr=spider&for=pc.

智慧金融等领域进一步深化合作，构建“13+1”省区市（直辖市）跨区域综合运营、跨境贸易服务、跨境多式联运、跨境物流服务、跨境金融服务新模式，以合作共赢为核心，加快陆海新通道“数智通道”的建设，促进通道与区域经济融合发展。借助“陆海链”，“四方”共同推进完成中新海铁联运“一单制”数字提单项目试点，并以“陆海链”为核心，实现物流、保险、银行、海船公司、码头、贸易企业等多方的数据互信互认，提供跨境贸易融资等多项金融服务，提升贸易融资便利化水平和实现融资渠道的多元化。

5. 海陆空网运输通道联动发展状况

海陆空网联动方面，2021年9月，国内首条“航空+”西部陆海新通道在第18届中国东盟博览会上正式发布。“航空+”西部陆海新通道是将成都国际航空枢纽与西部陆海新通道进行链接，围绕“空中+陆上+海上丝绸之路”的大通道体系，借助国际航空枢纽的区位优势、联合空港国际供应链铁路专用线和成都（双流）空铁国际联运港，开辟出的新运输通道。

从区位上看，成都（双流）空铁国际联运港地处几个运输体系的中心点，距离成都天府国际机场和成都双流国际机场车程30分钟以内，距离国家高速路网京昆高速（G5）仅5分钟车程，同时与宝成线、成渝线、川藏线及成昆线转换连接，实现航空运输与陆上交通运输体系的有效衔接。[1]电子信息、高端生物医药等产品可以通过航运从联运港走向全球，而时效性要求没那么高的产品则可以通过海运、铁路等方式走出国门。相对于以前单一的运输方式，“航空+”西部陆海新通道为企业提供了更加丰富可选的物流通道，极大地提高了物流效率，降低了运输成本。目前双流区已陆续开通经云南昆明至磨憨口岸直达老挝、万象辐射东南亚的多式联运通道、经钦州港开行的空铁水通道、经凭祥口岸开行跨洲际通道（表3-7）。接下来，双流区将逐步完善向东连接日韩、向北直达俄罗斯、向西深入欧洲腹地、向南辐射泛亚地区的快捷化多式联运国际班列，强化与国际直达航线的衔接，推动联运通道的优化升级，加速境外网点布局拓展延伸，成

---

[1] 封面新闻．国内首条“航空+”西部陆海新通道亮相 成都空铁国际联运港开行在即［EB/OL］．(2021-09-11)［2021-12-30］．https://baijiahao.baidu.com/s?id=1710608062070067589&wfr=spider&for=pc.

为国际物流集散枢纽和全球供应链服务的重要节点。

表3-7　西部陆海新通道"航空+"多式联运情况

运输方式	开行轨迹	运输里程/千米	时效/天
空铁公联运	双流国际空港—铁路—昆明王家营西—公路、铁路—磨憨—万象—曼谷	2 900	7
空铁水联运	双流国际空港—铁路—钦州港—海运—目的港	1 669	3
空铁联运	河内—铁路—凭祥—双流国际空港—铁路—阿拉山口—鹿特丹	12 846	22

资料来源：雷浩然．打造全球供应链新节点，国内首条"航空+"西部陆海新通道发布[EB/OL].（2021-09-11）[2021-12-30]. https://baijiahao.baidu.com/s?id=1710590086734244008&wfr=spider&for=pc.

海铁联运方面，自中新互联互通示范项目启动以来，我国西部地区不断拓展西部陆海新通道海铁联运班列。特别是重庆、四川、云南、广西、甘肃、陕西、贵州等地积极组织开行通道班列，班列开行数量呈快速增长趋势。有关资料显示，重庆作为西部陆海新通道的核心枢纽，自2017年4月开行西部陆海新通道海铁联运班列以来，班列开行数量由2017年的48列持续增长至2020年的1 297列。成都自2017年11月试运行西部陆海新通道海铁联运班列以来，班列开行数量由2017年的10列稳步增长至2020年的798列。昆明开行西部陆海新通道海铁班列增长速度很快，由2018年64列迅猛增长至2020年的1807列。广西区内主要开行防城港/钦州港与南宁、柳州间的班列，2019年、2020年分别开行班列15列、373列，西部陆海新通道海铁联运班列规模不断扩大。[1]据最新数据统计，2017年，西部陆海新通道海铁联运班列开行数仅有178列，5年后的2022年增长49倍，达8 820列，年均增长30%。截至2023年6月，陆海新通道已成功开通

[1] 郑平标．西部陆海新通道海铁联运班列发展策略研究[J]. 铁道运输与经济，2021，43(10)：30-34，60.

桂林、怀化、张掖、遂宁、宁夏中卫等海铁联运班列，线路拓展至广西、重庆、四川、贵州、甘肃等18个省（区、市）的116个站点，连通119个国家和地区的393个港口。❶

6. 参与物流设施建设现状

西部陆海新通道沿线地区物流设施规模稳步提升，功能不断提高。物流园区建设方面，重庆国际物流枢纽园区已实现西部陆海新通道、“渝甬”班列、“渝新欧”班列和“渝满俄”班列四式联运的国际物流通道的常态化运行，在2020年，重庆国际枢纽物流园区累计开行跨境班列就达到4 000余列，货值、数量均位居全国第一。四川也加快攀枝花、遂宁、成都、泸州、达州等国家物流枢纽建设，推动交通枢纽和物流园区布局衔接。

港航基础设施建设方面，钦州港东航道扩建工程已顺利交工验收，防城港、钦州港等多个泊位工程启动建设。北部湾港正在规划以辽宁营口、四川自贡、文莱、马来西亚关丹和老挝万象等国内外无水港为平台，打造物流中心网络商圈。

智慧物流建设方面，西部陆海新通道沿线多数省（区、市）都建立了信息服务平台（表3-8），以此整合了地区内物流、商流、资金流等相关信息。贵州充分发挥大数据的优势，搭建大数据智慧物流平台，不断提升西部陆海新通道对海外仓、数字贸易、跨境电商等新业态发展的带动作用，支持西部陆海新通道贵州段平台企业在通道所辐射国家设立境外集散分拨中心，并以西部陆海新通道为创新实验载体，整合贵州与其他地区资源，共同搭建一个多式联运物流贸易信息平台，实现物流企业、海关和铁路等平台数据的综合利用和安全共享。广西北部湾港务集团与新加坡港务集团加快推进港口信息网络合作，顺利实现北部湾港与新加坡港班轮信息的无缝对接。同时，加快智慧北部湾港口网络平台建设，不断整合物流资源，优化陆海新通道物流供应链管理系统，“一票制”“一口价”联运服务模式初步形成。重庆方面，2021年12月，陆海新通道运营有限公司与中移集成公司、中移物联网公司、中国移动重庆公司共同签订合作协议，借助

❶ 于青，李志兰. 小机构服务大战略——西部陆海新通道物流和运营组织中心助力通道经济蓬勃发展[EB/OL].（2023-06-09）[2023-07-10]. https://business.sohu.com/a/683645371_99910418.

“5G+创新驱动”，共建陆海链、陆海云、陆海物联网等基础平台，携手共建“数智陆海通道”，推动资源协调，实现西部陆海新通道信息共享和数据信息互通。

表3-8　西部陆海新通道沿线省（区、市）物流公共信息平台

省（区、市）	物流信息平台
重庆	重庆智慧物流公共信息平台
广西	广西物流公共信息服务平台
贵州	贵州省物流云
甘肃	甘肃省物流公共信息平台
青海	青海省物流公共信息平台
新疆	新疆交通物流信息平台
云南	云南道路物流公共信息平台
陕西	陕西省交通物流信息公共服务平台
四川	四川省物流公共信息平台
内蒙古	内蒙古物流运输平台
海南	海南省交通运输物流公共信息平台

口岸建设方面，作为陆路通道关口，西部陆海新通道沿线地区各口岸建设正在加快推进中。2022年，云南省商务厅投入2.9亿元资金，支持西双版纳州加快关累港口岸等项目建设，重点推进65个口岸项目建设工作，加快打造面向老挝、越南和缅甸3个方向的口岸群和航空口岸群，着力提升口岸通行能力和通关效率。甘肃省兰州市积极推动口岸设施的完善和升级改造，铁路口岸、航空口岸和敦煌航空口岸相继建成投运。广西和重庆都拥有铁、公、空、水多种类型的口岸，基本具备运输需求和多种贸易需要。特别是重庆市有7个口岸和10个具有口岸功能的场所，是我国内陆地区整车进口口岸货值最多的城市，通过这些口岸或场所，长江水运通道、西部陆海新通道、中欧班列（重庆）等国际物流通道可以实现快速

对接。❶

3.1.2.2 参与国际物流供需群体引流现状

1. 促进通道与区域经济融合，培育国际物流供需群体

广西依托南宁、北海、钦州、防城港等向海经济核心区和平陆运河经济带，积极推动港口、产业和城镇深度融合，重点打造了南宁东部产业新城和钦州港临港新城，建设南宁临空经济示范区，发展电子信息、生物医药、先进装备制造等产业集群。防城港、钦州、北海3个临港产业园区工业总产值突破千亿元大关，中新南宁国际物流园、中马钦州产业园等正加速建设，确保企业如期投产，川桂国际产能合作园一期项目如期完工并投产，通道产业集聚效应进一步扩大，重点产业功能区和特色项目集聚不断加快。❷西藏自治区商务厅拨付外经贸发展专项试点资金，用于支持边境（跨境）经济合作区建设，促进边境贸易创新发展。重庆重点发展涪陵化工供应链枢纽经济区和长寿材料，覆盖印度尼西亚、位于两江新区鱼复新城的陆海美联物流仓库，依托通道的覆盖面，通过清单化、项目化的方式，让通道加速融入重庆的产业链供应体系。2021年，新疆投资30亿元推进乌鲁木齐国际陆港区建设，着力发挥其在核心区建设中的引领作用，构建“一中枢三支点”中欧班列枢纽体系，确保向西国际物流大通道的畅通。青海通过强化开发区、产业园区等基础设施项目建设，推进产城融合发展，鼓励知名度高、技术水平相对领先、具有竞争力的生产制造企业联合打造更具竞争力的新兴产业集群。不断扩大进出口贸易规模，深度融入西部陆海新通道，推进铁海联运班列常态化发展，促进“丝绸之路经济带”和“海上丝绸之路”的对接。云南充分发挥清水河口岸作为国家级口岸的优势，谋划临沧的新型城镇发展创新模式与合作模式，创新中缅贸易合作机制，共建跨境产业集群，打造国家跨境产业合作示范区，同时结合新型

❶ 重庆市沙坪坝区商务委. 重庆成为目前全国内陆铁路整车口岸进口货值最多的城市[EB/OL]. (2021-10-29)[2021-01-30]. http://www.cqspb.gov.cn/bm/qsww_63873/lwlb_140517/wwm/gzdt_120960/202110/t20211029_9907553.html.

❷ 陆娅楠，蒋云龙，张云河，等. 高水平共建西部陆海新通道[N]. 人民日报，2021-10-18(002).

建材、农业机械、轻工产品等的出口贸易，以通道带动物流、经贸、产业发展。

2. 改善通道营商环境，吸引优质物流服务企业加入

广西于2019年12月成立北部湾航运交易有限公司，进一步优化西部陆海新通道“软环境”。建成运营北部湾国际门户港航运服务中心，利用中国和东盟海陆运输资源，陆续吸引了新加坡太平船务、中谷海运、中远海运等上百家航运物流知名企业入驻。北部湾港口综合收费大幅降低，目前除个别环节外，整体收费水平已与国内一流港口持平。2021年，重庆开通全国首个跨境金融区块链西部陆海新通道融资结算应用场景，着力解决实体企业融资的难点、痛点、堵点，提升市场主体的融资与结算效率。持续推进降费提效优服，铁路继续实行运输相关优惠政策，2021年上半年运费优惠总计达1亿多元。北部湾港进一步降低集装箱港口各操作环节作业成本和港口中介服务收费，并对国际标准集装箱运输车辆的车辆通行费用减半征收。重庆西部现代物流园拖车到堆场、火车站提柜、堆场卸车费用降低约30%；渝桂班列运价下浮37.5%，与传统的江海联运费用基本持平。❶

3. 提升通道运行与物流效率，升级国际物流消费体验

目前，西部陆海新通道运行效益和物流效率都在稳步提升。重庆大力发展铁海联运和国际班列班车，打造西部陆海新通道班列运输品牌。稳定开行四川、广西、云南等地至越南的国际铁路班列，加大北部湾港海铁联运班列开行频次。宁夏利用地处“中国—中亚—西亚经济走廊”和“中蒙俄经济走廊”节点优势，大力支持多式联运国际货运班列开行，建设西北地区通道重要节点。截至2021年年底，宁夏已多点开行银川、中卫、大武口到重庆团结村和广西钦州港的西部陆海新通道货运班列11列，共计818标箱。内蒙古加快推进中蒙、中俄直通国际快递邮路建设，优化白塔机场国际快件监管中心、满洲里、二连浩特国际邮件互换站功能，推动跨境电子商务和快递协同发展。大力支持跨境运输企业和出口货物采用国

❶《瞭望》新闻周刊记者．重塑区域物流新格局［J］．瞭望，2019（34）：2.

际公路运输(transport international router,TIR)方式开展跨境运输,借助TIR运输建立与欧亚大陆陆上交通联系,提高与东南亚地区间物流效率。青海积极推动货运服务创新,促进物流降本增效,鼓励开展提前配货模式,优化产需对接间的物流径路组织,减少无效运输、折返运输和空驶率。钦州港至贵州、云南、四川、重庆的班列保持双向常态化运行,北部湾港开通集装箱航线53条,成为我国与东盟地区开放合作的前沿。[1]常态化开行的渝桂、川桂、滇桂、黔桂已经实现“天天班”双向对开,部分线路可实现铁路箱“下海出境”,节约换箱时间,铁海联运衔接高效可控。在参建省(区、市)的共同努力下,西部陆海新通道物流网络拓展至123个国家和地区的514个港口,海铁联运班列开行量从2019年的900多列增至2023年的9 000多列,货物品类也从最初的陶瓷、板材等几十种,增加至目前的汽车配件、新能源材料等超1 000种。[2]

物流效率方面,广西海关在班列运行通道上启用智能审像系统和大型集装箱检查系统,在不开箱的情况下,完成对列车和承载集装箱的过境检查,保障班列快速高效通关。同时,将进出口环节监管证件从86种减至41种,减少了52.3%。2023年广西口岸进出口整体通关时间分别为15.16小时和0.28小时,较2017年分别压缩73.2%和98.01%。重庆、昆明、满洲里等海关强化协作联动,从俄罗斯莫斯科经中国满洲里口岸入境、磨憨口岸出境至泰国马达埔站直达运输时间最短仅为15天,相比传统海运缩短了20天。[3]

4. 促进通道对外开放,推动国际物流供需群体国际化

自《西部陆海新通道总体规划》发布以来,陆海新通道沿线地区加大对外开放力度,双向互济的经贸联动格局逐步形成。云南与周边国家不

---

[1] 张春莉.北部湾港:开通内外贸集装箱航线53条[EB/OL].(2021-04-30)[2022-04-25]. http://www.rmzxb.com.cn/c/2021-04-30/2844103.shtml.

[2] 李晓婷.西部陆海新通道物流网络拓展至123个国家和地区的514个港口[EB/OL].(2024-05-27)[2024-05-30]. http://www.xinhuanet.com/mrdx/2024-05/27/c_1310776122.htm.

[3] 姜峰,张云河,宋豪新,等.西部陆海新通道加快建设——跨越山海展新途[N].人民日报,2024-03-26(007).

断深化开放合作，深化中越、中缅印、中老、中泰海关合作机制，畅通双边沟通与定期会晤，不断提升通关便利、口岸信息互联互通、边境口岸疫情疫病等合作渠道，与老挝开通双边农副产品快速通关“绿色通道”，建立滇老、滇缅、滇越、滇泰等多边合作机制。与越南和老挝签署国际道路运输协定，分别开通了10条和19条客货运输线路，为西部陆海新通道进一步深入这些地区提供有力条件。西藏积极推进南亚开放通道建设，试运行南亚公铁联运国际货运班列，助力内陆地区拓宽开放渠道，并同尼泊尔工商供应部就贸易便利化及拓宽经贸合作等领域进行了深入探讨。青海提出推进“中尼贸易陆路通道建设”，旨在以西部陆海新通道为参照，重点与西部各省（区、市）合作，联合各省（区、市）物流贸易企业，打通沿线重要节点城市至尼泊尔贸易陆路通道。内蒙古加快与俄蒙边境口岸互联互通公路通道建设，截至2022年年底，与俄蒙开放的12个公路口岸全部通二级及以上公路，边境口岸公路交通运输网络初步形成。四川实施“一干多支”发展战略和全面开放合作战略，突出南向、提升东向、深化西向、扩大北向，既考虑全面又突出重点。深度融入“一带一路”建设及新时代西部大开发等国家战略，加强对内、对外开放和区域经济合作。加快南向开放大通道建设，拓展对外开放渠道，依托川东北经济区、攀西经济区、川南经济区对接珠三角地区、北部湾经济区、粤港澳大湾区，深化完善川港合作会议机制和南向开放合作机制，积极参与中国—东盟框架合作、孟中印缅、中国—中南半岛、中巴等国际经济走廊建设，对接南亚、东南亚市场，拓展四川开放型经济发展新空间。

随着中老铁路全线开通运营和RCEP的正式生效，西部陆海新通道已通达泰国、日本等100多个国家和300多个港口，发运产品增加至600余种，沿线国家和地区国际贸易和国际产能合作不断深化。[1]2021年5月，在重庆市举行的陆海新通道国际合作论坛上，西部陆海新通道沿线“13+1”省区市（直辖市）与东盟成员国老挝、越南、印度尼西亚等国联合发布“陆海新通道国际合作（重庆）倡议”，将在多个领域开展国际合作与交流，提

[1] 曹易．回眸中欧班列的2021年[EB/OL].（2022-01-13）[2022-04-25]. http://news.tielu.cn/pinglun/2022-01-12/267800.html.

高互联互通水平，实现合作共赢。[1]依托通道建设，沿线相关省（区、市）探索推动澜湄合作、东盟与中日韩“10+3”、中国—东盟“10+1”等机制与中新共建西部陆海新通道合作机制的有机结合，以RCEP签署为契机，深化与东盟国家国际贸易“单一窗口”对接和关际合作，有效改善了通道沿线营商环境。[2]当前，西部陆海新通道已成为我国超大规模内需市场与国际市场高效链接的重要纽带，为西部地区深度参与“大循环”与“双循环”提供了重要支撑与保障。

3.1.2.3 参与通道组织与管理体系建设现状

陆海新通道建设不仅要建成一个海陆空多条线路有机融合的综合运输体系，而且要成为一条交通、物流、贸易与产业高度融合发展的经济走廊。实现这个目标，离不开对西部陆海新通道沿线地区和国家有关部门的高水平组织与管理。对此，在国家出台《西部陆海新通道总体规划》之后，西部地区积极参与到通道组织与管理体系建设当中。第一，在国家层面，国家发展改革委牵头建立了省部际联席会议制度，来自西部地区的重庆、广西、贵州、四川4个省（区、市）政府作为成员单位参与《西部陆海新通道建设省部际联席会议工作规则》议定，以及近些年的西部陆海新通道建设工作要点审议当中。第二，早在2019年10月，重庆、广西、贵州、甘肃、青海、新疆、云南、宁夏、陕西、四川、内蒙古、西藏西部地区12省（区、市）和海南省及广东省湛江市，在重庆签署了《合作共建西部陆海新通道框架协议》。之后在省部际联席会议指导下，重庆牵头会同西部地区12省（区、市）、海南省和广东省湛江市、湖南省怀化市建立了“13+2”省际协商合作机制，即如今的省际协商合作联席会议。相关省（区、市）也分别成立该省（区、市）推动陆海新通道建设的组织管理机构，如重庆市组建了重庆市西部陆海新通道建设领导小组，四川省建立了四川加快西部陆海新通道建

[1] 李爱斌. 沿线国家和中国省区市联合发布“陆海新通道国际合作（重庆）倡议”[EB/OL].(2021-05-21)[2022-04-25]. https://baijiahao.baidu.com/s?id=1700376287610371463&wfr=spider&for=pc.

[2] 谢雨蓉. 系列解读文章之——高质量建设西部陆海新通道 更好支撑构建新发展格局[EB/OL].(2021-09-03)[2022-04-25]. http://news.10jqka.com.cn/20210903/c632431906.shtml.

设联席会议制度，广西则在原来的广西壮族自治区南向通道建设工作领导小组基础上重新组建了如今的西部陆海新通道领导小组。第三，根据省际联席会议审议通过的《西部陆海新通道省际协商合作联席会议工作规则》，在省际联席会议下设省际协商合作联席会议办公室，并由重庆市在其政府口岸和物流办公室设立西部陆海新通道物流和运营组织中心，然后由该中心负责省部际联席会议和推进国际陆海贸易新通道建设合作工作机制交办的工作，承担省际协商合作联席会议办公室、推进国际陆海贸易新通道建设合作工作机制秘书处、重庆市西部陆海新通道建设领导小组办公室的日常工作，开展与西部陆海新通道建设相关的综合协调、规划发展、区域合作、项目推进和信息服务等工作，并相应设置了如下的内部机构，即综合协调部、规划发展部、区域合作部、项目推进部、信息服务部。同时，为了高效组织和利用陆海新通道沿线的铁路、公路、海运、航空等各类资源，建设境内外服务网络，统筹运营通道综合服务，开展对外交流与合作，创新规则体系，服务并促进国内国际区域经济发展，在省际协商合作联席会议办公室统一指导下，专门建立了陆海新通道跨区域综合运营平台，即陆海新通道运营有限公司，现今该公司由重庆、广西、贵州、甘肃、宁夏、新疆、湖南和广东湛江8省区市（直辖市）合作组建，并设立了重庆、贵州、甘肃、宁夏、新疆、湖南和广东湛江等区域公司，还在老挝成立了一个海外公司。

此外，2021年12月国务院批复同意了《中新（重庆）战略性互联互通示范项目“国际陆海贸易新通道”合作规划》，为了全面推进规划落实，商务部牵头成立了推进国际陆海贸易新通道建设合作工作机制。组织成员包括了商务部、外交部、工业和信息化部、中国人民银行、海关总署、金融监管总局、国铁集团相关司局，内蒙古自治区、广西壮族自治区、海南省、重庆市、四川省、贵州省、云南省、西藏自治区、陕西省、甘肃省、青海省、宁夏回族自治区、新疆维吾尔自治区商务厅，重庆市人民政府口岸物流办、重庆市中新项目管理局等有关负责人。该机制于2023年4月20日在重庆召开了第一次会议，审议通过了《推进国际陆海贸易新通道建设合作工作机制规则》和《推进国际陆海贸易新通道建设合作工作要点(2023—2024)》。根据《推进国际陆海贸易新通道建设合作工作机制规则》,该工作机制秘书处设在重庆市人民政府口岸和物流办,由前文提到的西部陆海新通道物流和运营组织中心负责具体联络和日常工作。

3.2 西部地区合作参建陆海新通道现有合作机制运行状况

3.2.1 现有合作机制的历史沿革

本书所探讨的陆海新通道本质上是中国—东盟区域合作中的一个互联互通项目。加快陆海新通道建设,有助于中国西部地区实现与东盟及其他国家区域联动和国际合作,以及与共建"一带一路"国家的有机衔接。对此,西部地区作为陆海新通道的直接参与者和受益者,在推动陆海新通道建设与发展历程中,针对通道建设遇到的各种跨行业、跨部门、跨地区重大问题,相继借助和创设相关区域合作机制加以协调解决,并根据通道合作与发展环境的变化,持续推动区域合作机制的调整和优化。

鉴于区域合作机制调整存在优化水平的高低之分,本书根据田野[1][2]和国务院发展研究中心国际合作局[3]的研究成果,综合西部地区合作参建陆海新通道的合作机制在正式化、集中化、授权化3个方面的表现,考察西部地区现有合作机制的历史沿革(表3-9)。这里所谓正式化,是指明确地阐述和公开地批准西部省(区、市)间的行为规则。从实践上看,依据《宪法》《中华人民共和国地方各级人民代表大会和地方各级人民政府组织法》(简称《地方各级人民代表大会和地方各级人民政府组织法》)、《中华

---

[1] 田野. 国际制度的形式选择——一个基于国家间交易成本的模型[J]. 经济研究,2005(7):96-108.

[2] 田野. 中国参与国际合作的制度设计:一种比较制度分析[M]. 北京:社会科学文献出版社,2017.

[3] 国务院发展研究中心国际合作局."一带一路"国际合作机制研究[M]. 北京:中国发展出版社,2019.

人民共和国立法法》(简称《立法法》)建立的正式组织和制定的规则是最正式化的制度安排。"只可意会,不可言传"的默契和没有文字记录的口头协议则是完全非正式的,属于低程度的正式化制度安排。然而,由于国内政府间协议的法律性质和法律效力不明确,政府间协议主要依靠各方的自觉遵守,所以政府间协议属于一种自律性规范。[1]与此类似的区际行政协定、非约束性条约、联合声明、最后公报、商定记录、谅解备忘录和准立法协议等制度安排整体上也可将其视为非正式协议,其正式化程度介于完全正式和非完全正式之间。集中化是指建立具体而稳定的组织结构和行政设施以管理集体行动,主要具备发布信息、减少讨价还价的成本和促进规则实施等功能。授权化是指授予第三方实施、解释和运用规则解决冲突和制定后续规则的权威。这三个维度具有比较明确的递进关系,即授权化一般是以集中化为条件,集中化则一般是以正式化为条件。[2]

表3-9　西部地区合作参建陆海新通道的合作机制演变

时期	主要区域合作机制	区域合作机制运行模式	正式化程度	集中化程度	授权化程度
1992—2015年	六省区市经济协调会、原中国(重庆)国际投资暨全球采购会、原中国东西部合作与投资贸易洽谈会、中国西部国际博览会、泛珠三角区域合作与发展论坛暨经贸洽谈会、中国—东盟博览会和中国—东盟商务与投资峰会、泛北部湾经济合作论坛等	基于非正式协议的合作成员互动,机制成员主要来自西南地区	低	低	低

[1] 王春业,徐珮程.论粤港澳大湾区合作中政府间协议及其法律效力[J].港澳研究,2022(1):25-34,94.

[2] 田野.国际制度的形式选择——一个基于国家间交易成本的模型[J].经济研究,2005(7):96-108.

续表

时期	主要区域合作机制	区域合作机制运行模式	正式化程度	集中化程度	授权化程度
2016—2019年	中新(重庆)战略性互联互通示范项目联合实施委员会、中新互联互通项目南向通道中方联席会议、中国西部国际投资贸易洽谈会、中国西部国际博览会、丝绸之路国际博览会暨中国东西部合作与投资贸易洽谈会、中国—东盟博览会、中新(重庆)战略性互联互通示范项目金融峰会等	基于非正式协议的合作成员互动,机制成员的地理范围逐渐覆盖整个西部地区	中	低	低
2020年至今	中新(重庆)战略性互联互通示范项目联合实施委员会、中国西部国际投资贸易洽谈会、中国西部国际博览会、丝绸之路国际博览会暨中国东西部合作与投资贸易洽谈会、中国—东盟博览会、中新(重庆)战略性互联互通示范项目金融峰会、西部大开发省部联席落实推进工作机制、西部陆海新通道建设省部际联席会议制度、推进国际陆海贸易新通道建设合作工作机制、西部陆海新通道省际协商合作机制、西部陆海新通道班列运输协调委员会等	基于非正式协议成立的非正式区域合作组织,并在该机构的组织下开展相互合作。合作组织对成员没有实质上的约束力,它们也不能独立地制订和实施规则	中	中	低

3.2.1.1 分散探索阶段的区域合作机制

1992年5月,中共中央下发的《中共中央关于加快改革,扩大开放,力争经济更好更快地上一个新台阶的意见》明确做出“要发挥广西作为西南地区出海通道的作用”的决策部署,此后就如何加快西南出海通道建设及促使其更好服务国家战略,西部相关省(区、市)在中央政府的统一领导下开展了长达20多年的探索。,在1992—2015年西部地区分散探索陆海新通道建设期间,与陆海新通道建设与发展存在较大联系的区域合作机制主要包括六省区市经济协调会、国务院西部地区开发领导小组、中国(重庆)国际投资暨全球采购会(2018年更名为中国西部国际投资贸易洽谈会)、中国东西部合作与投资贸易洽谈会(2016年更名为丝绸之路国际博览会暨中国东西部合作与投资贸易洽谈会)、中国西部国际博览会、泛珠三角区域合作与发展论坛暨经贸洽谈会、中国—东盟博览会和中国—东盟商务与投资峰会、泛北部湾经济合作论坛等(表3-10)。

表3-10　1992—2015年中国西部地区分散探索陆海新通道建设的主要合作机制

机制名称	成立年份	机制简介	机制运行中的代表性事件
六省区市经济协调会	1984年	1984年4月15—19日,四川、云南、贵州、广西、重庆四省区五方经济协调会议第一次会议在贵阳召开。该会议根据中央领导在视察西南地区时提出的关于加速开发西南地区经济的指示精神和先前各方达成的一致意向,由参会各方正式成立了四省区五方经济协调会。1986年,西藏自治区加入,四省区五方经济协调会更名为五省区六方经济协调会。1990年,五省区六方经济协调会第七次会议在贵阳召开,会议同意成都市以一方的资格加入,并将五省区六方经济协调会更名为五省区七方经济协调会。1997年,重庆市升格为直辖市后,又更名为六省区市七方经济协调会。2007年停止运行	六省区七方经济协调会议第十八次会议于2002年9月5日至6日在南宁召开。会议主题是“联合大开放,携手大开发,完善大通道,共谋大发展”

续表

机制名称	成立年份	机制简介	机制运行中的代表性事件
中国（重庆）国际投资暨全球采购会	1996年	中国（重庆）国际投资暨全球采购会渝洽会是由商务部、国务院原三峡办、中国贸促会和重庆市人民政府联合主办的一项重要的贸易投资促进活动，是国家支持西部地区大开放大发展，着力打造的品牌展会，也是中西部省（区、市）开展国际国内交流与合作的重要平台。2018年更名为中国西部国际投资贸易洽谈会	西部国际物流大通道论坛作为第十三届中国（重庆）国际投资暨全球采购会的主要活动，于2010年5月21日在重庆会展中心举行，共有政府官员、专家、企业家、新闻媒体等300多人参加了会议，重庆市副市长、国家发展改革委经贸司副司长、中国物流与采购联合会副会长、重庆西部现代物流产业园区董事长等嘉宾参加了论坛，并做了演讲
中国东西部合作与投资贸易洽谈会	1997年	为了加强东西部合作，1997年由国务院特区办和江苏省、上海市、天津市、陕西省人民政府共同发起创办了以东西合作、优势互补、互惠互利、共同发展为主题的第一届中国东西部合作与投资贸易洽谈会。伴随着中央实施的西部大开发战略的逐步推进，中国东西部合作与投资贸易洽谈会成为商务部、信息产业部、国防科工委支持，国务院西部开发办公、中国贸促会、工商总局、质检总局和27个省（区、市）人民政府、新疆生产建设兵团共同主办的经贸盛会。各主办省（区、市）政府高度重视，轮流担任中国东西部合作	1999年中央实施西部大开发战略，第四届中国东西部合作与投资贸易洽谈会提出了加强东西部合作，推进西部大开发，促进区域协调发展的主题。此后，每年根据中央区域发展总体战略和新形势的要求，不断深化办会主题，使中国东西部合作与投资贸易洽谈会常办常新
			2006年国务院西部开发办首次作为主办单位，召开了推进区域协调互动，加快西部开发进程工作座谈会，会议肯定了

续表

机制名称	成立年份	机制简介	机制运行中的代表性事件
中国东西部合作与投资贸易洽谈会	1997年	与投资贸易洽谈会的执行主席单位，每年都把中国东西部合作与投资贸易洽谈会列入重点参展计划，由省级领导率团参展参会，使中国东西部合作与投资贸易洽谈会逐步形成了各省（区、市）政府联合主办的基本组织形式。2016年更名为丝绸之路国际博览会暨中国东西部合作与投资贸易洽谈会	中国东西部合作与投资贸易洽谈会作为东中西部协调互动的重要平台作用，决定每年举办一次西部开发专题座谈会，使中国东西部合作与投资贸易洽谈会成为东中西部互动合作长效机制的重要载体
国务院西部地区开发领导小组	2000年	2000年，国家开始实施西部大开发战略。同年1月，为加强对西部大开发工作的组织和领导，根据中央决定，国务院成立西部地区开发领导小组。2000—2007年，国务院西部地区开发领导小组下设办公室，在国家计委单设机构，具体承担国务院西部地区开发领导小组的日常工作；2008年3月政府换届后，国务院决定继续保留西部地区开发领导小组，但是撤销了国务院西部开发办，有关职能由国家发展改革委承担。根据国务院西部地区开发领导小组的主要任务及其具体工作承办机构的主要职责，通过规划制定、召开会议、考察调研等多种形式统筹协调中国西部地区与相关部委、单位加强区域合作	西部12个省（区、市）、新疆生产建设兵团及湖南湘西土家族苗族自治州、湖北恩施土家族苗族自治州、吉林延边朝鲜族自治州成立了西部开发领导小组及其办公室或西部开发办公室 《国务院办公厅转发国务院西部开发办关于西部大开发若干政策措施实施意见》（国办发〔2001〕73号） 国家计委、国务院西部开发办印发《“十五”西部开发总体规划》（计规划〔2002〕259号） 2012年2月，国务院正式批复同意国家发展改革委组织编制的《西部大开发“十二五”规划》

续表

机制名称	成立年份	机制简介	机制运行中的代表性事件
中国西部国际博览会	2000年	中国西部国际博览会起办于2000年，是由中国西部地区共办、共享、共赢的国家级国际性盛会，至今已成功举办18届。经过多年发展，中国西部国际博览会已成为西部地区对外开放的重要窗口和最佳平台，是国家在西部地区重要的投资促进、贸易合作和外交服务平台，也是西部地区实现西部合作、东西合作、中外合作的重要载体。2014年，中国西部国际博览会纳入国家机制性大型涉外论坛和展会举办方案，从此改为两年一届	2007年5月，第八届中国西部国际博览会首次由商务部、国务院西部开发办、质检总局、中国贸促会、全国工商联、全国对外友协、全国供销合作总社，以及西部12个省（区、市）人民政府、新疆生产建设兵团共同主办（即“7+13”主办模式）。中央政治局委员、国务院副总理曾培炎莅临大会并就西部大开发工作做了重要讲话
中国—东盟商务与投资峰会	2004年	每年与中国—东盟博览会同时举办，作为推动中国—东盟自由贸易区建设的一项实际行动。中国—东盟商务与投资峰会秘书处是中国—东盟商务与投资峰会组委会的常设办事机构，主要负责中国—东盟商务与投资峰会的总体策划、协调联络和各项活动的组织实施，同时也承办国际性及区域性会议和论坛，开展中国与东盟各国工商实业界的交往和合作	时任中华人民共和国副主席习近平在第九届中国—东盟商务与投资峰会暨2012中国—东盟自贸区论坛开幕式上提出如下建议：“通过建立促进互联互通建设的投资融资平台，加强同东盟国家的陆上通道建设，构筑双方海上互联互通网络，开拓港口、海运、物流和临港产业等领域合作。”

续表

机制名称	成立年份	机制简介	机制运行中的代表性事件
泛珠三角区域合作与发展论坛暨经贸洽谈会	2004年	2004年6月，在中央的支持和指导下，“9+2”各方（福建、江西、湖南、广东、广西、海南、四川、贵州、云南九省（区）和香港、澳门特别行政区，简称“9+2”）在广州共同签署《泛珠三角区域合作框架协议》，正式启动泛珠三角区域合作，旨在适应经济全球化和区域经济一体化趋势、促进我国东中西部区域协调发展、推动内地与港澳地区更紧密合作、增强区域的整体实力与竞争力	第三届泛珠三角区域合作与发展论坛实现了泛珠三角与东盟的首次直接对话，并通过了《泛珠三角区域综合交通运输体系合作专项规划》
			2009年6月，在第5届泛珠三角区域合作与发展论坛暨经贸洽谈会上，来自“9+2”各方交通运输部门的代表签署《泛珠三角区域交通合作框架协议》
			2014年10月，“9+2”各方在广州共同签署了《泛珠三角区域深化合作共同宣言（2015年—2025年）》。从2015年开始，广东、广西、云南、贵州4省（区）建立了珠江水运发展高层协调机制，共同推进珠江—西江黄金水道建设

续表

机制名称	成立年份	机制简介	机制运行中的代表性事件
泛北部湾经济合作论坛	2006年	2006年7月20日，中国国务院西部地区开发办、财政部、中国人民银行、国务院发展研究中心、人民日报社、广西壮族自治区人民政府、亚洲开发银行等在广西南宁联合主办了首届“环北部湾经济合作论坛”。该论坛以促进泛北部湾区域合作发展为目的，旨在搭建一个长期性、开放式的研究、交流和沟通平台，成为各国政府官员、专家学者、企业精英相互交流、共同展望、制定规划、推进合作的平台	在首届论坛上提出了构建泛北部湾经济合作区，将环北部湾经济合作延伸到隔海相邻的马来西亚、新加坡、印度尼西亚、菲律宾和文莱等东盟中临近北部湾的国家，通过积极推动泛北部湾经济合作，构建中国—东盟区域合作新格局的构想
			在2010年的第五届泛北部湾经济合作论坛上，泛北部湾相关国家的智库机构发布了推进“南宁—新加坡经济通道”建设联合倡议。与会代表建议，成立南宁—新加坡经济通道联合专家组、建立政府合作机制、举办南宁—新加坡经济通道论坛、加快推进中越跨境经济合作区建设和广西北部湾经济区开放开发，共同争取南宁—新加坡经济通道上升为中国—东盟“10+1”框架下的次区域合作项目

借助这些合作机制，中国西部地区相关省（区、市）能够及时了解国家重要发展战略和发现本地区发展机遇，提出加强交通基础设施建设，构建面向东盟国家的西南出海大通道的区域合作机制。特别在西南地区，1992—2006年，六省区市经济协调会在很长一段时间起到了协调各方联合建设中国西南出海大通道的作用。该合作机制是跨省（区、市）、开放性、松散型的区域经济协调组织，并非一级行政机构。首届会议确定合作机制的主要任务是：提出西南改革开放和经济建设中带有共性的政策、措

施，推动横向经济联合与协作，发展区域经济；研讨西南经济开发中的重大问题，向中央反映情况，提出建议；发展同沿海地区和其他经济区的横向经济联系，实现区域内外的优势互补。同时，六省区市经济协调会在重庆设立了常设联络机构，联合筹建了西南经济协作大厦。六省区市经济协调会本着“平等协商、轮流坐庄，各方都有否决权”的原则，以贵州—重庆—云南—四川—广西—西藏为序，由各方党政领导轮流担任主席，每年召开一次高层次例会，共同商讨横向经济联合的重大方针、政策和原则，确定工作重点。每次例会都邀请国家有关部门的负责人和有关专家学者参加并给予指导。[1]从发展历程来看，该区域合作机制最初的名字是1984年4月成立的四省区五方经济协调会议。1986年，西藏自治区加入，更名为五省区六方经济协调会。1990年，五省区六方经济协调会第七次会议在贵阳召开，会议同意成都市以一方的资格加入，并将五省区六方经济协调会更名为五省区七方经济协调会。1997年，重庆市升格为直辖市后，又更名为六省区市七方经济协调会[2]。在2004年的第十九次会议上，成都市提出改变参加协调会组织方式，经会议同意后再次更名为六省区市经济协调会。2006年11月六省区市经济协调会在重庆召开第二十一次会议，此次会议对《六省区市七方经济协调会若干原则》进行了修订，商定六省区市经济协调会第二十二次会议在云南省昆明市举行。但是，由于泛珠三角区域合作生命力愈强，六省区市经济协调会似乎成了形式主义“转转

---

[1] 黄毅莹．“西南六省区市经济协调会”合作机制研究[D]．昆明理工大学，2007.

[2] 六省区市七方经济协调会由各方党委、政府领导为正副团长的代表团组成，以贵州、重庆、云南、四川、广西、西藏、成都轮流担任主席方，下届主席方为应届副主席方。六省区市七方经济协调会每年召开一次由各方党政领导参加的高规格例会一次，会议主席由主席方党委或政府主要领导担任，同时也邀请中央、国务院有关部委和相邻省（区、市）的领导、有关专家学者参加。例会的主要任务是研究和商定区域经济合作的重大问题及其解决这些问题的方针政策，加大协调力度，为各方行业、企业和地区的合作创造条件。会议期间商定的合作项目，在例会闭会后．由各省（区、市）的经协和政府有关部门负责组织、协调和落实。除此之外，还专门在重庆西南经济区协作大厦内，设有各方代表共同参加的联络处，以负责协调闭会后的联络工作，督促协调项目和协议的实施。资料来源：唐润明．六省区市七方经济协调会的举办[EB/OL]．(2007-06-18)[2023-12-20]．https://www.gov.cn/ztzl/cqzx/content_651893.htm.

会"。尽管每年都会汇聚各方党政领导共商区域合作大计，研讨并制定重要的方针政策，并签署一系列合作协议，然而会议结束后，却鲜有部门负责监督并推动这些合作内容的真正落实。同时，当时的区域经济合作中，存在以下主要问题：省际间、区域内城市间的协调机制缺乏力度；突破地区封锁难度大；产业分工与协作明显弱于竞争；软环境建设落后于硬环境建设；跨地区合作受到一些政策制约。[1]最终，六省区市经济协调会原计划举行的第二十二次会议并未如期召开，之后由于各种原因，该合作组织也未能重启。

虽然六省区市经济协调会已经停办，但中国西部地区仍然可以借助国家的力量促进西部大开发的统筹协调，以及与其他重要的国际国内开放合作平台开展交流与合作。例如，2006年，国务院西部地区开发领导小组办公室（简称国务院西部开发办）首次参与主办了原中国东西部合作与投资贸易洽谈会，并决定每年举办一次西部开发专题座谈会，使中国西部国际投资贸易洽谈会成为东中西部互动合作长效机制的重要载体。2007年5月，国务院西部开发办、西部地区12个省（区、市）与国家其他部委、单位首次共同成为中国西部国际博览会主办单位，自此中国西部国际博览会成为由中国西部地区共办、共享、共赢的国家级国际性盛会。经过多年发展，中国西部国际博览会已成为西部地区对外开放的重要窗口和最佳平台，是国家在西部地区重要的投资促进、贸易合作和外交服务平台，也是西部地区实现西部合作、东西合作、中外合作的重要载体。

2012年，第九届中国—东盟博览会期间，广西壮族自治区人民政府、中国物流与采购联合会在南宁举办"第三届中国—东盟物流合作论坛"，吸引了来自广西、广东、海南、甘肃、山西、四川、福建、上海等省（区、市）的物流行业协会组团参加，重点探讨了中国—东盟物流陆路通道互联互通相关问题。

2015年，借助泛珠三角区域合作机制，广东、广西、云南、贵州4省（区）成立了珠江水运发展高层协调机制，共同推进珠江—西江黄金水道建设，

[1] 陈林．六省区市经济协调会明开幕 携手为2.5亿人谋福[EB/OL].(2006-11-13)[2023-12-20]. http://news.sohu.com/20061113/n246340376.shtml.

为西部地区打造了一条高效的通江达海大通道。

3.2.1.2 组团交友建设阶段的区域合作机制

2015年11月，中国和新加坡两国政府签署《中新（重庆）互联互通项目框架协议》。随后，双方建立了“联合协调理事会（副总理级）—联合工作委员会（部长级）—联合实施委员会（地方政府）”这样一个三级合作机制以保障项目的顺利实施。2016年1月，中新（重庆）战略性互联互通示范项目联合实施委员会第一次会议在重庆举行。该会议通报了中新（重庆）战略性互联互通示范项目联合实施委员会成员名单及年内工作计划，审议了中新互联互通项目框架下项目评估指导原则和工作流程，通报了近期工作、战略性重点项目及创新举措的早期成果，就项目建设有关问题达成广泛共识，标志着中新互联互通项目进入实质性启动阶段。❶

在上述两国合作机制助推下，2016—2019年中国西部地区借助已有合作平台，陆续加入共建陆海新通道的工作机制，并初步形成了“13+1”合作共建的基本格局（表3-11）。具体来看，2016年3月18日，就中新互联互通项目在交通物流方面的合作，重庆国际物流枢纽园、广西北部湾国际港务集团、新加坡港务集团进行了初步探讨。三方初步设想：“重庆铁路港—广西北部湾港—新加坡港”三港联动，实现“一带一路”无缝衔接、内陆口岸与全球连接、中西部与东盟联动发展。同年5月13日，重庆国际物流枢纽园与广西北部湾国际港务集团签订战略合作协议，约定共同推动通道物流建设、国内国际贸易、金融资本服务、资源互通共享等事宜，❷由此拉开了中国西部地区组团交友建设陆海新通道的序幕。2017年2月，中新互联互通项目联合协调理事会第一次会议在北京召开，南向通道首次被正式提出。2017年4月，重庆、广西、贵州、甘肃四省（区、市）政府建立了

---

❶ 佚名．中新（重庆）战略性互联互通示范项目联合实施委员会第一次会议在渝举行．（2016-01-08）［2024-02-28］．http://zfwb.cq.gov.cn/zwxx_162/wsyw/201912/t20191224_2697435_wap.html.

❷ 杨骏，王翔．全力参与陆海新通道建设 渝桂携手推进西部地区联动发展．（2019-07-09）［2024-02-28］．https://www.cqcb.com/hot/2019-07-09/1730839_pc.html.

南向通道合作机制[1],中国西部地区开始真正构建起以陆海新通道建设为核心议题的区域合作机制。在当时的合作机制推动下,2017年8月7日,中新互联互通南向国际贸易物流通道建设磋商会在南宁举行,会议通报了南向通道建设推进情况,讨论通过了四地关于合作共建南向通道的框架协议、建设方案和协同办法,听取建立四地海关、检验检疫区域合作机制的工作情况汇报。

表3-11 2016—2019年中国西部地区组团交友建设陆海新通道的主要合作机制

机制名称	成立年份	机制简介	机制运行中的代表性事件
中国兰州投资贸易洽谈会	1999年	始于1993年举办的兰州交易会。1999年更名为中国兰州投资贸易洽谈会。2012年6月,商务部联合主办第十八届中国兰州投资贸易洽谈会,中国兰州投资贸易洽谈会正式升格为国家级。 经过多年的打造和培育,中国兰州投资贸易洽谈会已经成为西部地区主题鲜明、特色突出的重要贸易投资促进平台	2018年7月,作为第二十四届中国兰州投资贸易洽谈会重要活动之一,兰州·中新互联互通项目南向通道国际合作对话会举行,重点围绕甘肃南向通道建设情况,甘肃(兰州)国际陆港在南向通道中的地位、作用,与重庆、贵州、广西、东南亚等地区未来合作发展陆港经济的前景展望,甘肃如何在渐行渐旺的南向通道中找到发展空间;南向通道物流合作新模式等进行了主题对话。对话会上还进行了项目招商签约活动,共签约23个项目
国务院西部地区开发领导小组	2000年	为落实党中央做出的实施西部大开发、加快中西部地区发展的重大战略决策,加强西部开发的组织领导,国务院于2000年1月成立了西部地区开发领导小组。	2018年8月,中共中央政治局常委、国务院总理、国务院西部地区开发领导小组组长李克强主持召开国务院西部地区开发领导小组会议,部署深入推进西部

[1] 杨秋,罗黎明.广西联合西部各省区市及各方推动南向通道建设[EB/OL].(2018-08-28)[2024-02-28].http://www.gxzf.gov.cn/gxydm/yw_29788/t1218919.shtml.

续表

机制名称	成立年份	机制简介	机制运行中的代表性事件
国务院西部地区开发领导小组	2000年	领导小组根据自身主要任务及其具体工作承办机构的主要职责，通过规划制定、召开会议、考察调研等多种形式统筹协调中国西部地区与相关部委、单位加强区域合作	开发工作。会议提出要加快开工建设川藏铁路、渝昆铁路等大通道，打通公路“断头路”，进一步推动电力、油气、信息等骨干网络建设
中国（青海）藏毯国际展览会	2004年	从2004年至今，中国（青海）藏毯国际展览会已经在世界范围内，在藏毯产业内，成为享有极高声誉的展会，也成为“一带一路”国家藏毯产业开展经贸合作、交流的一个重要平台	2018年6月2日，在展览会期间，举办“一带一路”经贸合作和地毯产业绿色发展圆桌会议，渝桂黔陇青5方签订《青海省加入共建中新互联互通项目南向通道合作机制的备忘录》
中国—东盟博览会	2004年	历届中国—东盟博览共举办了多次会议论坛，涵盖40多个领域，实现了部长级磋商及专家学者、政商等各界知名人士之间的对话沟通，使各方凝聚共识，共商解决中国—东盟经贸往来过程中的各种问题，建立起了多领域的合作机制。陆海新通道在推进过程中遇到的诸如海关、检验检疫、司法、语言、贸易壁垒等方面的具体问题，由中国—东盟博览搭建起来的“南宁渠道”为其提供了“会诊”的平台	2017年7月，时任广西壮族自治区常务副主席蓝天立受邀访问新加坡，建议双方以中国—东盟博览会为平台，共建南向通道
			2018年9月，第15届中国—东盟博览会首次设置“南向通道沿线省区市形象展示区”。举办南向通道多项经贸促进活动，包括“南向通道”国际供应链合作圆桌会，“南向通道”农产品流通对接会，中国驻东盟国家使领馆经商参赞与南向通道省（区、市）商务部门代表座谈会和中国驻东盟国家使领馆经商参赞与企业家交流活动（金融圆桌会）等。同时，成都市举办“南向发展通道经济”推广活动，推介成都市南向合作的重点项目

续表

机制名称	成立年份	机制简介	机制运行中的代表性事件
泛北部湾经济合作论坛	2006年	论坛以促进泛北部湾区域合作发展为目的，旨在搭建一个长期性、开放式的研究、交流和沟通平台，成为各国政府官员、专家学者、企业精英相互交流、共同展望、制定规划、推进合作的场所	2016年5月，首次在泛北论坛总框架下同期举办中国—中南半岛经济走廊发展论坛，与会嘉宾围绕两大议题“共建中国—中南半岛国际大通道”“共促中国—中南半岛运输与通关便利化”进行深入探讨
			2018年5月，以“打造国际陆海贸易新通道，共建中国—东盟命运共同体”为主题的第十届泛北部湾经济合作论坛暨第二届中国—中南半岛经济走廊发展论坛在南宁举行。与会嘉宾围绕合作共建国际陆海贸易新通道的战略定位、目标任务、实现路径、合作领域、重点项目等进行深入研讨和广泛交流
中国—南亚博览会	2007年	前身是“南亚国家商品展”，2012年10月，升格为中国—南亚博览会。从2013年起，每年在中国昆明举办一届。中国—南亚博览会肩负着全面推动中国和南亚关系的重大历史使命。举办中国—南亚博览会是云南桥头堡建设的重要内容和西向开放的重要路径	2016年6月，第4届中国—南亚博览会暨第24届中国昆明进出口商品交易会在昆明成功举办，其间举办了第11届中国—南亚商务论坛、第8届大湄公河次区域经济走廊活动周暨省长论坛，以及孟中印缅经济走廊会议合作联盟第一次会议

续表

机制名称	成立年份	机制简介	机制运行中的代表性事件
中国—亚欧博览会	2011年	原名是1992年成立的乌鲁木齐对外经济贸易洽谈会。2010年，升格为国家级展会中国—亚欧博览会。中国—亚欧博览会组委会为博览会组织领导机构。在组委会框架下，设立执行委员会。中国—亚欧博览会秘书处（新疆国际博览事务局）作为组委会常设机构，承担组委会秘书处工作	2018年8月30日，在第六届中国—亚欧博览会“一带一路”国际物流论坛上，重庆、广西、贵州、甘肃、青海与新疆签署《关于新疆维吾尔自治区加入共建中新互联互通项目南向通道工作机制的备忘录》，新疆正式加入南向通道
中新（重庆）战略性互联互通示范项目联合实施委员会	2016年	中新互联互通项目在地方政府层面设立的联合实施委员会，由中方重庆市人民政府和新加坡贸易与工业部牵头。同时，重庆市成立中新（重庆）战略性互联互通示范项目管理委员会，并设立重庆市中新示范项目管理局，	中新（重庆）战略性互联互通示范项目联合实施委员会第一次会议于2016年1月8日在重庆召开，中新（重庆）战略性互联互通示范项目管理局揭牌，标志着中新互联互通项目正式进入实质性启动阶段
			2017年8月31日，在中新（重庆）战略性互联互通示范项目联合实施委员会第三次会议上，南向通道明确为双方重点合作项目，其间渝桂黔陇四地签署《关于合作共建中新互联互通项目南向通道的框架协议》，重庆、南宁、贵阳、兰州四地海关、检验检疫局有关负责人签署了《关于支持推进中新互联互通项目南向通道建设合作备忘录》

续表

机制名称	成立年份	机制简介	机制运行中的代表性事件
中新（重庆）战略性互联互通示范项目联合实施委员会	2016年	统一管理中新互联互通项目，履行管委会办公室职责。该管委会下设金融服务、航空产业、交通物流、信息通信4个专门委员会，作为推动落实各项领域项目策划及运营管理等重大事项的议事机构。新加坡贸易与工业部成立中新互联互通项目办公室，负责协调新方相关部委	2019年1月7—8日，中新（重庆）战略性互联互通示范项目联合实施委员会第四次会议及共建"陆海新通道"主题对话会系列活动在重庆成功举行，西部12省（区、市）代表参加了活动，重庆、广西、贵州、甘肃、青海、新疆、云南、宁夏8个西部省（区、市）签署《中新（重庆）互联互通项目框架协议》
中新互联互通项目南向通道中方联席会议	2017年	始于2017年8月初在南宁召开的中新互联互通南向国际贸易物流通道建设磋商会。2018年4月，重庆、广西、贵州、甘肃四地政府，商务部、外交部、交通运输部、海关总署、中铁总公司及	2017年8月7日，中新互联互通南向国际贸易物流通道建设磋商会在南宁举行，会议通报了南向通道建设推进情况，讨论通过四地关于合作共建南向通道的框架协议、建设方案和协同办法，听取建立四地海关、检验检疫区域合作机制工作情况汇报

续表

机制名称	成立年份	机制简介	机制运行中的代表性事件
中新互联互通项目南向通道中方联席会议	2017年	成都、南宁、兰州3个中铁地方路局集团，在重庆召开中新互联互通项目南向通道2018年中方联席会议，并邀请四川、云南、陕西、青海、新疆、内蒙古等省（区、市）参加	2018年4月20日，中新互联互通项目南向通道2018年中方联席会议在重庆召开，会议提出《关于合作共建中新互联互通项目南向通道的重庆倡议》。联席会上，四川、陕西、新疆、内蒙古四省（区）代表列席会议。中国铁路成都局集团、南宁局集团、兰州局集团、中新示范项目管理局、广西壮族自治区商务厅、贵州省商务厅、甘肃省发展改革委签署了《关于共建中新互联互通项目南向通道合作备忘录》；中新南向通道（重庆）物流发展有限公司、遵义交旅投资（集团）有限公司、甘肃省国际物流有限公司签署《关于共建中新互联互通项目南向通道合作备忘录》
中国西部国际投资贸易洽谈会	2018年	原中国（重庆）国际投资暨全球采购会，2018年更名为中国西部国际投资贸易洽谈会，是由商务部、国务院三峡办、中国贸促会联合主办和重庆市人民政府联合主办的一项重要的贸易投资促进活动。是国家支持西部地区大开放大发展着力打造的品牌展会，也是中西部省区市开展国际国内的交流与合作的重要平台	2019年5月，在第二届中国西部国际投资贸易洽谈会上，重庆、广西、贵州、甘肃、青海、新疆、云南、宁夏、陕西9省（区、市）人民政府共同签署合作共建陆海新通道协议

续表

机制名称	成立年份	机制简介	机制运行中的代表性事件
中新（重庆）战略性互联互通示范项目金融峰会	2018年	中新（重庆）战略性互联互通示范项目金融峰会由商务部、中国人民银行、中国银保监会、中国证监会、国家外汇局、新加坡贸易与工业部、新加坡金融管理局及重庆市人民政府共同主办，已连续成功举办数届，每年都吸引超500名中国及东盟国家的政、商、学界金融精英参会，成为中国西部地区与东盟各国金融行业交流合作的重要平台、成渝地区双城经济圈对外开放的重要窗口、重庆金融开放发展的重要名片	2019年11月4日、5日，召开第二届中新（重庆）战略性互联互通示范项目金融峰会，主题为：金融互联互通·服务“一带一路”——金融开放助推陆海新通道

2017年8月31日，中新（重庆）战略性互联互通示范项目联合实施委员会第三次会议召开，南向通道被明确为双方重点合作项目，会议期间广西、重庆、甘肃及贵州4地签署《关于合作共建中新互联互通项目南向通道的框架协议》，重庆、南宁、贵阳、兰州4地海关、检验检疫局有关负责人签署《关于支持推进中新互联互通项目南向通道建设合作备忘录》。至此，渝桂黔陇合作共建南向通道省级协调机制从制度层面正式确立[1]，南向通道建设进入机制化推进阶段。此后不久，中国—新加坡互联互通南向通道海铁联运常态化班列（北部湾港—重庆）首次实现双向对开；国家发展改革委将南向通道纳入“一带一路”重大项目库；2018年全国“两会”期间，来自重庆、广西、陕西、四川、云南、甘肃、贵州等地的23名政协委员联名提交提案，建议将南向通道建设上升为国家战略。2018年4月20日，中新互

[1] 佘振芳，许淼雄．中新互联互通南向通道2018年中方联席会议召开［EB/OL］.（2018-04-20）［2024-02-28］. http://m.xinhuanet.com/cq/2018-04/20/c_1122713313.htm.

联互通项目南向通道2018年中方联席会议在重庆召开。为汇聚更多力量参与南向通道建设，联席会议邀请内蒙古、四川、云南、陕西、青海、新疆六省（区、市）代表列席，一起商讨如何把南向通道做好，并联合发布了《关于合作共建中新互联互通项目南向通道的重庆倡议》。2018年6月、8月，借助中国（青海）藏毯国际展览会、中国—亚欧博览会两大合作机制，青海、新疆先后加入南向通道共建机制。同年11月，中国和新加坡两国政府签订《关于中新（重庆）战略性互联互通示范项目“国际陆海贸易新通道”建设合作的谅解备忘录》，以前的南向通道正式更名为中新（重庆）战略性互联互通示范项目国际陆海贸易新通道。从此，陆海新通道的内涵外延更深、更高、更广，建设内容从物流、基础设施等“硬联通”，扩展到数据、金融等领域“软联通”，其建设目的除了重点打造中国西部与东盟的利益共同体，还将带动“一带一路”沿线地区合作。与此同时，“1+3+1”共商共建共享合作机制也基本形成。其中，第一个“1”指1个省际联席会议制度，它由重庆、广西、贵州、甘肃、青海、新疆的6省（区、市）政府部门组成；“3”即3个工作支撑体系，即重庆、广西、贵州、甘肃、青海等省（区、市）和部门先后签署协议，形成关检、铁路、金融3个工作支撑体系；第二个“1”指1个平台公司——重庆和广西合资组建了通道铁海联运平台公司，并积极吸纳新加坡和中国甘肃、贵州的物流企业加入，形成各方合作的运营平台。[1]

2019年1月7日到8日，中新（重庆）战略性互联互通示范项目联合实施委员会第四次会议及共建“陆海新通道”主题对话会系列活动在重庆举行，西部12省（区、市）代表参加了活动，重庆、广西、贵州、甘肃、青海、新疆、云南、宁夏8个西部省（区、市）共同签署《中新（重庆）互联互通项目框架协议》。同年5月，在中国西部国际投资贸易洽谈会上，陕西正式加入合作共建陆海新通道。7月，重庆市党政代表团赴四川省学习考察期间，两省（市）共同签署了《中新（重庆）互联互通项目框架协议》。8月，国家出台《西部陆海新通道总体规划》，把西部陆海新通道建设上升为国家战略，标志着西部陆海新通道建设迎来了重大发展机遇。10月13日，在《西部陆海

[1] 陈钧，唐璨.“陆海新通道”背后的重庆探索[EB/OL].（2018-11-20）[2024-02-28]. http://www.china.com.cn/guoqing/2018-11/20/content_73887234.htm.

新通道总体规划》的框架下，西部12个省（区、市）与海南省、广东省湛江市一起，在重庆签署《合作共建西部陆海新通道框架协议》，标志着一个“13+1”省际合作机制初步形成。

3.2.1.3 全员参与建设阶段的区域合作机制

从2020年至今，中国西部地区12个省（区、市）已经全部加入合作共建陆海新通道的机制。在此阶段，陆海新通道建设上升为国家战略，为了加快通道建设，西部地区在国家支持下构建了合作共建陆海新通道的合作机制体系。从机制成员地理范围和合作领域看，以所有西部省（区、市）都参与且将陆海新通道作为该机制的核心议题为标准，西部地区合作参建国际陆海贸易新通道的合作机制包括为核心机制和辅助机制（表3-12）。具体来看，核心机制主要包括陆海新通道上升为国家战略以来建立的与陆海新通道直接相关的合作机制。这些机制既有国家层面的，也有省际层面的。在国家层面，主要为由国家发展改革委牵头会同交通运输部等14个单位和5个省（区、市）建立了省部际联席会议制度，由商务部牵头会同外交部等8个单位和通道沿线13个省（区、市）建立了推进国际陆海贸易新通道建设合作工作机制。在省际层面，重庆市牵头会同西部12省（区、市）、海南省和广东省湛江市、湖南省怀化市建立“13+2”省际协商合作联席会议制度，并于2020年11月17日在重庆召开省际协商合作联席会议第一次会议。

表3-12 2020年至今中国西部地区参与陆海新通道建设的主要合作机制

类型	机制名称	成立年份	现阶段主办单位或牵头单位
核心机制	省部际联席会议制度	2019年	国家发展改革委牵头
	省际协商合作机制	2020年	重庆市人民政府牵头
	推进国际陆海贸易新通道建设合作工作机制	2023年	商务部牵头

续表

类型	机制名称	成立年份	现阶段主办单位或牵头单位
辅助机制	中国兰州投资贸易洽谈会	1999年	商务部、市场监管总局、国务院台湾事务办公室、中华全国工商业联合会、中华全国归国华侨联合会、中国贸促会、甘肃省人民政府
	中国西部国际博览会	2000年	由国家发展改革委、商务部、科技部、市场监管总局、全国工商联、全国对外友协、中国贸促会和四川省人民政府共同主办
	中国—东盟博览会	2004年	由中国和东盟10国经贸主管部门及东盟秘书处共同主办，广西壮族自治区人民政府承办
	中国—东盟商务与投资峰会	2004年	商务部、中国贸促会、广西壮族自治区人民政府
	泛珠三角区域合作行政首长联席会议制度	2004年	“9+2”各方行政首长轮流担任联席会议执行主席，分别是香港特别行政区行政长官、澳门特别行政区行政长官、福建省省长、江西省省长、湖南省省长、广东省省长、广西壮族自治区主席、海南省省长、四川省省长、云南省省长、贵州省省长
	泛北部湾经济合作论坛	2006年	国家发展改革委、交通运输部、商务部、国务院发展研究中心，广西壮族自治区人民政府、广东省人民政府、海南省人民政府、重庆市人民政府，国铁集团，泰国商务部、新加坡贸易与工业部等

续表

类型	机制名称	成立年份	现阶段主办单位或牵头单位
辅助机制	中国—亚欧博览会	2011年	商务部、外交部、中国贸促会、新疆维吾尔自治区人民政府
	中国—阿拉伯国家博览会	2013年	由商务部、中国贸促会、宁夏回族自治区人民政府共同主办
	中国—南亚博览会	2012年	商务部和云南省人民政府共同主办
	中国国际大数据产业博览会	2015年	国家发展改革委、工业和信息化部、国家互联网信息办公室与贵州省人民政府主办
	中新(重庆)战略性互联互通示范项目联合实施委员会	2016年	中方重庆市人民政府和新加坡贸易与工业部牵头
	丝绸之路国际博览会暨中国东西部合作与投资贸易洽谈会	2016年	由国家发展改革委、商务部、中华全国归国华侨联合会、中华全国工商业联合会、中国贸促会、市场监管总局、陕西省人民政府共同主办
	中国西部国际投资贸易洽谈会	2018年	由商务部、水利部、国务院国资委、中国侨联、中国贸促会、重庆市人民政府共同主办
	中新(重庆)战略性互联互通示范项目金融峰会	2018年	由商务部、中国人民银行、中国银保监会、中国证监会、国家外汇局、新加坡贸易与工业部、新加坡金融管理局及重庆市人民政府共同主办
	中国国际智能产业博览会	2018年	由工业和信息化部、国家发展改革委、科技部、国家网信办、中国科学院、中国工程院、中国科协、新加坡贸易与工业部、重庆市人民政府共同主办

续表

类型	机制名称	成立年份	现阶段主办单位或牵头单位
辅助机制	区域海关共同支持西部陆海新通道合作机制	2019年	海关总署指定重庆海关牵头
	西部陆海新通道班列运输协调委员会	2020年	国铁集团牵头
	西部大开发省部联席落实推进工作机制	2021年	国家发展改革委牵头
	中国(青海)国际生态博览会	2021年	由商务部、生态环境部、中国贸促会、青海省人民政府共同主办

辅助机制中的大多数机制为西部陆海新通道上升为国家战略之前建立的，这些辅助机制均有除西部陆海新通道外的自身核心目标，但现阶段西部陆海新通道建设成为这些机制涉足的新领域，或者西部地区围绕陆海新通道建设开展的区域合作赋予了这些合作新的内涵。这些合作机制包括中新(重庆)战略性互联互通示范项目联合实施委员会、中国西部国际投资贸易洽谈会、中国西部国际博览会、丝绸之路国际博览会暨中国东西部合作与投资贸易洽谈会、中国—东盟博览会、中新(重庆)战略性互联互通示范项目金融峰会、西部大开发省部联席落实推进工作机制、泛珠三角区域合作行政首长联席会议制度、泛北部湾经济合作论坛、中国—亚欧博览会、中国—阿拉伯国家博览会、中国—南亚博览会、中国国际大数据产业博览会、中国国际智能产业博览会等。

有些合作机制虽然是由国家职能部门为了推动陆海新通道建设而牵头成立的，但是西部地区政府部门并非成员单位，或者没有全部吸纳12个西部省(区、市)参加，所以按照所有西部省(区、市)都参与且将陆海新通道作为该机制的核心议题这一标准，这些合作机制只能算是西部地区合作参建陆海新通道的辅助机制。例如，2019年10月，在海关总署推动下，由重庆海关牵头，西部陆海新通道沿线的重庆海关、南宁海关、贵阳海关、兰州海关、西宁海关、乌鲁木齐海关、昆明海关、银川海关、成都海关、呼和浩特海关、满洲里海关、拉萨海关、西安海关13个西部直属海关，以及湛江、海口2个沿海直属海关，在重庆签署《区域海关共同支持“西部陆海新通道”建设合作备忘录》，形成“13+2”海关互联互通区域合作机制，支持西部陆海新通道建设。❶2020年12月，由国铁集团倡议成立了西部陆海新通道班列运输协调委员会，该委员会吸纳了铁路、海运、港口、地方平台企业参加，成员单位包括中铁集装箱运输有限责任公司、中远海运集装箱运输有限公司、中国外运股份有限公司、广西北部湾国际港务集团有限公司、成都国际铁路港投资发展有限公司、陆海新通道运营有限公司6家公司。❷2022年6月，在交通运输部服务构建新发展格局工作领导小组第三次会议上，对交通运输部服务构建新发展格局工作领导小组进行调整，增设西部陆海新通道综合交通运输体系建设工作专项办公室，要求各成员单位要加强协同配合，注重发挥中央和地方、政府和企业及有关部门各自优势，不断推进西部陆海新通道建设高质量发展。❸

3.2.2 现有合作机制的运行状况

3.2.2.1 核心机制运行状况

现行的核心机制——省部际联席会议制度及其领导下的省际协商合作联席会议机制，该机制相对完善，运行成果较为突出，对西部地区参与陆海新通道建设的影响力也较大（表3-13）。本书从以下两方面分析。

---

❶ 赵宇飞，伍鲲鹏. 我国15个直属海关合作支持西部陆海新通道建设[EB/OL].（2019-10-13）[2024-02-28]. https://www.gov.cn/xinwen/2019-10/13/content_5439133.htm.

❷ 佟明彪. 西部陆海新通道班列运输协调委员会成立助推班列运输高质量发展[EB/OL].（2020-12-04）[2024-02-28]. http://bgimg.ce.cn/cysc/newmain/yc/jsxw/202012/04/t20201204_36081734.shtml.

❸ 章轲. 交通部：增设西部陆海新通道专项办，加快提升主通道能力[EB/OL].（2022-06-22）[2024-02-28]. https://news.stcn.com/news/202206/t20220622_4671927.html.

表3-13　中国西部地区合作参建陆海新通道现有核心机制运行中的代表事件

事件	起因	时间	地点	参与成员	主要内容	机制运行成果
国家发展改革委组织召开省部际联席会议第一次会议	为贯彻落实党中央、国务院决策部署，加快推动《西部陆海新通道总体规划》实施	2019年12月20日	北京	联席会议成员单位负责人、特邀国企代表和国家发展改革委相关司局负责人	听取国家发展改革委基础司关于审议文件的说明，审议《西部陆海新通道建设省部际联席会议工作规则》和《2020年西部陆海新通道建设工作要点》	审议通过《西部陆海新通道建设省部际联席会议工作规则》和《2020年西部陆海新通道建设工作要点》，会议代表对下一步工作提出了意见建议
国家发展改革委在北京组织召开省部际联席会议第一次联络员会议	为贯彻落实西部陆海新通道建设省部际联席会议第一次会议精神	2019年12月27日	北京	联席会议成员单位联络员、特邀国企代表相关负责人	传达学习西部陆海新通道建设省部际联席会议第一次会议精神，研究讨论2020年西部陆海新通道重点工作清单，部署下阶段工作	联席会议单位联络员学习了省部际联席会议第一次会议精神，了解2020年西部陆海新通道重点工作清单，明确了各自所承担的重点工作

续表

事件	起因	时间	地点	参与成员	主要内容	机制运行成果
省际协商合作联席会议第一次会议在重庆召开	全面贯彻落实党的十九届五中全会精神，进一步加强西部陆海新通道建设省际协商合作，积极融入国内大循环为主体、国内国际双循环相互促进的新发展格局，研究“十四五”开局之年共同推进西部陆海新通道建设重大政策、重点任务、重点项目和加强省际协商合作等相关事项，推动西部陆海新通道建设走深走实	2020年11月17日	重庆	除签署西部陆海新通道共建机制的“13+1”省区市（直辖市），还有国家发展改革委、交通运输部、海关总署、国家口岸办、国铁集团、中远海运集团、招商局集团等部委及企业的代表	“13+1”省区市（直辖市）负责人介绍了陆海新通道建设情况，参会单位负责人围绕“十四五”西部陆海新通道建设的重大政策、重点任务、重点项目建言献策。该会议对省际联席会议工作规则、“一单制”试点方案、公共信息平台建设等重要事项进行审议。同时，会议围绕国际贸易“单一窗口”西部陆海新通道平台共建，以及部分重点项目进行集中签约	审议通过《西部陆海新通道省际协商合作联席会议工作规则》《西部陆海新通道铁海联运班列“一单制”实施方案》《西部陆海新通道公共信息平台建设工作推进方案》。正式启动西部陆海新通道物流和运营组织中心。启动西部陆海新通道跨区域综合运营平台——陆海新通道运营有限公司

续表

事件	起因	时间	地点	参与成员	主要内容	机制运行成果
国家发展改革委组织召开省部际联席会议第二次会议	为全面贯彻落实党中央、国务院决策部署，聚焦重点难点问题，加大力度推进《西部陆海新通道总体规划》实施，推动“十四五”西部陆海新通道更高质量建设发展，部署落实2021年各项工作	2021年5月12日	北京	省部际联席会议成员单位、有关企业单位负责人	听取了联席会议办公室关于工作进展情况和“十四五”推进西部陆海新通道高质量建设的有关考虑，联席会议有关成员单位围绕落实2021年工作要点做重要发言	形成会议纪要。会议要求，各有关单位要深入学习贯彻习近平总书记重要指示批示精神，深刻认识西部陆海新通道建设的重大战略意义和当前面临的新形势新要求，发挥好联席会议工作机制作用，加强工作协同，加大力度推进2021年重点任务落实，力求陆海新通道建设取得更大成效，迈上更高台阶，实现“十四五”良好开局

续表

事件	起因	时间	地点	参与成员	主要内容	机制运行成果
国家发展改革委在北京组织召开省部际联席会议第三次联络员会议	为深入贯彻落实党中央、国务院决策部署，落实2022年政府工作报告精神，加大力度推进西部陆海新通道高质量建设，部署2022年重点工作	2022年3月23日	北京	西部陆海新通道建设省部际联席会议在北京的成员单位及国家发展改革委内相关司局负责人在主会场参加会议，北京之外的成员单位通过视频参加会议	听取联席会议办公室、国家发展改革委基础司关于2021年西部陆海新通道建设进展及2022年工作要点的汇报，审议2022年西部陆海新通道建设工作要点，联席会议成员单位负责人围绕落实2022年工作要点进行讨论发言	形成会议纪要。会议强调，要深入学习贯彻习近平总书记和其他中央领导的一系列重要指示批示精神，坚持问题导向，聚焦薄弱环节，以重大项目为关键支撑，以强化通道能力、提升通道效率为重点，落实主体责任，加强统筹协调，加大政策支持保障，巩固扩大通道发展成果，加大力度落实2022年重点工作，推进通道建设全面提质增效，以实际行动迎接党的二十大召开

续表

事件	起因	时间	地点	参与成员	主要内容	机制运行成果
省际协商合作联席会议第二次办公室会议在重庆召开	为贯彻落实《西部陆海新通道总体规划》《实施方案》和省部际联席会议部署	2022年6月16日	重庆	西部12省(区、市)、海南省牵头部门相关负责人、广东省湛江市人民政府领导及湖南省发展改革委、湖南省人民政府口岸办公室、怀化市政府负责人出席。国家发展改革委基础司有关领导以视频方式出席	省际协商合作联席会议办公室主任介绍拟提交省际协商合作联席会议第二次会议审议的3个工作方案，分别是《西部陆海新通道沿线省(区、市)与东盟国家合作行动方案(2022—2025)》《共建西部陆海新通道跨区域综合运营平台方案(送审稿)》《西部陆海新通道沿线省(区、市)贯彻落实国务院扎实稳住经济的一揽子政策措施2022年重点项目清单(送审稿)》。西部陆海新通道沿线省(区、市)通报各地推进西部陆海新通道取得的阶段性成果，并对相关工作方案提出了意见、建议	确定省际联席会议第二次会议于2022年7月22日在重庆召开。会议期间，将举办2022陆海新通道国际合作论坛、《国际陆海贸易新通道发展报告(2017—2022)》发布仪式、重大项目签约活动和高水平共建陆海新通道研讨会

续表

事件	起因	时间	地点	参与成员	主要内容	机制运行成果
在第四届中国东西部合作与投资贸易洽谈会上召开了省际协商合作联席会议第二次会议	贯彻落实《西部陆海新通道总体规划》《实施方案》和省部际联席会议第三次会议精神，研究共同推进西部陆海新通道建设重大政策、重点任务、重点项目和加强省际协商合作等相关事项	2022年7月22日	重庆	国家发展改革委、交通运输部、商务部、中国人民银行、海关总署等6个国家部委，国铁集团、招商局集团、中远海运集团、中国物流集团4家央企，西部12省(区、市)、海南省、广东省湛江市、湖南省怀化市代表出席会议	举办2022陆海新通道国际合作论坛、《国际陆海贸易新通道发展报告(2017—2022)》发布仪式、重大项目签约活动和高水平共建陆海新通道研讨会。审议《西部陆海新通道沿线省(区、市)与东盟国家合作行动方案(2022—2025)》《共建西部陆海新通道跨区域综合运营平台方案(送审稿)》《西部陆海新通道沿线省(区、市)贯彻落实国务院扎实稳住经济的一揽子政策措施2022年重点项目清单(送审稿)》	湖南省怀化市对接融入省际协商合作机制。会议通过《西部陆海新通道沿线省(区、市)与东盟国家合作行动方案(2022—2025)》《共建西部陆海新通道跨区域综合运营平台方案(送审稿)》《西部陆海新通道沿线省(区、市)贯彻落实国务院扎实稳住经济的一揽子政策措施2022年重点项目清单(送审稿)》。20个西部陆海新通道建设重大项目签约。发布《国际陆海贸易新通道发展报告(2017—2022)》

续表

事件	起因	时间	地点	参与成员	主要内容	机制运行成果
国家发展改革委在北京组织召开省部际联席会议第四次联络员会议	全面贯彻党的二十大精神，落实党中央、国务院决策部署，加大力度推进《实施方案》和《2023年西部陆海新通道建设工作要点》落地实施，部署年度重点任务	2023年4月12日	北京	省部际联席会议成员及其联络员、有关企业、国家发展改革委内相关司局负责人等参加	听取了联席会议办公室、国家发展改革委基础司关于2022年西部陆海新通道建设进展情况和2023年工作考虑的汇报，联席会议成员单位负责人围绕落实2023年工作要点进行讨论发言	形成会议纪要。会议要求，新时期高水平共建西部陆海新通道，需要围绕中国式现代化的深刻内涵和本质要求，坚持问题导向、目标导向，从通道建设、运营效率、资源配置、服务品质等方面综合发力，在质和量两个方面取得新突破。会议强调，各有关部门和单位要进一步提高政治站位，强化统筹协调，按照职责分工抓好贯彻落实，巩固通道良好发展势头，推进西部陆海新通道建设

续表

事件	起因	时间	地点	参与成员	主要内容	机制运行成果
推进国际陆海贸易新通道建设合作工作机制第一次会议在重庆召开	为深入贯彻落实党的二十大精神和党中央、国务院决策部署，进一步加强有关国家部委与地方协调配合，统筹推进陆海新通道国际合作	2023年4月20日	重庆	商务部、外交部、工业和信息化部、中国人民银行、海关总署、国家金融监管总局、国铁集团相关司局，西部12个省（区、市）、海南省商务厅，重庆市人民政府口岸和物流办公室、重庆市中新项目管理局等有关负责人参加	商务部通报西部陆海新通道总体建设情况，有关单位就西部陆海新通道建设进展和下一步工作考虑进行交流。审议《推进国际陆海贸易新通道建设合作工作机制规则》和《推进国际陆海贸易新通道建设合作工作要点（2023—2024）》	会议审议通过《推进国际陆海贸易新通道建设合作工作机制规则》和《推进国际陆海贸易新通道建设合作工作要点（2023—2024）》。明确工作机制秘书处落户重庆，秘书处设在重庆市人民政府口岸和物流办公室，由西部陆海新通道物流和运营组织中心负责具体联络和日常工作，实现了西部陆海新通道国内国际工作的有机结合

续表

事件	起因	时间	地点	参与成员	主要内容	机制运行成果
省际协商合作联席会议第三次会议	2023年是西部陆海新通道上升为国家战略的第五个年头，通道建设迈入纵深推进、加速实施的发展阶段。全面贯彻落实党的二十大精神和习近平总书记重要指示要求，高水平共建西部陆海新通道，全面提升通道在国家开放战略中的地位和竞争力	2023年11月1日	重庆	国家发展改革委、交通运输部、海关总署等4个国家部委，国铁集团、中远海运集团、中粮集团、招商局集团、中国物流集团等6家央企，西部12省（区、市）、海南省、广东省湛江市、湖南省怀化市的代表出席会议	会议以“推进西部陆海新通道建设与区域经济协调发展”为主题。会议介绍了重庆推进通道建设情况和下一步工作计划，研究审议了《西部陆海新通道沿线省（区、市）2023年度政策诉求清单》《高水平共建西部陆海新通道“13+N”省际协同联动实施方案》等。通道沿线省（区、市）领导介绍本地推进通道建设情况和下一步工作计划，并对会议审议材料发表意见。会议期间，同步举办2023陆海新通道经济发展论坛、中国—东盟法治论坛、2023国际物流博览会等活动	审议了《高水平共建西部陆海新通道“13+N”省际协同推动实施方案》《西部陆海新通道沿线省（区、市）2023年度政策诉求清单》。围绕高水平共建西部陆海新通道，合作成员深入交流、充分讨论，进一步凝聚了合作共识、增添了发展合力。由重庆市人民政府口岸和物流办公室与商务部国际贸易经济合作研究院共同主办的首届陆海新通道经济发展论坛成功举办，并设重庆为永久会址，今后每年与省际协商合作联席会议同步举办。在省际协商合作联席会议办公室协调推动下，部分省（区、市）明确了对陆海新通道运营有限公司出资入股。增资后，公司共建省（区、市）由6个增至11个，股东由8个增至13个，注册资本金由1.6亿元增至4亿元

续表

事件	起因	时间	地点	参与成员	主要内容	机制运行成果
省际协商合作联席会议第三次办公室会议在南宁召开	为了进一步发挥联席会议办公室作用,贯彻落实《西部陆海新通道总体规划》《“十四五”推进西部陆海新通道高质量建设实施方案》和省部际联席会议部署	2024年3月11日	南宁	陆海新通道沿线“13+2”省区市(直辖市)牵头部门负责人和国家发展改革委、国铁集团、中远海运集团、招商局集团、国家铁路局成都局集团有关负责人参加会议	会议通报西部陆海新通道建设2023年工作推进情况及2024年工作安排。围绕如何进一步发挥联席会议办公室作用、加快推进西部陆海新通道建设等问题进行深入交流	确定联席会议办公室2024年工作安排。分别为:一是持续加强与国家发展改革委、商务部、海关总署、国铁集团等相关部委、央企的沟通衔接,加强“13+2”省区市(直辖市)之间的工作交流,做到上情下达、信息共享、协同推进。二是共同开展陆海新通道沿线产业资源调研。三是共同壮大跨区域运营平台。四是协同推进数字通道建设

续表

事件	起因	时间	地点	参与成员	主要内容	机制运行成果
国家发展改革委在北京组织召开省部际联席会议第五次会议	为贯彻落实党的二十大精神，部署2024年各项工作	2024年4月22日	北京	联席会议成员及联络员、有关企业、国家发展改革委内相关司局负责人等参加会议	听取联席会议办公室、国家发展改革基础司关于2023年工作进展和2024年工作安排的汇报，联席会议成员单位负责人围绕落实2024年工作要点讨论发言	会议肯定了2023年西部陆海新通道建设取得显著成效。要求2024年要准确把握西部陆海新通道建设面临的新机遇新挑战，坚持问题导向，聚焦提质增效，进一步强基础、促改革、增协同、扩开放，有效降低物流成本，探索交通物流产业融合发展的路径，推动西部陆海新通道建设高质量发展

注：资料来自根据会议新闻报道整理得到。

首先，就核心机制的构建起因而言，最直接的原因是贯彻落实习近平总书记关于西部陆海新通道的重要论述，加快国家《西部陆海新通道总体规划》实施，以及推动中国与新加坡政府联合发布的《中新（重庆）战略性互联互通示范项目“国际陆海贸易新通道”合作规划》落地。

其次，从该机制的组织体系看，已经构建了多层级的合作促进机制。第一层为国家层面的省部际联席会议制度，它由国家发展改革委牵头，交通运输部、商务部、海关总署、市场监管总局、中国人民银行、外交部、财政部、自然资源部、铁路局、中国民航局、国铁集团、中远海运集团、招商局集团等单位和重庆、广西、贵州、四川、海南5个省（区、市）相关部门共同参与。第二层为省际层面的省际协商合作联席会议，它是在省部际联席会议机制领导下，由重庆市人民政府牵头会同西部地区12省（区、市）、海南省和广东省湛江市、湖南省怀化市建立的省际协商合作机制。第三层为省级层面的工作推进机制，即西部地区相关省（区、市）在省部际联席会议机制和省际协商合作机制的框架下，建立或调整本地区参与陆海新通道建设的工作机制，以推动自身深度融入陆海新通道建设有关事宜。其中，重庆市高规格组建重庆市西部陆海新通道建设领导小组，由市委副书记、市政府市长任组长，分管副市长任副组长。广西对原来的广西壮族自治区南向通道建设工作领导小组进行调整，重新成立由广西壮族自治区党政主要领导任组长的西部陆海新通道领导小组，汇聚了14个设区的地级市、41个区直有关部门和相关企业共同作为成员单位，统筹推进通道建设各项工作。各设区（市）也相继成立西部陆海新通道工作机构，形成了主要领导亲自挂帅、部门协同作战、上下联动配合的通道建设工作新局面。四川省人民政府成立四川加快西部陆海新通道建设联席会议制度，该联席会议由省政府分管领导担任召集人，省政府分工副秘书长及省发展改革委、商务厅、成都市政府有关负责人担任副召集人。

第四层面为合作机制的实体运作机构，简称“一中心、一平台”。“一中心”即西部陆海新通道物流和运营组织中心，该中心是按照《西部陆海新通道总体规划》要求，由重庆市设立并作为重庆市人民政府口岸和物流办公室管理的公益类事业单位，该中心负责省部际联席会议和推进国际陆海贸易新通道建设合作工作机制交办的工作，承担省际协商合作联席会议办公室、推进国际陆海贸易新通道建设合作工作机制秘书处、重庆市西部陆海新通道建设领导小组办公室的日常工作，开展与西部陆海新通道建设相关的综合协调、规划发展、区域合作、项目推进和信息服务等工作，并相应设置了综合协调部、规划发展部、区域合作部、项目推进部、信息服务部灯内部机构，会同沿线省（区、市）、有关部委、中央企业建立的西部陆海新通道建设专家库，为通道建设提供智力支撑。[1]"一平台"即西部陆海新通道跨区域综合运营平台——陆海新通道运营有限公司。从发展历程看，该公司最早成立于2017年7月，当时公司名称是渝桂新（重庆）多式联运有限公司，同年11月更名为中新南向通道（重庆）物流发展有限公司。2020年11月，在省际协商合作联席会议第一次会议上，陆海新通道运营有限公司宣布启动运行。现今该公司由重庆、广西、贵州、甘肃、宁夏、新疆、湖南和广东湛江8省区市（直辖市）合作组建，并设立了重庆、贵州、甘肃、宁夏、新疆、湖南和广东湛江等省区市（直辖市）的区域公司，以及在老挝成立了一个海外公司。

从发展定位看，陆海新通道运营有限公司是沿线省（区、市）政府合作共建的西部陆海新通道跨区域综合运营平台，在省际协商合作联席会议办公室统一指导下，统筹各区域公司对接铁路、公路、海运、航空等各类资源，建设境内外服务网络，统筹运营通道综合服务，开展对外交流与合作，创新规则体系，服务促进国内国际区域经济发展。西部陆海新通道各区域运营平台公司是沿线省（区、市）政府合作共建西部陆海新通道组建的区域运营平台，在跨区域综合运营平台统筹组织下，负责本区域服务及运

---

[1] 重庆市人民政府口岸和物流办公室．系列解读文章之——重庆扎实推进省际协商合作 有效促进西部陆海新通道量质齐升［EB/OL］.（2021-09-27）［2023-06-27］. https://www.ndrc.gov.cn/fggz/fgzy/xmtjd/202109/t20210927_1297744_ext.html.

营，构建当地网络服务体系，服务促进本区域经济发展。[1]目前，陆海新通道运营有限公司组建了多式联运专业化运营主体，搭建了铁海联运、国际铁路联运专业平台，推动西部陆海新通道沿线地区物流、贸易、产业、金融、数据融合发展。

由商务部牵头组建的推进国际陆海贸易新通道建设合作工作机制成立时间相对较晚，该机制成立的背景主要是2021年12月国务院批复同意了《中新(重庆)战略性互联互通示范项目“国际陆海贸易新通道”合作规划》，需要抓紧全面推进落实。同时，党的二十大召开，以及党中央、国务院对西部陆海新通道建设又做出了最新决策部署，也需要贯彻落实，特别就进一步加强有关国家部委与地方协调配合，统筹推进西部陆海新通道国际合作，迫切需要商务部会同各部门和地方成立一个工作机制。于是，2023年4月20日，推进国际陆海贸易新通道建设合作工作机制第一次会议在重庆召开。来自商务部、外交部、工业和信息化部、中国人民银行、海关总署、国家金融监管总局、国铁集团相关司局，内蒙古自治区、广西壮族自治区、海南省、重庆市、四川省、贵州省、云南省、西藏自治区、陕西省、甘肃省、青海省、宁夏回族自治区、新疆维吾尔自治区商务厅，重庆市人民政府口岸和物流办公室、重庆市中新项目管理局等有关负责人参加了会议。会上，商务部通报了陆海新通道总体建设情况，审议通过了《推进国际陆海贸易新通道建设合作工作机制规则》和《推进国际陆海贸易新通道建设合作工作要点(2023—2024)》，并明确工作机制秘书处落户重庆，秘书处设在重庆市人民政府口岸和物流办公室，负责具体联络和日常工作。

3.2.2.2 辅助机制运行状况

虽然辅助机制只是西部地区围绕陆海新通道建设所借助的平台，但是，由于这些机制特有的优势，西部地区还是能够借助这些机制，加快陆海新通道建设与发展。从现行辅助机制的运行情况看，近3年不少合作机

[1] 赵颖竹．西部陆海新通道省际协商合作联席会议办公室第二次会议在重庆举行[EB/OL]．(2022-06-14)[2022-09-14]．http://cq.cqnews.net/html/2022-06/16/content_987061627739160576.html.

制均涉及合作参建陆海新通道的议题。

关于中新互联互通项目合作机制，中国和新加坡两国副总理先后主持召开了4次联合协调理事会全体会议，共同见证多式联运、能力建设、数据通道等多份框架协议签署，并为双方加强“一带一路”框架下互联互通、金融支撑、三方合作等重点领域合作指明了方向。中国商务部与新加坡经贸和工业部召开了一次联合工作委员会全体会议，积极推动“陆海新通道”合作、互设代表处等有关事宜。[1]重庆市人民政府与新加坡经贸和工业部先后召开多次联合实施委员会全体会议及多次高级别会议，围绕落实中国和新加坡两国领导人达成的系列重要共识和中新互联互通项目机制性会议部署安排，历次会议都将推动陆海新通道合作作为重要议题。在该委员会高层工作对接会第八次会议上，回顾了2022年工作进展情况，商讨了2023年重点合作事项及联合实施委员会第八次会议筹备工作。提议联合举办中国国际智能产业博览会、中新（重庆）战略性互联互通示范项目金融峰会、陆海新通道国际合作论坛等重大活动，促进经贸人文交流，让“高质量”成为中国和新加坡合作的鲜明标识。[2]

第五届中国西部国际投资贸易洽谈会在重庆召开，并同期举行了2023陆海新通道国际合作论坛。来自新加坡、老挝、马来西亚、越南等国家的政商学界嘉宾在论坛上发表主题演讲，共话如何借助西部陆海新通道这一载体，加速推动中国西部与世界的联动。[3]

第七届中国—亚欧博览会举办《区域全面经济伙伴关系协定》与陆海新通道论坛，该论坛主题为“把握RCEP新机遇，畅通陆海新通道”，来自

[1] 重庆市中新示范项目管理局．中新（重庆）战略性互联互通示范项目合作亮点[EB/OL].(2022-10-12)[2023-06-14]. http://cci.cq.gov.cn/xmjs/hzld/202010/t20201012_7950556.html.

[2] 重庆市中新示范项目管理局．中新互联互通项目联合实施委员会高层工作对接会第八次会议召开[EB/OL].(2023-03-09)[2023-06-14]. http://www.cciserv.com/content/2023-03/09/content_10501225.htm.

[3] 李茂佳，雷宇婷．第五届中国西部国际投资贸易洽谈会开幕 2023陆海新通道国际合作论坛同期举行[EB/OL].(2023-05-18)[2023-06-14]. https://finance.sina.com.cn/jjxw/2023-05-18/doc-imyuenye5180134.shtml.

RCEP成员国及“一带一路”沿线的26个国家和地区代表通过“线上+线下”形式参会，多位嘉宾围绕强化产业链供应链韧性，建设陆海新通道，促进贸易合作发展开展对话交流。❶

中国—东盟博览会连续多年设置西部陆海新通道展区并举办系列贸易促进活动，务实服务新通道建设，致力于推动中国西部省（区、市）与东盟国家开展合作，推动中国东盟互联互通。其中，第17届中国—东盟博览会举办了西部陆海新通道媒体推介会、“西部陆海新通道·国际贸易新机遇”主题推介会等活动。❷

在2023年7月举办的泛珠三角区域合作行政首长联席会议会前，广西、贵州、湖南、海南等省（区）政府高层就重点产业合作、基础设施互联互通、文化旅游等方面展开了深入交流。

第十二届泛北部湾经济合作暨2022北部湾国际门户港合作论坛以“共享RCEP新机遇　共建陆海新通道　共赢泛北新未来”为主题。与会的中外嘉宾以线上线下相结合的形式，围绕论坛主题进行深入研讨，并发布了4项新成果。

第五届中新（重庆）战略性互联互通示范项目金融峰会，首次邀请西部陆海新通道“13+2”省际协商合作机制成员政府和市场主体参会，会议期间，召开了推进国际陆海贸易新通道建设合作工作机制第一次会议。

西部陆海新通道班列运输协调委员会成立以来，国铁集团充分发挥牵头作用，研究提出了“十四五”期间西部陆海新通道铁路重点项目建设方案，并积极优化运输组织，做好运力保障，取得了积极成效。2021年3月26日，西部陆海新通道班列运输协调委员会秘书处第一次会议在北京召开。该会议讨论并通过了《西部陆海新通道班列高质量发展指标体系》，

---

❶ 杨睿.【走进亚欧博览会】“RCEP+陆海新通道”优势叠加　助力新疆打造对外开放新格局[EB/OL].（2022-09-20）[2023-06-14]. http://xj.people.com.cn/n2/2022/0920/c186332-40132347.html.

❷ 陈芳.东博会服务西部陆海新通道建设 推动中国东盟互联互通[EB/OL].（2021-03-09）[2022-09-14]. https://www.sohu.com/a/454887528_123753.

为班列高质量高效率运营提供了更加规范统一、科学专业的管理制度和评价方法。[1]

3.2.3　现有合作机制存在的不足

3.2.3.1　区域内强有力的协调组织机构尚未显现

陆海新通道建设是一个多区域参与的复杂系统工程，靠单个或少数几个省（区、市）的参与是不可能高质量建成，以及实现可持续的大规模国际货物流转和畅通高效，它必须依靠一个强有力的跨域协调组织机构才能领导西部地区所有省（区、市）成建制地推进通道建设。就现行的区域合作机制而言，虽然国家层面有国家发展改革委牵头成立的省部际联席会议制度及其领导下的省际协商合作联席会议机制，还有商务部牵头成立的推进国际陆海贸易新通道建设合作工作机制，并且这两个机制在运转时都将诸多具体工作交由西部陆海新通道物流和运营组织中心承办，但是，西部陆海新通道物流和运营组织中心仅是重庆市人民政府口岸和物流办公室管理的公益类事业单位，机构规格也仅为正处级。因此，令其胜任整个西部地区的跨区域行政机构的角色，是勉为其难的。首先，省部际联席会议、省际协商合作联席会议、推进国际陆海贸易新通道建设合作工作机制，严格来讲，它们并不能称得上是跨部门、跨区域的行政机构，而是属于带有行政性的协调议事机构。它们并没有法定的权力要求联席会议成员或者工作机制成员一定要去执行联席会议议定的事项，更何况其下设的联席会议办公室、专项工作组、秘书处等。其次，西部陆海新通道物流和运营组织中心现阶段所负责的省部际联席会议和推进国际陆海贸易新通道建设合作工作机制交办的工作，还有本职承担的省际协商合作联席会议办公室、推进国际陆海贸易新通道建设合作工作机制秘书处、重庆市西部陆海新通道建设领导小组办公室日常工作，每一项要做好都离不开西部陆海新通道沿线省（区、市）、国家有关部委、中央企业、重庆市其他

---

[1] 李欢，何洁，石伯宇．西部陆海新通道班列运输协调委员会秘书处第一次会议召开[EB/OL]．(2021-03-20)[2022-09-14]．https://www.peoplerail.com/rail/show-1810-457337-1.html.

职能部门的支持，在官僚等级文化比较浓厚的西部地区而言，让一个重庆市的行政机构而且机构等级还仅是正处级的机构，去落实省部际联席会议、省际协商合作联席会议议定事项，协调推动西部陆海新通道建设国际合作、省际合作、区域合作等有关事项，多半有点力不从心。

此外，现行的辅助机制中，以西部大开发省部联席落实推进工作机制级别较高，机制成员的地理范围较广（涵盖了全部西部省（区、市）），同时它的上级决策机构是国务院西部地区开发领导小组，可以说这是西部地区合作参建陆海新通道可倚靠的最强有力的国家议事决策机构，但是该机制的中心工作在于落实推进国务院西部地区开发领导小组的决策，而且国务院西部地区开发领导小组的决策事项不只是陆海新通道建设，所以现行的辅助机制，没有一个强有力的协调组织机构能够推动西部地区高水平参与陆海新通道建设。

3.2.3.2 陆海新通道沿线政府间的利益补偿机制不够完善

陆海新通道具有非竞争性和不充分的非排他性两大特征，属于一种准公共品。对于这种性质的全社会公共品，现阶段主要还是依靠中央和地方政府支持。只不过，对于大部分的西部省（区、市）而言，政府可用于交通基础设施投资的财政资金是有限的，如果严格按照国家战略投入大量资金用于陆海新通道本路段的建设，去推动交通基础设施这种长周期、低回报率的项目，就意味着暂时放弃其他经济领域的投入，特别是放弃那些投资见效快、收益率高的产业，这对于政府官员而言，并不是一个理想的选择。其结果就如前文所展示的组团交友阶段那样，西部省（区、市）是陆续加入共建陆海新通道的合作机制的，即先是重庆、广西、贵州、甘肃4省（区、市）政府建立了南向通道合作机制，后是青海省、新疆维吾尔自治区加入，接着是云南省和宁夏回族自治区加入，之后是陕西省加入，而作为“川渝一家亲”的四川省是第10个加入的西部省（区、市），内蒙古自治区和西藏自治区则显得有些被动，这两个省是《西部陆海新通道总体规划》出台后，才与西部其他省（区、市）一起建立了最初的“13+1”合作机制。即使到现在，也不是所有西部省（区、市）都能步调一致、全心全意地参与到陆海新通道的建设当中。正如时任“推动西部陆海新通道建设”全国政协经济委员会专题调研组组长、全国政协经济委员会副主任，武警部队原政委孙思敬所言：“新通道把大家的热乎气提起来了，处处都有大开发的劲头。而从问题角度看，主线主向并不突出，成渝南下已经拐出四条线了；地方上想‘搭快车’，但寻求帮扶的想法多一些，挖掘自身潜力还不够，这不符合新时代进一步开放发展的要求；沿线各省（区、市）围绕新通道建设协同协调难度较大，用地用海用碳等问题，仍需中央协调。”❶

究其原因，就在于陆海新通道沿线政府间的利益补偿机制还不够完善，具体表现为：一是以中央财政转移支付为主的纵向补偿机制尚未根据西部省（区、市）参与通道建设的新特点做出调整。当前，国家将财政对交通基础设施的投资比例从原先的中央和地方各50%，调整为地方70%、中央财政投资30%，如此既与国家提出加快构建西部大开发新格局的战略需要不相适应❷，也不利于那些财政收入本就捉襟见肘的西部省（区、市）积极规划建设跨区域的陆海新通道交通网络。不仅如此，目前也未见专门针对陆海新通道建设的中央转移支付和奖补资金政策，更别说综合考虑陆海新通道交通网络、物流规模、经济效益、资源利用率、要素生产率等指标，完善各种奖励补贴政策，确保通道沿线的重要参建省（区、市）财政收入达到全国平均水平。二是陆海新通道沿线地区之间的横向补偿机制也未健全。目前，陆海新通道的投资建设主要集中于核心覆盖区的主通道建设上，其中又以重庆、广西两区（市）的积极性和实际投入较为突出。只不过，现在的情况是，西部地区省（区、市），乃至部分中东部省（区、市）都在共享陆海新通道机遇的同时，尚未建立全员参与的利益联结机制，也没见哪个省（区、市）因陆海新通道建设对其他省（区、市）进行利益补偿。例如，在利益联结机制方面，虽然搭建了西部陆海新通道跨区域综合运营平

❶ 崔吕萍．全国政协经济委员会“推进西部陆海新通道建设”专题调研侧记［EB/OL］．(2022-09-27)［2022-09-27］．https://baijiahao.baidu.com/s?id=1745084608984434624&wfr=spider&for=pc.

❷ 富君．贯通南北交通走廊 提升陕西在西部陆海新通道的战略地位［EB/OL］．(2022-01-18)［2022-09-14］．http://www.sxzx.gov.cn/ztzl/sejwcztbd/dhfy/44702.html?eqid=a88ebe39001ade9a00000004646db0e5.

台——陆海新通道运营有限公司，但直到2023年11月，在省际协商合作联席会议第三次会议上，内蒙古、四川、西藏、湖南怀化和广东湛江等省区市（直辖市）才明确正式出资入股，增资后，共建省（区、市）才由6省（区、市）（重庆、广西、甘肃、贵州、新疆、宁夏）8股东，变为11个省区市（直辖市）（新增湛江市、怀化市、内蒙古自治区、四川省、西藏自治区）13个股东[1]，然而其他西部（区、市）目前尚未实际参与，其结果是一个共荣共辱的利益共同体至今还未成型，也无法与各地区的重点企业合作，打造一个集合西部地区各类优势资源的生态服务平台，构建一个协同研发、制造、销售、物流、售后等全链条的服务体系。在地方政府利益横向补偿机制方面，现在陆海新通道90%以上的货物都经由北部湾港，其他省（区、市）也因此获得了不少经济利益，但是未见给予广西利益补偿。更具体地讲，广西为了把北部湾港做大做强，多年集中有限的财政资源支持港口集疏运体系建设，还出台补贴政策吸引广西壮族自治区内外物流、航运企业组织货物走北部湾港，可实际情况是在广西北部湾港货物吞吐量快速增加的同时，本地区经济非但没有快速增长，反倒是全区经济在国内的排名有所下降。相比之下，同处西部陆海新通道核心覆盖区的云南和贵州，原先较为落后的云南实现了对广西的赶超，贵州也大有超车的趋势。与此同时，其他省（区、市）也享受到了既有机遇，实现了一定程度的发展。可如今如何构建地方政府间的横向补偿机制尚无定论。

3.2.3.3 合作机制成员间信息交互共享不够充分

合作机制的高效运转往往伴随的是海量信息及时传递及大量的、有益的信息共享。以陆海新通道建设为主题的区域合作机制成员传递的信息种类繁多、数量巨大。尤其从信息传递的主体来看，在合作机制运行过程中，产生与流转的信息既有各级政府发布或拟发布的关于通道交通基础设施、物流、枢纽节点、开放平台等方面的规划、政策及相关统计资料，也

[1] 董进. 陆海新通道运营有限公司增资扩股 股东由8个增至13个[EB/OL].（2023-11-01）[2023-11-01]. https://news.cqnews.net/1/detail/1169262851659374592/web/content_1169262851659374592.html.

有通道沿线企业和行业协会各自积累的市场信息，还有相关研究机构的学术发现、新闻传播机构及个人制作与发布的相关报道等。但是，由于缺乏统一的信息服务平台，加上存在不同程度的信息孤岛，上述各类合作机制成员在开展信息交互与共享时，仍然存在沟通不畅、交流不深、共享不够等问题。例如，在物流信息通道建设方面，陆海新通道沿线各地都建立了各自的物流公共平台，整合了地区内物流、电子口岸、银行等相关信息，但是各地区之间的信息服务平台相互之间并未实现信息的有效联通与数据共享。已有信息资源不能得到充分共享与利用，信息的共享和流通困难，导致地区间分工不均，或者重复工作，资源未得到优化。车辆、运输场站、仓储设施设备等资源利用率低，许多资源闲置，整体效益低。企业方面，陆海新通道沿线各地的企业对物流平台、信息的投入、重视、使用程度等均不够，主动通过网络物流信息平台获取相关物流信息和货源信息的比例仍然不高。

即便是省部际联席会议、省际协商合作联席会议、推进国际陆海贸易新通道建设合作工作机制等核心机制，也不能做到定期举行和进行深入研讨。尤其是省部际联席会议，该机制成员包括14个国家部委和中央企业，可是机制成员以省（区、市）为名义的仅有重庆、广西、贵州、四川、海南，其他西部省（区、市）、广东省湛江市、湖南省怀化市均未参加，它们只能通过重庆市人民政府牵头成立的省际协商合作联席会议机制开展信息交互共享。如此，结合前文提到的区域内尚未存在强有力的协调组织机构这个问题，不难推测，西部地区必然存在信息交互不对等、信息共享不充分的问题。以下事实也基本反映西部一些省（区、市）希望与国家部委和陆海新通道沿线省（区、市）加强沟通，弥补因信息交互共享不足可能带来的问题。例如，在陕西省的一些政府官员看来，陕西省在国家区域发展战略中承担引领大西北发展的重任，但是《西部陆海新通道总体规划》将从乌鲁木齐经西宁、兰州、成都、重庆、贵阳到南宁和北部湾的通道规划为主通道，陕西省西安市作为沿线枢纽城市，这实际上边缘化了西安作为中心城市带动引领西北发展的地位,是对陕西在西北地区辐射带动作用的不够重视。❶甘肃省则专门召开省长办公会议,研究高水平共建西部陆海新通道有关工作,提出要按照“缺什么补什么”的原则,主动学习沿线省(区、市)先进经验;深化同沿线省(区、市)的重大事项、重大政策协同联动;做强做优做大物流集团等重点平台,推动中欧班列、跨境班车、航空物流、海外仓等与西部陆海新通道全面联通、联动运营,推动海关、税务、商务、市场监管等部门业务协同、数据互通。❷

3.2.3.4 核心机制的运行缺乏有力的制度体系支撑

一个完善有力的制度体系是合作机制顺畅高效运行的根本保证。因为一个健全的制度体系不仅规定了机制成员组合而成的组织体系形态,也明确了机制成员的责任、权利与义务,同时还规定了机制成员在合作互动过程中的行为规范。当前,推动西部地区高水平合作参建陆海新通道的制度主要包括:①省部际合作机制规则,如省部际联席会议第一次会议审议通过的《西部陆海新通道建设省部际联席会议工作规则》,推进国际陆海贸易新通道建设合作工作机制第一次会议审议通过的《推进国际陆海贸易新通道建设合作工作机制规则》。②省际合作协议和工作机制运行规则,如西部省(区、市)共同签署的《关于合作共建西部陆海新通道的框架协议》《中新(重庆)互联互通项目框架协议》,省际协商合作联席会议办公室(重庆市人民政府口岸和物流办公室)印发的《西部陆海新通道省际协商合作联席会议工作规则》。③在国家各部委的工作指导和政策支持下,陆海新通道沿线各省(区、市)出台了推进陆海新通道建设的实施方案。此外,还有相关部门为了深化跨区域协同合作,助推陆海新通道建设

❶ 富君. 贯通南北交通走廊 提升陕西在西部陆海新通道的战略地位[EB/OL].(2022-01-18)[2022-09-14]. http://www.sxzx.gov.cn/ztzl/sejwcztbd/dhfy/44702.html?eqid=a88ebe39001ade9a00000004646db0e5.

❷ 金鑫,盛学卿. 甘肃研究高水平共建西部陆海新通道有关工作[EB/OL].(2023-06-02)[2023-06-02]. http://www.gs.chinanews.com.cn/news/2023/06-02/360645.shtml.

签订的合作备忘录或出台的部门指导意见，如陆海新通道沿线15个省（区、市）签署的《区域海关共同支持西部陆海新通道建设合作备忘录》，交通运输部海事局印发了《关于推进海事服务西部陆海新通道建设的意见》。但是，目前在上述制度体系推动下，西部地区就陆海新通道的区域协调管理和一体化发展均处于摸索阶段，现有的协调组织机构不能强制要求机制成员必须落实议事决策机构的议定事项，因此部分省（区、市）陆海新通道建设推进情况不甚理想，整条通道各环节的工作衔接还不够到位，其深层次的原因在于合作共建陆海新通道的区域合作协议多为框架性、意向性协议，协议内容操作性不强，其中的政府间协议或是联席会议审议生效的工作规则也都不具有强制性的法律效力，因此当前推动西部地区合作参建陆海新通道的协议主要依靠各方的自觉遵守，属于一种自律性规范。今后要保障核心机制的顺畅高效运行，还是要明确上述制度规范的合法性及其法律效力，同时建立一套较为健全的纠纷解决机制，以促进签约各方的积极履行。

3.3　西部地区优化合作机制参建陆海新通道的必要性

鉴于上述区域合作机制存在的不足，本节根据《西部陆海新通道总体规划》中关于加快运输通道建设、加强物流设施建设、提升通道运行与物流效率、促进通道与区域经济融合发展、加强通道对外开放及国际合作5方面建设内容，制定出中国西部地区陆海新通道参建水平评价指标体系（附表1），测度西部地区参建水平，以此明确现有合作机制运行时，西部地区参与陆海新通道建设的总体表现和存在的问题，进而评估优化区域合作机制的必要性和机制调整后的工作重点。上述实证分析过程，详见附录。

3.3.1 构建新发展格局需要新动能，但西部地区陆海新通道参建水平总体不高且增速缓慢

在加快构建新发展格局的战略布局中，西部地区不少省（区、市）与周边国家地理相连、民心相通，同时整个地区地域广阔、资源丰富，优势特色产业突出，具备与全国其他地区形成资源互补、产业共生的内循环条件和从国际市场快速获取战略资源的地理优势。然而，西部地区整体较为落后的基本面貌还不能适应加快构建新发展格局的要求，迫切需要西部地区在既有合作成果基础上，进一步凝聚共识，通力合作，加快推进陆海新通道建设，以此加速优化区域物流环境，实现以物流带经贸、促产业，协同健全产业链价值链，进而成为拉动内需、促进“双循环”的关键引擎。可现实情况是，整个西部地区参与陆海新通道建设水平并不是很高，据本书测算，自2016年首次提出建设南向通道至2021年年底，西部地区陆海新通道参与水平综合得分仅从2016年的72.07提高到2021年的74.59（满分为100）。如果以综合得分区间为[60，70）为及格，[70，80）为中等，[80，90）为良好，[90，100]为优秀，如今整个西部地区陆海新通道的参建水平只能算是中等水平。即便分区域看，核心覆盖区的陆海新通道参建水平均值在2021年才79.03，辐射延展带均值更低，为70.79。更为严峻的是，在地区通道参建水平偏低的情况下，无论是整个西部地区，还是核心覆盖区，抑或是辐射延展带，均未呈现陆海新通道参建水平高速提升的趋势。从表3-14给出的情况看，2016—2021年整个西部地区陆海新通道参建水平的年均增速仅为0.7%，2019—2021年甚至出现下滑趋势。核心覆盖区作为陆海新通道建设的主战场，该区段的通道参建水平提升速度相对较快，但同期的年均增速也仅为1.01%，而且2021年还出现了负增长。

表3-14　2016—2021年西部地区陆海新通道参建水平的综合得分和排名

省（区、市）		2016年		2017年		2018年		2019年		2020年		2021年		年均增长率/%
		评价值	排名	评价值	排名	评价值	排名	评价值	排名	评价值	排名	评价值	排名	
西部地区		72.07	—	72.83	—	73.24	—	74.64	—	74.41	—	74.59	—	0.70
核心覆盖区	广西	75.08	4	75.87	5	75.93	5	78.30	4	77.67	5	77.90	4	0.75
	云南	73.71	6	76.58	3	76.10	4	77.38	5	79.65	3	77.58	5	1.05
	贵州	71.28	9	71.84	9	71.87	9	72.29	9	73.39	8	73.78	9	0.70
	重庆	77.11	2	78.77	2	80.18	2	82.56	2	82.10	2	82.46	2	1.39
	四川	78.98	1	79.77	1	81.33	1	83.31	1	82.54	1	83.42	1	1.12
	均值	75.23	—	76.56	—	77.08	—	78.77	—	79.07	—	79.03	—	1.01
辐射延展带	陕西	72.83	7	73.44	7	74.01	7	75.87	7	74.92	7	75.28	7	0.67
	甘肃	68.60	10	68.96	10	69.57	10	71.37	10	70.24	10	70.25	10	0.48
	宁夏	66.33	11	66.50	11	66.29	12	66.66	11	66.40	12	66.13	13	−0.06
	青海	65.49	13	65.51	13	65.87	13	66.07	13	66.62	11	66.77	12	0.39
	西藏	65.95	12	66.27	12	66.69	11	66.45	12	65.96	13	67.04	11	0.33
	内蒙古	74.95	5	74.67	6	74.70	6	76.32	6	75.88	6	76.06	6	0.30
	新疆	71.33	8	72.04	8	72.49	8	75.00	8	72.86	9	73.99	8	0.75
	均值	69.35	—	69.63	—	69.95	—	71.11	—	70.41	—	70.79	—	0.41

“—”表示数据缺失。

3.3.2 推进西部大开发要形成新格局，但西部陆海新通道参建水平较不平衡且差异持续扩大

推进西部大开发形成新格局，是党中央、国务院从全局出发，顺应中国特色社会主义进入新时代、区域协调发展进入新阶段的新要求，统筹国内国际两个大局做出的重大决策部署。[1]可是要实现该战略目标，势必要解决西部省（区、市）之间发展不平衡、不充分问题。在《西部陆海新通道总体规划》中，陆海新通道被赋予连接“一带”和“一路”，深化陆海双向开放，强化措施推进西部大开发形成新格局，推动区域经济高质量发展的历史使命，同时要求相关省（区、市）要依据规划，编制相关具体实施方案，确保总体规划的主要目标和重点任务落实到位。从近几年各地区参与陆海新通道的建设及其成效看，西部所有省（区、市）都已经参与到陆海新通道的建设当中，而且参建水平都实现了一定程度的提高，可问题在于各省（区、市）参与陆海新通道建设的不平衡不充分问题比较突出，已经急需从合作机制调整的角度来推进各地区共建共享陆海新通道。

具体来看，首先，关于参与西部陆海新通道建设的不充分问题，突出表现在各省（区、市）的西部陆海新通道参建水平普遍不高，距离理想状态还存在不小差距。截至2021年，西部12个省（区、市）仅有四川、重庆的陆海新通道参建水平综合得分超过80（表3-14），达到了良好水平，其他省（区、市）或是处于中等水平，或是及格水平，这意味着绝大多数省（区、市）尚需深挖自身潜力，更加努力充分地参与陆海新通道建设。其次，关于发展的不平衡问题，主要表现在：一是西部省（区、市）之间的西部陆海新通道参建水平综合得分高低不一且差距较大；二是核心覆盖区合作推进西部陆海新通道建设的成效显著，而辐射延展带的西部陆海新通道参建水平近几年的提升效果并不明显；三是上述两点描述的发展差异存在持续扩大的趋势，从表3-15可知，西部地区陆海新通道参建水平的Dagum基尼系数中，总体、组内、组间的基尼系数基本在持续扩大，然后组间贡献率大

[1] 中共中央　国务院关于新时代推进西部大开发形成新格局的指导意见[N]. 光明日报，2020-05-18(01).

部分超过了60%，然后从表3-16可知，辐射延展带中的一些省（区、市）参与西部陆海新通道建设水平已经开始出现掉队的情况，说明了现阶段核心覆盖区与辐射延展带陆海新通道建设水平的差异已经成为西部地区陆海新通道参建水平差异扩大的主导因素，今后在区域合作机制的调整过程中，要注意充分吸纳辐射延展带相关省（区、市）的意见和建议。最后，参建陆海新通道能够显著提升本地区的物流效率，只不过参建程度较高的省（区、市）比低参与度的省（区、市）物流效率的提升效果更大，这意味着按照以物流带经贸、促产业的发展路径，极可能进一步拉大西部地区内部的发展差距，导致地区发展的不平衡问题更加突出。

表3-15　西部地区陆海新通道参建水平的Dagum基尼系数及贡献率结果

年份	基尼系数				贡献率/%		
	总体基尼系数	组内基尼系数	组间基尼系数	超变密度基尼系数	组内贡献率	组间贡献率	超变密度贡献率
2016	0.034	0.013	0.020	0.001	37.600	58.699	3.702
2017	0.037	0.013	0.023	0.001	34.411	63.178	2.411
2018	0.038	0.014	0.024	0.001	35.210	62.014	2.777
2019	0.043	0.016	0.025	0.002	37.093	58.410	4.498
2020	0.043	0.014	0.028	0.001	32.756	65.510	1.734
2021	0.042	0.015	0.027	0.001	34.465	63.766	1.769

注：表中的组间指的是核心覆盖区与辐射延展带之间，组内为两者的内部。

表3-16　2019年和2021年西部地区陆海新通道参建水平的聚类分析结果

梯队	2019年		2021年	
	地区	综合得分均值	地区	综合得分均值
参建水平较高	重庆、四川	81.50	重庆、四川	82.94
参建水平一般	云南、广西、内蒙古、陕西、新疆	76.58	广西、云南	77.74

续表

梯队	2019年		2021年	
	地区	综合得分均值	地区	综合得分均值
参建水平较低	贵州、甘肃	71.83	贵州、陕西、新疆、内蒙古	74.78
参建水平最低	西藏、青海、宁夏	66.22	甘肃、西藏、青海、宁夏	66.49

3.3.3 陆海新通道建设要有机衔接“一带一路”,但区域内陆海新通道各项建设任务推进不协调

高质量、高标准、高水平共建“一带一路”,加强与东南亚、中亚、欧洲等“一带一路”重要沿线地区的互联互通,强化我国对外开放的纵深能力,是新时代我国开放发展的重大战略。陆海新通道位于我国西部地区腹地,北接“丝绸之路经济带”,南连“21世纪海上丝绸之路”,协同衔接长江经济带,在国家区域协调发展格局中具有重要的战略地位。可是,陆海新通道要实现真正意义上的有机衔接“一带一路”是不可能一蹴而就的,首先需要做好顶层设计,然后要加强组织落实,而且还需要根据环境的变化适时调整区域合作的体制机制。当前阶段,西部地区必须按照《西部陆海新通道总体规划》的要求,从加快运输通道建设、加强物流设施建设、提升通道运行与物流效率、促进通道与区域经济融合发展、加强通道对外开放及国际合作五个方面协调推进通道建设,可经过这几年的努力建设,西部地区负责推进的各项陆海新通道建设任务不仅总体水平不高,而且协调程度也不是非常理想(表3-17和表3-18)。根据表3-18可知,截至2021年,区域内的各项陆海新通道建设任务耦合协调度才0.644,处于初级协调等级。分区域看,核心覆盖区的系统耦合协调度比较高,该区段通道建设任务的耦合协调度均值在2021年为0.808,达到了良好等级,可与此同时,辐射延展带的通道建设任务的耦合协调度就显得不够理想,均值才0.504,

刚跨入勉强协调的门槛，而且协调等级连续几年在濒临失调和勉强协调之间徘徊。具体到西部各省（区、市）的表现，从图3-1可知，关于西部地区陆海新通道的各项建设任务，所有省（区、市）不约而同先是加强运输通道建设，然后是物流设施的完善。至于《西部陆海新通道总体规划》要求的提升通道运行与物流效率、促进通道与区域经济融合发展、加强通道对外开放及国际合作等，各地区因地制宜，在参建工作中各有侧重。现阶段只有重庆市、四川省推进陆海新通道建设各项任务时实现了优质协调，其他省（区、市）的耦合协调度均低于0.8，其中地处陆海新通道核心覆盖区的贵州省陆海新通道建设系统耦合协调度虽处于初级协调等级，但作为主通道的必经路段，如此表现必然阻碍整条陆海新通道有机衔接“一带一路”。至于中欧班列途经的陕西省、甘肃省、新疆维吾尔自治区等重要地区，在推进陆海新通道建设各项任务时，本区段的系统耦合协调度也不理想，要实现陆海新通道与中欧班列的无缝衔接，高质量高效益运行也将困难重重。针对以上问题，也只有尽快调整和完善现有区域合作机制才能有效推动西部各省（区、市）协调推进本区段的陆海新通道建设任务，并实现整条通道与“一带一路”有机衔接。

表3-17　耦合协调度等级划分标准

耦合协调度 D值区间	协调等级	耦合协调 程度	耦合协调度 D值区间	协调等级	耦合协调 程度
(0.0,0.1)	1	极度失调	[0.5,0.6)	6	勉强协调
[0.1,0.2)	2	严重失调	[0.6,0.7)	7	初级协调
[0.2,0.3)	3	中度失调	[0.7,0.8)	8	中级协调
[0.3,0.4)	4	轻度失调	[0.8,0.9)	9	良好协调
[0.4,0.5)	5	濒临失调	[0.9,1.0)	10	优质协调

表 3-18　2016-2021 年西部地区陆海新通道建设任务的耦合协调度及等级

省（区、市）		2016年		2017年		2018年		2019年		2020年		2021年	
		耦合协调度	等级	耦合协调度	等级	耦合协调度	等级	耦合协调度	等级	耦合协调度	等级	耦合协调度	等级
西部地区		0.566	6	0.595	6	0.608	7	0.649	7	0.640	7	0.644	7
核心覆盖区	广西	0.703	8	0.734	8	0.737	8	0.798	8	0.786	8	0.797	8
	云南	0.660	7	0.742	8	0.747	8	0.783	8	0.835	9	0.788	8
	贵州	0.550	6	0.563	6	0.562	6	0.584	6	0.613	7	0.624	7
	重庆	0.737	8	0.822	9	0.857	9	0.912	10	0.900	9	0.905	10
	四川	0.813	9	0.839	9	0.884	9	0.919	10	0.903	10	0.925	10
	均值	0.693	7	0.740	8	0.757	8	0.799	8	0.807	9	0.808	9
辐射延展带	陕西	0.613	7	0.627	7	0.641	7	0.686	7	0.660	7	0.670	7
	甘肃	0.470	5	0.482	5	0.510	6	0.558	6	0.529	6	0.530	6
	宁夏	0.299	3	0.306	4	0.276	3	0.278	3	0.254	3	0.214	3
	青海	0.303	4	0.272	3	0.282	3	0.322	4	0.357	4	0.345	4
	西藏	0.235	3	0.305	4	0.343	4	0.336	4	0.306	4	0.356	4
	内蒙古	0.697	7	0.691	7	0.683	7	0.745	8	0.728	8	0.736	8
	新疆	0.579	6	0.613	7	0.627	7	0.711	8	0.643	7	0.674	7
	均值	0.457	5	0.471	5	0.480	5	0.519	6	0.497	5	0.504	6

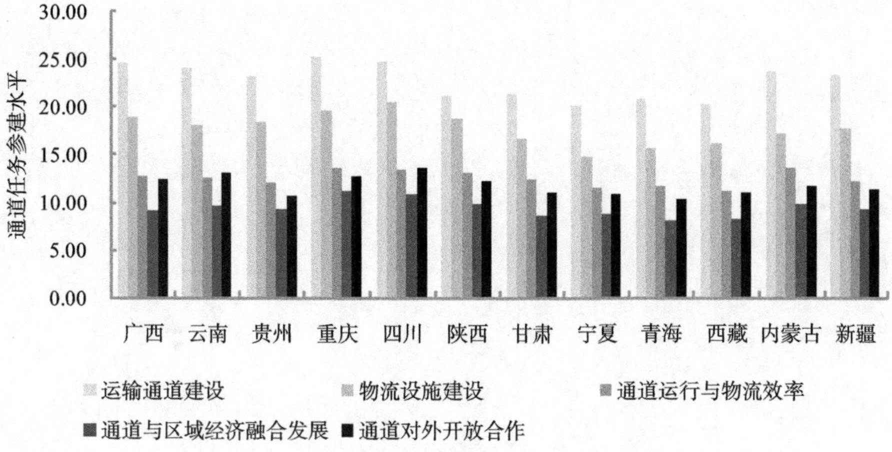

图3-1　2021年西部地区陆海新通道各项任务参建水平

第4章　中国西部地区优化合作机制参建国际陆海贸易新通道的影响因素评价

4.1　西部地区优化合作机制参建陆海新通道的影响因素甄别

中国西部地区地域辽阔、资源丰富，但是经济发展水平总体比较落后，区域发展不平衡、不充分、不协调的问题依然比较突出，需要抢抓各种机遇加快推动西部大开发形成新格局。国际陆海贸易新通道贯穿整个西部地区，起到有机衔接“一带一路”、协同长江经济带的作用，是现阶段西部地区加快发展的难得机遇。不过，如何充分凝聚各方合力，共建共享这条陆海新通道，是中国西部地区必须向国家乃至全世界回答的新时代之问。本书第2章对区域优化合作机制参建国际陆海贸易新通道进行了一般性理论阐述，并结合中新互联互通项目框架下，我国西部地区合作参建陆海新通道的实践，构建了包含“需求生成—启动实施—绩效评价”3个维度的分析框架（第2章的图2-5）。该理论框架认为，中国西部地区优化合作机制的逻辑起点为区域合作历史，合作各方在回顾区域合作历史的基础上，将合作历史与现实结合，产生优化区域合作机制进而加快陆海新通道建设的步伐，同时优化区域合作机制的能力在借鉴合作历史基础上得以提升，之后由于存在区域优化合作机制的共同意愿，以及有一些在资源拥有量、资源生产力、获取外部资源能力等方面比较突出的核心成员的支持和推动，整个西部地区形成推动区域合作机制优化的有效需求。西部地区形成优化区域合作机制的需求后，合作各方同样会根据区域合作历史，综合考虑西部地区内部和外部各种因素的作用，开始启动实施区域合作机制的优化，并在调整区域合作机制一段时间后，就既定的区域优化合作机制绩效计划开展绩效评价，以此完成中国西部地区优化合作机制参建陆海新通道的一个完整闭环。接下来，本节将利用该模型审视各要素在中国西部地区优化合作机制参建陆海新通道中的具体表现。

4.1.1 西部地区优化合作机制的历史因素甄选

前文提到，区域合作历史记载着以往区域合作机制建立与运行的起因、过程和结果。参与区域合作的任何组织或个人，通过对以往区域合作历史的剖析与掌握，将更加明辨事理，也将具备更强的能力分析现实、预判未来，乃至做到未雨绸缪。西部地区合作发展的历史自新中国成立以来就未曾止步，在70多年的时间里，围绕区域发展的重大问题，西部地区各级政府主导了各种形式的双边或多边区域合作，积累了大量的合作发展经验和教训。从机制运行的经验看，六省区市经济协调会由各方党委、政府领导为正副团长的代表团组成，以贵州省、重庆市、云南省、四川省、广西壮族自治区、西藏自治区轮流担任主席方，下届主席方为应届副主席方。六省区市经济协调会每年召开一次由各方党政领导参加的高规格例会，会议主席由主席方党委或政府主要领导担任，同时也邀请党中央、国务院有关部委和相邻省（区、市）的领导、专家学者参加。例会的主要任务是研究和商定区域经济合作的重大问题，以及其解决这些问题的方针政策，加大协调力度，为各方行业、企业和地区的合作创造条件。会议期间商定的合作项目，在例会闭会后，由各省（区、市）的经协和政府有关部门负责组织、协调和落实。除此之外，还专门在重庆西南经济区协作大厦内设有各方代表共同参加的联络处，以负责六省区市经济协调会闭会后的联络工作，督促协调项目和协议的实施。[1]从历史教训来看，该合作机制是跨省（区、市）开放型、松散型的区域经济协调组织，并非一级行政机构。由于缺乏强有力的约束，六省区市经济协调会每年都有各方党政领导参加，研究商定区域合作的重大方针政策，签署一系列合作协议，但休会后却没有部门督促落实。彼时成渝经济实力相差不大，谁也不占绝对优势，

[1] 唐润明. 六省区市七方经济协调会的举办［EB/OL］.（2007-06-18）［2023-12-20］. https://www.gov.cn/ztzl/cqzx/content_651893.htm.

都想通过资源、项目的争取和扩张成为区域内主角。竞争大于合作，使得部分成员萌生退意。

时至今日，陆海新通道已经明确由重庆市人民政府牵头推进。只不过，回顾南向通道建设构想提出至今的这段历史，可以发现先后加入西部陆海新通道建设的省（区、市）并非地理空间相近就能更快达成共识，由此让人隐约察觉到西部地区参建陆海新通道的合力形成相当不易。然而，从区域合作主导者的角度，上述西部地区合作参建陆海新通道的历程，还要细加考量各因素的影响（表4–1）。

表4–1　区域合作历史影响西部地区优化合作机制参建陆海新通道的指标体系

<table>
<tr><th>一级指标</th><th>二级指标</th><th>三级指标</th></tr>
<tr><td rowspan="5">西部地区的合作历史</td><td rowspan="3">机制成员对待区域合作历史的态度</td><td>区域合作历史资料保存的完整程度</td></tr>
<tr><td>合作机制成员单位主要负责人对待以往合作经验教训的态度</td></tr>
<tr><td>合作机制成员单位所在省（区、市）党政一把手对待以往合作经验教训的态度</td></tr>
<tr><td rowspan="2">机制成员分析借鉴历史经验的能力</td><td>机制成员挖掘和分析历史资料的技术能力</td></tr>
<tr><td>机制成员应用历史经验做出决策的能力</td></tr>
</table>

4.1.1.1　机制成员对待区域合作历史的态度

历史是一种不以人的意志为转移的客观存在。它的作用在于警示后人，当遇到相似的情景，当事人如果采取和以往相同的决策和行为将会产生怎样的结果。只不过要真正做到古为今用，很重要的前提条件在于存在一个较为完整的历史记录，以及今人对待历史的态度。因为如果没有借鉴历史的想法，即便一个个鲜活的历史案例呈现在眼前，那么历史的警示作用也不会影响到当事人的决策行为。对于西部地区合作参建陆海新通道的诸多参与主体而言，西部地区合作发展的历史不可谓不丰富，其中的经验教训也不可谓不深刻，但是在借鉴历史推进现有合作机制的调整与优化过程中，要想发挥历史的作用，首先还是取决于机制成员对待区域合作历史的态度。其中的原因在于：针对西部陆海新通道建设，当今所有西部省(区、市)均参与的核心机制既有国家层面成立的省部际联席会议和推进国际陆海贸易新通道建设合作工作机制,也有省际层面的“13+2”合作机制。这些合作机制的成员单位包括了国家发展改革委、商务部、交通运输部、海关总署等国家部委,以及国铁集团、中远海运集团、招商局集团等央企,还有西部相关省(区、市)的人民政府和相关职能部门、属地企业。然而,它们已经不是第一次就某个专题开展过相关合作,而且其中也积攒了不少关于跨域合作的经验教训,如在西部大开发省部联席落实推进工作机制中的合作,还有前文提到的西部省(区、市)曾全员参与主办的中国东西部合作与投资贸易洽谈会、已停止运行的六省区市经济协调会等。在态度与行为高度相关的规律支配下,上述机制成员对于区域合作历史的总体态度(如在意还是不在意)直接决定了其愿意深入了解历史的动力,再进一步,那些对过往历史比较在意的机制成员,如特别在意成员单位负责人在以往合作发展中的行为表现,这将影响它们在调整现有合作机制的主动性、积极性和愿意付出努力的多少。综上所述,本书重点探讨如何调整与优化包括西部地区在内的由诸多参建主体构成的合作机制,然而现有合作机制的成员单位成分比较复杂,所以关于现有合作机制成员对待区域合作历史的态度,本书认为主要受到如下3个因素的影响,即区域合作历史资料保存的完整程度,合作机制成员单位主要负责人对待以往合作经验教训的态度,合作机制成员单位隶属上级主管机关(这里主要是考察省委、省政府)一把手对待以往合作经验教训的态度。

4.1.1.2 机制成员分析借鉴历史经验的能力

在合作关系的建立与发展中,合作历史对于当事人的警示与借鉴作用的发挥,不仅取决于合作者对于另一方过往行为的态度,还要看合作者挖掘和分析历史资料的技术能力,及其应用历史经验教训的决策能力。对于现有参与陆海新通道建设的各级各类组织和个人,他们都是陆海新通道从无到有、从阻到通、从乱到治的历史见证者和参与者,同时也感触到现代信息技术对于历史数据资料的收集、记录、分析与挖掘具备独到的优势。所以,对于现有合作机制中,那些重视历史,并善于利用现代信息技术分析历史资料和总结规律的组织或个人,或许更能做到未雨绸缪或者临危不乱,自然也能够相对较早意识到优化区域合作机制推动陆海新通道建设的必要性与紧迫性,也同样能够在开启实施区域合作机制的优化过程中,从合作机制产生的过程性资料中发现问题并采取相应整改措施。与此类似,这种情况同样会发生在区域优化合作机制的绩效评估阶段。需要指出的是,相对于上一节重点关注合作机制成员单位主要负责人和合作机制成员单位隶属的省(区、市)、国家部委、国企一把手等机制成员对待以往合作经验教训的态度,本节将关注点放宽到现有的各级各类合作机制成员,原因在于西部地区优化合作机制的决策需要重点关注成员单位领导人的态度,但是在执行层面应关注的是将机制成员视为一个整体时,其分析借鉴历史经验的能力,即机制成员挖掘和分析历史资料的技术能力,及其应用历史经验教训的决策能力。

4.1.2 西部地区优化合作机制需求生成的影响因素甄选

如果说西部地区双边或多边的合作历史是启发区域优化合作机制参建陆海新通道的思想之源,那么基于历史与现实考虑生成的西部地区优化合作机制的现实需求,即为区域优化合作机制参建陆海新通道的真正思想动机。根据经济学的需求理论,需求是指人们有能力购买并且愿意购买的某个具体商品的欲望。据此,站在区域发展的角度,西部地区因为存在凝聚合力加快推进陆海新通道建设的需要,进而产生优化合作机制的要求也可视为一种欲望。然而,西部地区优化合作机制的需求生成,在以政府为主导的区域合作共建陆海新通道的现实情境中,将取决于西部地区地方政府优化合作机制的能力和西部所有省(区、市)优化合作机制的共同意愿两大因素的共同作用。至于这两大因素又受到哪些具体要素的影响,需要重点考虑现有合作机制中核心成员(即地方政府)优化合作机制所具备的能力及其由于承担的历史使命激起的优化合作机制的共同意愿(表4-2)。

表4-2　需求生成阶段影响西部地区优化合作机制参建陆海新通道的指标体系

一级指标	二级指标	三级指标
西部地区优化合作机制的现实需求	西部地区地方政府优化合作机制的能力	作为地方政府代表,重庆、广西、贵州、四川4个省(区、市)政府在省部际联席会议机制中推动合作机制优化的努力
		重庆市人民政府牵头省际联席会推动合作机制优化的努力
		西部陆海新通道物流和运营组织中心推动合作机制优化的努力
		现行各辅助机制的牵头省(区、市)推动合作机制优化的努力
	西部所有省(区、市)优化合作机制的共同意愿	陆海新通道建设给所有西部省(区、市)带来的机遇
		通道建设需要西部地区通力合作才能应对的共同挑战

4.1.2.1　西部地区地方政府优化合作机制的能力

为了加快推进陆海新通道建设,包括来自西部地区的诸多建设者和国家部委、央企、中东部相关利益者组建了各级各类合作机制,努力通过组织的力量共建共享陆海新通道。只不过这条纵贯整个西部地区的交通物流大通道,其建设进展与通道规划目标尚有一定差距,特别是如今陆海新通道建设核心机制存在的不足,导致西部地区在参建过程中出现了不平衡、不协调、不充分等问题,亟须从体制制度层面寻找原因。考虑到我国条块管理的体制和陆海新通道的准公共性,目前能够推动陆海新通道建设的主导力量只能是政府部门,因此站在西部地区的角度,现阶段能够具备促进现有合作机制调整与优化的力量也只能是本地政府,然后从影响力大小评估,甚至只能是省级人民政府才能具备促进合作机制优化的能力。在本书中,我们观察到国家层面的省部际联席会议制度凸显了西部地区,尤其是重庆、广西、贵州、四川等地方政府在推进陆海贸易新通道建设合作工作机制中的重要作用。此外,我们还注意到这一机制涵盖了西部12个省级政府下属的职能部门。然而,由于现阶段陆海新通道已经明确由重庆市牵头推进,所以省际层面的合作机制由重庆市人民政府作为省际协商合作联席会议牵头单位,并且省际协商合作联席会议办公室、推进国际陆海贸易新通道建设合作工作机制秘书处均落户重庆。从合作机制的运行情况看,重庆市人民政府始终将中新互联互通项目作为重要平台,积极争取中央政府的支持,不断加强与新加坡政府相关部门的沟通对接,努力联合西部兄弟省(区、市)共建共享陆海新通道,特别成立了西部陆海新通道物流和运营组织中心,负责省部际联席会议和推进国际陆海贸易新通道建设合作工作机制交办的工作,承担省际协商合作联席会议办公室、推进国际陆海贸易新通道建设合作工作机制秘书处、重庆市西部陆海新通道建设领导小组办公室日常工作,开展与陆海新通道建设相关的综合协调、规划发展、区域合作、项目推进和信息服务等工作。重庆市人民政府会同沿线省(区、市)、有关部委、中央企业建立的西部陆海新通道建设专家库,为通道建设提供智力支撑。[1]对于西部地区其他省(区、市),我们注意到,《西部陆海新通道总体规划》同样赋予这些地方政府承担推动陆海新通道建设的使命,所以相关省(区、市)也充分利用本地固定承办或联合主办的国家级盛会(如中国—东盟博览会、中国西部国际博览会、中国—亚欧博览会等)为西部地区参建陆海新通道建设搭建沟通、交流与合作的平台。

综上所述,本书认为如下4个因素对西部地区地方政府优化合作机制的能力产生重要影响,它们分别为:作为地方政府代表,重庆、广西、贵州、四川4个省(区、市)政府在省部际联席会议机制中推动合作机制优化的努力;重庆市人民政府作为省际协商合作联席会议牵头单位推动合作机制优化的努力;西部陆海新通道物流和运营组织中心推动合作机制优化的努力;现行各辅助机制的牵头省(区、市)推动机制优化的努力。

[1] 重庆市人民政府口岸和物流办公室. 系列解读文章之——重庆扎实推进省际协商合作 有效促进西部陆海新通道量质齐升[EB/OL].(2021-09-27)[2022-06-27]. https://www.ndrc.gov.cn/fggz/fgzy/xmtjd/202109/t20210927_1297744_ext.html.

4.1.2.2 西部地区优化合作机制的共同意愿

一般而言,一个行为人即便具备了谋事做事的能力,但如果这些事不是其感兴趣和愿意去做的,那么即便这些事物对他人而言是稀世珍宝,乃至当作毕生的追求,可对于前者它们既不会重视,也不能产生强烈的需求。同样道理,假若西部地区的各地政府都具备推动区域合作机制优化的能力,可他们不愿带领本地区参与陆海新通道建设,那么西部地区优化合作机制参建陆海新通道的现实需求便不会产生。退一步,即便一些省(区、市)早早窥见陆海新通道的重大机遇,并积极投身通道建设,可按照国际陆海贸易新通道所具有的系统性、综合性、开放性及准公共品特征,以及国家赋予西部陆海新通道的战略定位和设定的建设目标,如果没有西部地区所有省(区、市)的参与,也很难将现有合作机制调整到最优的状态,更难以实现陆海新通道的高水平建设、高质量运行。所以,激发西部省(区、市)形成优化合作机制的共同意愿极为必要。本书认为,陆海新通道建设给西部省(区、市)带来的机遇,以及陆海新通道建设需要西部地区通力合作才能应对的共同挑战,这两者是西部所有省(区、市)要形成优化合作机制的共同意愿不得不评估的重要因素。

关于陆海新通道建设给西部省(区、市)带来的机遇,西部陆海新通道已基本形成东、中、西3条主干道及铁海联运、国际铁路联运、公路班车3种物流形态。陆海新通道服务范围已辐射18个省(区、市)、69个城市、138个站点,"一口价"线路增至152条。通过北部湾港现有航线网络可通达全球集装箱港口,辐射范围涵盖100多个国家和地区的200多个港口。陆海新通道运输品类由最初的陶瓷、板材等几十种,增加至目前粮食、汽配、新材料等940多个品类,实现了从"一条线"到"一张网"的蜕变升级。[1]在此背景下,西部地区优化合作机制加快陆海新通道建设,将能够进一步把握如下重大机遇:一是以较低的物流成本为西部地区拓宽对外贸易物流渠

[1] 杨煜航、罗仕志、刘福名. 央视新闻联播关注16年,30000列! 西部陆海新通道海铁联运班列实现新跨越![EB/OL].(2023-10-08)[2023-10-08]. https://mp.weixin.qq.com/s/Re9SD_S-NCYBf0kB836Ffg.

道。以重庆市为例，在陆海新新通道建设之前，重庆市外贸货物运输主要借助“长江黄金水道”，采用江海联运的方式，如从欧洲进口货物需要由苏伊士运河进入红海，然后依次通过印度洋、马六甲海峡进入南海、东海，再由上海港经“长江黄金水道”运至重庆，整个过程需要50天左右，但是陆海新通道开通运行后，欧洲各国的货物在广西钦州港靠岸后，通过铁海联运抵达重庆市，整个运输时间节省了15天左右。[1]二是促进西南地区交通物流与经济的融合，加强我国西北与西南地区的联系，进一步激活西部地区的资源优势，促进西部地区的产业合理布局和转型升级。三是缩短我国西部地区与东盟在内的RCEP国家的距离，加强西部省（区、市）与这些国家和地区的资源共享、协同发展，进一步抢抓RCEP发展机遇。四是在新的历史时期和新国际格局中形成的陆海新通道，通过基础设施建设，畅通贸易和投资，不仅推动中国西部地区的开发开放，也提高了我国与相关邻国的文化互通、民心相通，进而营造良好的国际环境、提高国家的安全系数。

至于陆海新通道建设需要西部地区通力合作才能应对的共同挑战，主要包括：一是陆海新通道与产业融合水平较低、竞争能力不强。表现为缺乏有效产业支撑、跨境产业链体系尚未形成，通道与产业、贸易等融合发展亟须加强。产业支撑方面，当前西部地区存在产业结构不优、经济腹地局限、工业短板明显、发展后劲不足等劣势。跨境产业链方面，主要是往返货源不均衡和国际物流供应链主导性不够等问题相对突出。[2]二是陆海新通道沿线省（区、市）利益协调难度大。在推进陆海新通道建设与运行过程中，涉及陆海新通道沿线地区的利益调整，如四川省有“蓉欧+”战略推动，与北部湾及东盟都有比较密切的联系，在航空、铁路和公路的运输网络发展方面的成就中可圈可点，并且具备充足的货源，物流要素齐全，如今重庆市主导陆海新通道建设，日后陆海新通道上的货源竞争值得重视。此外，一些陆海新沿线省（区、市）在开通西部陆海新通道班列的竞

---

❶ 张金萍，强宁娟．重庆市在共建“西部陆海新通道”中面临的机遇与挑战[J]．对外经贸，2020(4):47-49

❷ 张彦泽，邵涵．我国西部地区融入国际外循环通道的机遇与挑战[J]．工程经济，2023，33(5):17-25.

争中争当枢纽,造成交通物流资源的浪费乃至竞争。❶对此,如何协调各方利益,必须通过西部所有省(区、市)开诚布公地进行洽谈,然后形成一个令大家都相对满意的方案。三是存在潜在的运输风险。疫情时期,国际国内物流基本处于停滞状态,如果不是通道沿线省(区、市)之间的通力合作,陆海新通道就不会实现铁海班列开行数量和货运量的持续提升,进而成为区域产业链、供应链稳定的重要保障。但这也告诉我们,要实现陆海新通道持续高效运行,需要通力合作才能有效应对诸如疫情这种突发的外生事件冲击。此外,陆海贸易新通道境外段途经南亚、东南亚及中东欧众多国家,这些国家和地区在文化、民族、经济、宗教信仰等方面差异明显,部分国家国内政局动荡,甚至部分国家与我国存在的领土纷争、贸易争端,这些国际因素同样会给陆海新通道的常态化运营带来潜在的安全风险。这种情况,更需要西部地区加强合作,构建一个稳健高效的常态化合作机制,保障陆海新通道高质量平稳运行。

4.1.3 西部地区优化合作机制启动实施的影响因素甄选

由于区域合作机制的优化涉及组织机构的调整及其对应规则体系的变革,所以它往往不会一蹴而就,而是一个相对较长的实施过程。又由于整个过程是在一个由诸多内外部因素构成的环境当中进行动态调整的,所以当它们中的一些因素发生变化时,区域优化合作机制的实施过程将可能困难重重,也可能超乎预期地很顺利进行。如果整个过程因环境的变化而跌宕起伏,对于发生变化的因素把控不到位,那么极可能导致区域优化合作机制的目标不能按期实现。西部地区作为国家的一部分,又包括了12个相对独立的省级行政区,所以西部地区优化合作机制参建陆海新通道必然受到来自本区域内外诸多因素的共同影响(表4-3)。这些因素因为陆海新通道建设中涉及中央与地方利益关系的调整,以及西部地区内部之间、西部地区与国内其他地区之间的竞争,所以在

❶ 张金萍,强宁娟.重庆市在共建“西部陆海新通道”中面临的机遇与挑战[J].对外经贸,2020(4):47-49.

考察与筛选相关具体因素时，特别重视国家层面的因素，还有地区之间的利益关系。

4.1.3.1　西部地区之外的力量

国际陆海贸易新通道国内段大部分位于我国西部地区，然后西部地区又是由12个省级行政区组成，鉴于通道建设涉及诸多跨区项目，这些省（区、市）以某种形式的合作机制推动陆海新通道建设多是迫不得已，也由此引出一个很现实的问题，那就是作为国家组成部分的西部地区及其地方政府，它们采取的任何一种联合行动都必须考虑中央政府的态度，以及社会各界的舆论，而且必须在国家法律法规允许的范围内进行，或者说它们之间合作机制的构建与调整要受到中央政府、国家法律法规和社会舆论的影响。以下4个因素最值得关注：一是中央政府关于调整西部地区参与陆海新通道建设合作机制的介入程度；二是国家层面出台的支持地方政府构建跨区合作机制的相关法律法规；三是西部地区以外关于调整陆海新通道建设合作机制的社会舆论；四是国内其他区域优化自身合作机制的示范效应（表4-3），其理由阐述如下。

表4-3　启动实施阶段影响西部地区优化合作机制参建陆海新通道的指标体系

一级指标	二级指标	三级指标
西部地区优化合作机制的实施过程	西部地区之外的力量	中央政府关于调整西部地区参与陆海新通道建设合作机制的介入程度
		国家层面出台的支持地方政府构建跨区合作机制的相关法律法规
		西部地区以外关于调整陆海新通道建设合作机制的社会舆论
		国内其他区域优化自身合作机制的示范效应
	西部地区内部的力量	现有合作机制调整导致的西部省际政府间竞合关系的变动
		西部地区协同制定的关于参建陆海新通道的合作规则

续表

一级指标	二级指标	三级指标
西部地区优化合作机制的实施过程	西部地区内部的力量	合作成员所在省(区、市)的财政实力
		本地有影响力的社会力量(如专家、企业、行业协会)参与合作机制优化的程度
		合作机制中的本地成员的数字技术的创新应用能力

(1)中央政府关于调整西部地区参与陆海新通道建设合作机制的介入程度。

之所以需要重点关注该因素,是因为西部地区在合作推进陆海新通道建设的过程中,始终注重向国家争取各方面的支持。党和国家领导人的重要指示,以及从国家层面出台的《西部陆海新通道总体规划》《实施方案》《建设方案》等一系列规划文件,以及中央政府层面所开展的调研与指导也为西部地区优化合作机制参建陆海新通道提供了重要指导支持。

(2)国家层面出台的支持地方政府构建跨区合作机制的相关法律法规。

由于西部地区优化合作机制参建陆海新通道的行为属于地方政府层面的跨区合作,要实现最优的合作机制调整效果,必然涉及区域合作立法和依法推进合作共建的各项事宜。就目前来看,西部地区地方政府间签订的各种合作协议,还有据此构建的合作机制,都缺乏有力的法律保障,故现有合作机制的运行更多依靠的是各方自律。可从长远来看,这种类型的协议不能仅依靠自律,更要依靠其明确的法律定位和一套较为健全的纠纷解决机制,以促进各方积极履行。而这有赖于对此类协议法律性质和法律效力的明确。[1]值得注意的是,在2022年3月新修订的《地方各级人民代表大会和地方各级人民政府组织法》中,已经对地方政府构建区域发展合作机制做出了新的规定,从国家立法层面允许地方政府开展协同立法,共同建立跨行政区划的区域协同发展工作机制,加强区域合作。

[1]王春业,徐珮程.论粤港澳大湾区合作中政府间协议及其法律效力[J].港澳研究,2022(1):25-34,94.

《地方各级人民代表大会和地方各级人民政府组织法》增加规定：一是，省、设区的市两级人大及其常委会根据区域协调发展的需要，可以开展协同立法。二是，县级以上地方各级人民政府可以共同建立跨行政区域的区域协同发展工作机制，加强区域合作；上级人民政府应当对下级人民政府的区域合作工作进行指导、协调和监督。[1]但是，现有规定还是比较笼统的，还需要其他相关法律法规对一些操作细则进一步明确，以及明确地方政府合作协议的法律性质和法律效力，尽可能地规避政府间协议内容上操作性不强、形式上体例格式差异较大等问题。

专栏4-1　新修订的《中华人民共和国地方各级人民代表大会和地方各级人民政府组织法》关于区域协同立法的规定
全国人民代表大会关于修改《中华人民共和国地方各级人民代表大会和地方各级人民政府组织法》的决定： 二十三、将第四十三条改为第四十九条，第二款修改为："设区的市、自治州的人民代表大会常务委员会在本级人民代表大会闭会期间，根据本行政区域的具体情况和实际需要，在不同宪法、法律、行政法规和本省、自治区的地方性法规相抵触的前提下，可以依照法律规定的权限制定地方性法规，报省、自治区的人民代表大会常务委员会批准后施行，并由省、自治区的人民代表大会常务委员会报全国人民代表大会常务委员会和国务院备案。" 增加一款，作为第三款："省、自治区、直辖市以及设区的市、自治州的人民代表大会常务委员会根据区域协调发展的需要，可以开展协同立法。" 四十四、增加一条，作为第八十条："县级以上的地方各级人民政府根据国家区域发展战略，结合地方实际需要，可以共同建立跨行政区划的区域协同发展工作机制，加强区域合作。"[2]

[1] 全国人民代表大会关于修改《中华人民共和国地方各级人民代表大会和地方各级人民政府组织法》的决定[EB/OL].(2022-03-12)[2022-04-25]. https://www.gov.cn/xinwen/2022-03/12/content_5678640.htm.

[2] 全国人民代表大会关于修改《中华人民共和国地方各级人民代表大会和地方各级人民政府组织法》的决定[EB/OL].(2022-03-12)[2022-04-25]. https://www.gov.cn/xinwen/2022-03/12/content_5678640.htm.

> “上级人民政府应当对下级人民政府的区域合作工作进行指导、协调和监督。”
> 四十五、增加一条，作为第八十一条：“县级以上的地方各级人民政府根据应对重大突发事件的需要，可以建立跨部门指挥协调机制。”

(3)西部地区以外关于调整陆海新通道建设合作机制的社会舆论。

陆海新通道建设不仅关乎西部地区相关省(区、市)的利益，也将给国内其他地区和邻近国家带来一定程度的影响。因为对于部分地区而言，陆海新通道的发展机遇与挑战并存。例如，对于一些东部沿海地区而言，西部陆海新通道日渐向好的趋势给当地沿海港口的货运发展带来不小的竞争压力，但同时也为本地企业提供了一条新的国际运输线路。对此，到底是机遇大于挑战，还是挑战胜过机遇，需要细加评估。无论如何，自陆海新通道运行当日开始，关于西部地区合作共建陆海新通道所发生的事情就备受社会瞩目。特别从舆情危机管理角度，西部地区合作参建陆海新通道的合作机制一旦发生调整，其背后必然牵扯到部门利益、地区利益的调整，从而也必然引起西部地区以外的各类相关组织和公民的关注与讨论，如果政府在舆论引导方面稍有不慎，区域合作机制调整的方向和力度可能就要被迫做出改变。

(4)国内其他区域优化自身合作机制的示范效应。

在国家区域协调发展诸多实践中，涌现了不少推动区域发展卓有成效的区域合作机制，如推动京津冀协同发展的合作机制——京津冀协同发展领导小组，指导和统筹协调长江经济带发展的合作机制——推动长江经济带发展领导小组，加强泛珠三角区域合作的泛珠三角区域合作行政首长联席会议等。以京津冀协同发展的合作机制为例，该区域合作发展的机制建设早在1986年就成立了环渤海地区经济联合市长联席会议/区域合作市长联席会，之后于2004年达成廊坊共识，2011年提出首都经济圈，可是受制于京津冀浓厚的行政主导、城市行政等级及地方政府竞争等因素阻碍，区域协同发展和政府间合作都不是非常理想。不过，2014年2月习近平总书记在北京市考察工作时发表重要讲话，京津冀协同发展上升为国家战略。同年8月,国务院成立京津冀协同发展领导小组,中央政治局常委、国务院副总理担任领导小组组长。京津冀协同发展的合作机制完成了从地方和部委倡议到中央主导的转变,一个自上而下的四层级协调管理机构也逐步建立健全。在京津冀协同发展领导小组推动下,《京津冀协同发展规划纲要》被中共中央政治局审议通过,相关领域的合作机制持续完善,因而近些年京津冀协同发展的步伐明显加快,也取得了令人瞩目的成绩。关于长江经济带建设和发展,同样可以看到区域合作机制优化及其带来的显著效果。2014年党中央、国务院做出建设长江经济带的重大战略决策,成立了长江经济带工作领导小组,建立了"中央统筹、省负总责、市县抓落实"的管理体制,印发了《国务院关于依托黄金水道推动长江经济带发展的指导意见》《长江经济带省际协商合作机制总体方案》《长江经济带发展规划纲要》等指导性文件,推进长江上中下游协同发展。随后,在地方层面,长江上游重庆、四川、贵州、云南4省(市)签署协议,建立长江上游地区省际协商合作机制;长江中游江西、湖北、湖南3省签署协议,建立长江中游地区省际协商合作机制;长江下游上海、江苏、浙江、安徽率先建立"三级运作、统分结合、务实高效"的合作协调机制。[1]特别突出的是,自长江经济带上升为国家战略后,依法保护长江的重要性在习近平总书记多次亲自主持召开的长江经济带发展协作座谈会上得到了反复的强调和提及。2021年3月1日,我国第一部流域法《中华人民共和国长江保护法》(简称《长江保护法》)正式施行,开启长江经济带沿线地区依法合作保护长江的新阶段。上述区域优化自身合作机制的经验和做法,无疑会对西部地区合作共建陆海新通道产生一定的示范效应,这种示范作用能够为地区加强合作提供有益参考,当然最重要的是西部地区在一些领域不断完善相关规章制度,从制度层面保障合作机制的高效运行。

4.1.3.2　西部地区内部的力量

在西部地区优化合作机制参建陆海新通道的实施过程中,上述来自西

[1] 袁琳,陈荟词.从一域到全局 一江碧水焕新颜[EB/OL].(2021-12-08)[2022-08-31].https://baijiahao.baidu.com/s?id=1718559470523640977&wfr=spider&for=pc.

部地区外部的影响因素固然重要，但源于西部地区内部的力量才是推动区域优化合作机制顺利实施的根本动力。本书认为，就加快陆海新通道建设所需的区域合作机制优化而言，需要充分认识到西部地区是由12个省级行政区组成的经济区域，以该区域为整体推动其合作机制优化，它的合力大小取决于如下4个作用力的相互牵制：一是现有合作机制调整导致的西部省际政府间竞合关系的变动；二是西部省（区、市）制定的关于跨区合作的法律法规；三是现有合作机制调整引起的省际经济利益变化；四是本地有影响力的社会力量（如专家、企业、行业协会）参与调整现有合作机制的程度。具体解释如下。

（1）现有合作机制调整导致的西部省际政府间竞合关系的变动。

在我国，设置一个议事协调机构，实质上是权力、责任、资源等在部门间进行重新分配，如议事协调机构的负责人由哪位领导兼任，办公室设在哪个部门；召集哪些部门开会，会议的决策权限有多大；其工作人员是依托某部门，还是从各部门抽调，等等。[1]因此，对现有合作机制的任何调整，必然牵涉部门和地区的利益分配，进而带来竞合关系的变化。

现阶段，西部地区合作参建陆海新通道的合作机制优化以区域内地方政府间关系的调整与改善为主旋律。尤其在加快西部陆海新通道建设上升为国家战略后，地方各级政府都竞相争取获得国家各方面的支持，以实现本区段交通基础设施、物流枢纽纳入国家层面的发展规划。只不过，在我国地方政府体系中，省级政府作为最高一级的地方政府，它是中央政府直接作用的对象，同时又领导着辖区内其他层级的地方政府，在国家行政体系中具有承上启下的作用[2]，如自2015年3月中共中央办公厅、国务院办公厅印发《关于推行地方各级政府工作部门权力清单制度的指导意见》后，我国基本形成了自上而下的权力清单体系，其中省级政府处于权力清单体系中承上启下的关键环节，它既需要有效承接中央政府的顶层设计，又需要监督指导市（县）级政府，其执行情况直接影响着整体权力清单体

[1] 鲁宇．议事协调机构设置的制度逻辑——基于外部比较与内部比较的双重视角[J]．中国行政管理，2022(2)：28-35.

[2] 陈天祥．如何赋予省级政府更多自主权？[J]．探索，2019(1)：19-26，2.

系建设，进而影响政府权力边界划定和政府权力规范行使。[1]因此，在地方政府处于多项任务竞相追逐状态、地方政府间竞合关系走向复杂化的背景下，西部地区对现有合作机制的调整与优化，不得不着重考虑中央政府主导下的省级政府间关系的演变。然后，回顾地方政府间竞争与合作关系的演变历史发现，从中华人民共和国成立至今，地方政府间竞争与合作关系经历了从间接竞争（中华人民共和国成立到改革开放前），到竞争与试探性合作（改革开放初到20世纪90年代初），到同质化竞争与单线合作（20世纪90年代初到21世纪初），再到错位竞争与网状合作（21世纪初至今）的变化，而且其变迁的机理是地方政府经济利益、政治利益和公共利益的内容、性质的变化而引起的地方政府行为选择的转变。[2]自党的十八大以来，中国地方政府职能重心已从经济发展转向社会创新等多领域，形成兼顾经济指标和治理服务创新在内的多目标任务竞争格局，呈现了既有追求自身经济利益最大化的属地竞争，也有以完成上级社会发展要求为目标的标杆竞争。[3]然而，现实中，我们的地方政府在面对资源稀缺时，即便区域之间、组织之间是一种竞争形态，也不妨碍它们之间的信息互通、相互学习或者共同学习。[4]这就告诉我们，西部地区省级政府间既有竞争，也有合作，它们之间属于一种复杂的竞合关系，而且随着彼此间经济利益、政治利益和公共利益的竞争性与合作性的强弱程度变化，会导致它们参与陆海新通道建设的积极性和推动区域合作机制优化的动力发生变化。

---

❶ 牟春雪．地方政府权力清单制度变迁逻辑、现实困境与优化路径——基于31个省级权力清单的过程追踪分析[J]．湖南科技大学学报（社会科学版），2023，26（1）：84-92.

❷ 彭忠益，柯雪涛．中国地方政府间竞争与合作关系演进及其影响机制[J]．行政论坛，2018，25（5）：92-98.

❸ 文宏，林彬．“多任务竞逐”：中国地方政府间竞争激励的整体性解释——以粤港澳区域治理为例[J]．江苏社会科学，2020（1）：75-85.

❹ 锁利铭．走向复杂性的地方政府间竞合关系：理论演进与实践路径[J]．行政论坛，2023，30（2）：55-66，2.

特别需要注意的是，如今的陆海新通道合作机制，国家层面有国家发展改革委牵头成立的省部际联席会议和商务部牵头成立的推进国际陆海贸易新通道建设合作工作机制，省际层面为省际协商合作联席会议。这些合作机制的成员单位既有国家部委和央企，也有省级政府或其领导的省级工作部门，甚至有一些是地市级政府（如湖南省怀化市、广东省湛江市）。站在中央政府的角度，党的十九大报告提出“赋予省级及以下政府更多自主权”的指导思想，且省级政府实际上负责领导省级工作部门及下级政府的工作，故对于西部地区合作机制的调整，我们必须高度重视合作机制调整后可能带来的各省（区、市）政治、经济及公共利益的变化。对此，我们需对省际政府间在竞争与合作方面的强弱程度进行综合评估，从而预判现有合作机制调整所致的西部省际政府间竞合关系的强弱变化。只有这样，才能更好地引导西部各省（区、市）党委和政府履行承上启下的职责，支持和推动辖区内的下级地方政府与相关垂直管理部门通力合作，共同参与到陆海新通道的建设进程中。

（2）西部省（区、市）协同制定的关于参建陆海新通道的合作规则。

由于当前合作机制中，成员间的信息交互共享不够充分，西部地区尚缺乏一个强有力的协调组织机构，核心机制运行也缺乏有力的制度体系支撑，同时陆海新通道沿线政府间的利益补偿机制也不够完善。因此，西部地区参建陆海新通道的合作机制优化必然牵涉合作联盟治理机构的调整，还有合作成员互动规则的变动，以及合作成员行为方式的改变。然而，在我国以中央政府主导的区域协同发展体制下，西部地区要想顺利启动和实施区域合作机制的优化，首先要遵守国家支持地方政府构建跨区合作机制的相关法律法规，然后要遵守本区域制定的各项规定、法律和政策。对于前者，前文提到，《地方各级人民代表大会和地方各级人民政府组织法》赋予省、自治区、直辖市及设区的市人大及其常委会开展区域协同立法的权力，同时规定县级以上各级人民政府可以建立跨行政区划的区域协同发展工作机制，加强区域合作。2023年，新修改实施的《立法法》也增加了一条关于区域协同立法的规定，它涵盖了享有区域协同立法权的主体、协同制定法规的实施范围，还有区域协同立法主体可以建立区域协同立法工作机制等。因此，西部省（区、市）协同制定关于合作共建陆海新通道的法律法规已经具备了有力的法律支持。

目前我国区域协同立法仍存在一系列体制机制和实践方面的难题，尤其在制度规范的层面，仍然存在一些有待完善的地方，如区域协同立法主体未包括同级的人民政府，而且区域立法协同主体内在动力不足，不同层级的地方可否协同立法未有明确规定，区域协同立法工作机制在《宪法》和《地方各级人民代表大会和地方各级人民政府组织法》缺乏相关规定等。[1]这使西部地区通过协同立法推动相关省（区、市）高质量参与通道建设尚未有实质性的进展。不过，即便西部省（区、市）协同制定的相关规则目前还不具有法律性质，但由于建立更加有效的区域协调发展新机制已然是国家战略，并且在《中共中央　国务院关于建立更加有效的区域协调发展新机制的意见》《中共中央　国务院关于新时代推进西部大开发形成新格局的指导意见》《西部陆海新通道总体规划》中对深化相关领域的区域合作都有指示，所以当前西部12个省（区、市）与海南省，以及广东省湛江市、湖南省怀化市共同签署的《合作共建西部陆海新通道框架协议》，参与制定的《西部陆海新通道建设省部际联席会议工作规则》《西部陆海新通道省际协商合作联席会议工作规则》《推进国际陆海贸易新通道建设合作工作机制规则》对推动西部地区参建陆海新通道合作机制的优化仍然具有不可忽视的重要作用。例如，在《西部陆海新通道省际协商合作联席会议工作规则》中，对合作联盟成员的调整及成员互动规则都做出了规定。其中，关于联席会议成员单位构成，明确根据工作需要，经省际协商合作联席会议研究并报省部际联席会议同意，可增加成员单位；关于联席会议机制，明确联席会议根据工作需要召开，原则上每年召开一次全体会议，由召集人主持。联席会议各成员单位可根据工作需要提出召开会议的建议，会议可召集部分成员单位参加，根据工作需要邀请国家有关部委、中央企业，以及有关部门、单位参加。同时，《西部陆海新通道省际协

[1] 黄兰松. 区域协同立法的实践路径与规范建构[J]. 地方立法研，2023，8(2)：18-38.

商合作联席会议工作规则》对会议执行机制、会议请示报告机制、联席会议办公室职责、会议联络员机制等进行了明确规定。[1]

（3）合作成员所在省（区、市）的财政实力。

通常认为，地方政府的合作决策是一种制度设计，旨在解决集体行动困境。在这一过程中，地方政府所在区域的基本经济社会因素发挥着至关重要的影响，对合作决策的形成具有显著作用。[2]在现行的合作机制中，已经涵盖所有西部省（区、市）并且运行成果较为明显的，当属重庆市人民政府牵头成立的西部陆海新通道“13+2”省际协商合作联席会议制度。只不过该合作机制的突出问题在于缺乏一个强有力的协调组织机构，地区间的利益补偿机制不够完善及缺乏有力的制度体系支撑。合作成员之所以能够持续开展沟通交流，主要原因在于，一方面国家给予高度重视，并出台相关规划和推进方案，另一方面陆海新通道建设成效显著，突出表现为西部陆海新通道海铁联运班列开行数量和货运量快速提升，有机衔接“一带一路”的作用加速显现，陆海新通道沿线地区都将陆海新通道视为本地区开放发展的新动能。然而，这种缺乏组织及制度保障的合作机制，显然无法持久维系，尤其是对于陆海新通道这类具有公共品特性的平台而言。从省级政府到市级政府，再到县级政府，乃至微观层面的企业和个人，各方都难免存在“搭便车”的心理。按照集体行动的逻辑来推断，在调整当前以政府为主导的合作机制的过程中，政府官员往往成为最具备能力和愿意付出努力的合作成员。多数情况下，他们更倾向于围绕本地区财政收入等可量化的业绩指标来制订决策和行动方案。

根据《西部陆海新通道省际协商合作联席会议工作规则》的相关规定，省际协商合作联席会议由重庆市人民政府担任召集单位，并由其分管副市长担任召集人一职。其他西部各省（区市）政府则作为成员单位参

---

[1] 张皓．多方面明确！重庆牵头建立西部陆海新通道省际协商合作工作规则[EB/OL]．(2020-12-15)[2022-11-15]．https://baijiahao.baidu.com/s?id=1686144348864637278&wfr=spider&for=pc.

[2] 锁利铭．走向复杂性的地方政府间竞合关系：理论演进与实践路径[J]．行政论坛，2023，30(2)：55-66，2.

与，其政府分管领导担任成员角色。在当前加快国家治理现代化的背景下，所有政府活动都须以财政资金的及时、足额到位为前提，确保财政职能能够全面覆盖并影响经济、政治、文化、社会及生态文明等各个领域。因此，在所有由国家治理事务涉及的利益关系中，财政关系显得尤为关键，它不仅能够承载并牵动公共事务线索上的各方面关系，而且，“财政是国家治理的基础和重要支柱”。[1]这意味着现有合作机制成员会着重关注本地区财政实力的变化及其对区域治理方式带来的影响。因此，现阶段应该重点关注成员单位对应的本省（区、市）财政实力变化对合作成员决策形成的影响。

自从西部陆海新通道上升为国家战略以来，那些积极投入通道建设且参建水平较高的省（区、市），2019—2022年，其按境内目的地和货源地统计的进出口总额均实现了显著增长（图4–1）。这一增长不仅体现在进出口总额上，更以进出口总额占地区生产总值比重为衡量标准，体现出地区经济开放水平的显著提升，同时地区经济总量也实现了可观的增长。然而，我们也不能忽视西部地区面临的一些挑战。尽管西部地区的生产总值约占全国的1/5，地方财政收入约占全国的1/10，但在2022年，仅有重庆和内蒙古两个区（市）的人均生产总值超过了全国平均水平（85 698元）。更为值得关注的是，尽管部分西部省（区、市）的财政收入已经相对薄弱，但地方政府的负债总量仍在不断攀升。截至2022年年底，多数省（区、市）的地方政府负债率均有所上升，甚至一些省（区、市）的政府负债已经超出本地财政收入的3倍以上，其中广西壮族自治区、云南省、贵州省、甘肃省更是高达5倍以上。这表明，西部地区在化解债务风险方面正面临着巨大的压力。展望未来，如果西部地区无法找到推动经济增长的新动能，经济增长的放缓将进一步加剧地区债务问题的暴露。因此，尽管当前西部各省（区、市）的经济发展水平有所提高，但潜在的债务风险和经济增长放缓态势仍需要引起高度重视。放大陆海新通道这一新动能的作用，对于西部地区来说至关重要。由此可以推断，面对本省（区、市）地方财政的压

[1] 高培勇．深刻认识财政“基础和支柱说”[EB/OL].（2016-01-07）[2022-11-15]. https://www.gov.cn/zhengce/2016-01/07/content_5031101.htm?trs=1.

力，现行各种合作机制的成员单位所对应的省（区、市）政府分管领导，必须加强与陆海新通道沿线地区的合作，并致力于推进现有合作机制的调整与优化。只有通过这样的努力，我们才能进一步强化陆海新通道对本地区经济发展的赋能作用。

表4-4　2019年和2022年西部地区各省（区、市）经济发展主要指标情况

指标	生产总值/亿元		进出口总额占生产总值比重/%		地方财政一般公共预算收入/亿元		地方政府负债余额与财政收入比值/倍		地方政府负债率/%	
年份	2019	2022	2019	2022	2019	2022	2019	2022	2019	2022
广西	21 237	26 301	21.22	27.46	1 812	1 688	3.49	5.76	29.80	36.93
云南	23 224	28 954	9.93	12.03	2 074	1 949	3.91	6.21	34.91	41.78
贵州	16 769	20 165	2.85	3.70	1 767	1 886	5.47	6.75	57.69	63.18
重庆	23 606	29 129	22.08	24.41	2 135	2 103	2.62	4.79	23.74	34.57
四川	46 616	56 750	15.45	18.31	4 071	4 882	2.60	3.63	22.69	31.20
陕西	25 793	32 773	13.12	13.46	2 288	3 312	2.86	2.95	25.32	29.85
甘肃	8 718	11 202	4.26	5.89	850	908	3.66	6.71	35.75	54.34
宁夏	3 748	5 070	7.72	8.55	424	460	3.92	4.34	44.25	39.38
青海	2 966	3 610	1.14	1.30	282	329	7.45	9.25	70.87	84.33
西藏	1 698	2 133	2.51	1.13	222	180	1.13	3.12	14.81	26.29
内蒙古	17 213	23 159	8.06	9.56	2 060	2 824	3.55	3.31	42.45	40.33
新疆	13 597	17 741	18.91	20.05	1 578	1 889	3.15	4.16	36.57	44.26

注1：地方政府负债率等于当年的地方政府负债余额除以当地的生产总值。

2：数据来自国家统计局网站，各省（区、市）政府网站公开资料，笔者整理。

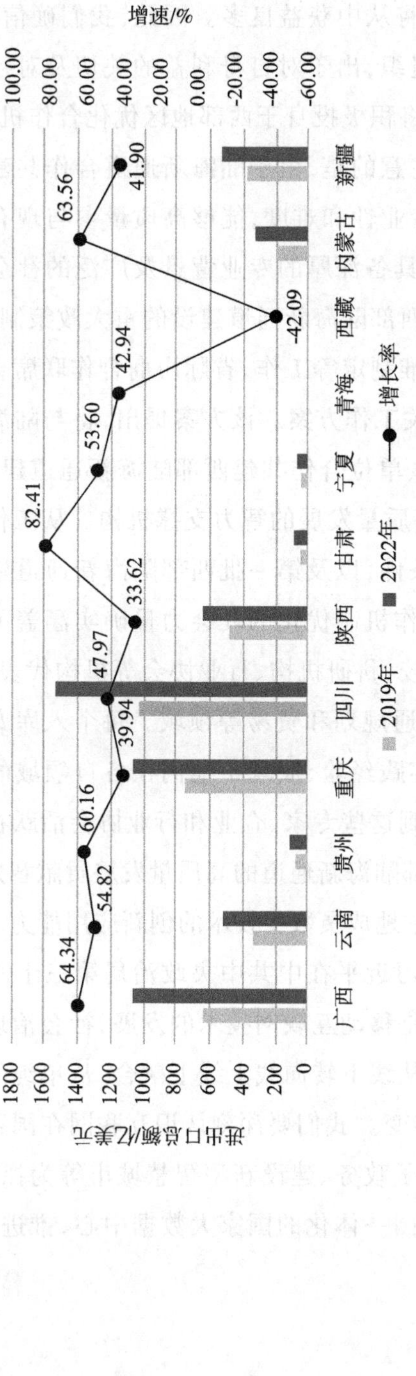

图4-1　2019年和2022年西部各省（区、市）境内目的地和货源地进出口总额及增速

数据来源：国家统计局网站。

(4)本地有影响力的社会力量参与合作机制优化的程度。

关于西部地区优化合作机制参与陆海新通道建设这一议题,西部地区的公民与组织已能深切感受到通道建设对地区经济社会发展的强大助力,并因此预见到自身将从中获益良多。因此,我们确信,陆海新通道沿线地区的部分公民和组织,出于对自身利益的关切及对社会公共利益和公共事务的自觉认同,将积极投身于西部地区优化合作机制、共建陆海新通道的实践中。值得注意的是,由于陆海新通道合作共建机制的设计与优化工作具有一定的专业性和难度,能够高质量参与现有合作机制优化的社会力量,通常需要具备深厚的专业背景及广泛的社会影响力。事实上,为了更有效地推动西部陆海新通道建设的重大政策制定、重要规划实施、重点项目推进及标准制定等工作,省际协商合作联席会议办公室已于2020年10月发布了相关工作方案。该方案提出,将与陆海新通道沿线各省(区、市)及有关部门、单位合作共建西部陆海新通道建设专家库,作为推动西部陆海新通道高质量发展的智力支撑机构。从工作方案中规定的入库专家来源和基本条件,以及第一批西部陆海新通道建设专家库成员名单来看,当前参与合作机制优化的社会力量确实涵盖了西部地区具有影响力的企业、高等院校、科研机构、行业协会等机构代表,其行业分布广泛,涉及物流、金融、交通规划和贸易等领域。每个入库专家都具备深厚的理论知识和丰富的实践经验,展现了他们在各自领域的卓越能力。在实践中,我们也经常看到这些专家、企业和行业协会活跃在合作机制运行的各个环节,共同为西部陆海新通道的高质量发展贡献智慧和力量。

(5)合作机制中的本地成员数字技术的创新应用能力。

2016年10月9日,习近平在中共中央政治局第三十六次集体学习时指出,随着互联网特别是移动互联网技术的发展,社会治理模式正在从单向管理转向双向互动,从线下转向线上线下融合,从单纯的政府监管向更加注重社会协同治理转变。“我们要深刻认识互联网在国家管理和社会治理中的作用,以推行电子政务、建设新型智慧城市等为抓手,以数据集中和共享为途径,建设全国一体化的国家大数据中心,推进技术融合、业务融合、数据融合，实现跨层级、跨地域、跨系统、跨部门、跨业务的协同管理和服务。”[1]同时，习近平总书记在讲话中还特别强调：“现在，各级领导干部特别是高级干部，如果不懂互联网、不善于运用互联网，就无法有效开展工作。各级领导干部要学网、懂网、用网，积极谋划、推动、引导互联网发展。”[2]2022年4月19日，习近平总书记在主持中央全面深化改革委员会第二十五次会议时再次强调：“要全面贯彻网络强国战略，把数字技术广泛应用于政府管理服务，推动政府数字化、智能化运行，为推进国家治理体系和治理能力现代化提供有力支撑。”针对西部地区合作参建陆海新通道的合作机制优化问题，在互联网的助力下，必将涉及政府部门与非政府部门（包括私营组织、非营利组织及公民个人）等多个参与主体的组织方式及行为规则的调整。在当前的合作机制优化进程中，西部地区的12个省级政府正积极响应习近平总书记的号召和国家推进网络强国建设的战略部署，依托全国一体化政务服务平台的基础与公共支撑能力，加速推进本地区省级政府“互联网+政务服务”建设，致力于提升一体化政务服务能力。根据表4-5所示的数据显示，截至2021年年底，西部地区政务服务已广泛采用“掌上办”“指尖办”等便捷方式。同时，“一网通办”“异地可办”“最多跑一次”“不见面审批”等模式也在西部地区逐渐普及，呈现明显的趋势。在能力分组方面，尽管新疆、青海两地省级政府一体化政务服务能力处于中等水平，但其余地区均已达到高能力或更高层次水平。这表明，在推动现有合作机制优化的过程中，西部地区诸多省级政府已具备利用人工智能、大数据等数字技术推动数字政府高效协同运行的能力。然而，不容忽视的是，当前网络安全形势日趋严峻，针对关键核心基础设施和城市管理系统的网络攻击事件频发。此外，电子政务体系中存在的“数据孤岛”、平台“多散小”、数据安全等问题，也严重制约了政务服务体系的效能提升。[3]因此，要实现对现有合作机制的有效优化，达到跨层级、跨地域、

[1] 中共中央政治局就实施网络强国战略进行第三十六次集体学习［EB/OL］.(2016-10-09)［2022-09-13］. https://www.gov.cn/xinwen/2016-10/09/content_5116444.htm.

[2] 同[1].

[3] 马伟东，武腾飞. 数字时代提升电子政务服务效能分析［J］. 生产力研究，2023(8)：39-42.

跨系统、跨部门、跨业务的协同管理和服务目标，还需进一步加强对包括西部地区在内的所有机制成员（涵盖政府、企业、社会组织及社会公众）在数字技术领域的创新与应用能力的培育与提升。

表4-5 西部地区各省（区、市）“互联网+政务服务”能力现状与分组

省(区、市)	省级政府一体化政务服务能力情况(截至2021年)	能力分组
广西	以数字政务一体化平台为主体，依托“广西政务”和“智桂通”App，超过730项便民服务可以“掌上办理”。建成全区统一企业电子印章公共服务平台，为广西3 189家企业颁发了1.6万枚电子印章，在政务服务、公共服务、社区服务等场景提供电子印章签章服务。在惠企惠民政策兑现平台累计发布3 063条惠企惠民政策，提供智能推荐功能和企业专属空间网页服务，为企业提供“一站式”政策兑现服务。依托政务数据资源优势，不断优化升级共享交换平台，汇聚政务数据总量超过56亿条，为政务服务事项办理提供充分便利的条件	高
云南	全面实施市场准入负面清单制度，全面推行企业开办“一窗通”，实现企业开办“一表申请、一窗发放”，企业开办时间压缩至1个工作日内。此外，全面实施“证照分离”改革，改革涉及的344个事项中，直接取消审批51项、审批改备案10项、实行告知承诺33项、优化审批服务250项	高
贵州	印发《贵州省深化政务服务“一窗通办”改革推行“2+2”模式工作方案》，按照“前台综合受理、后台分类审批、综合窗口出件”的形式，以“自然人+法人（含非法人组织）、咨询+投诉”设置窗口，实现“咨询、辅导、审批、评价”的闭环管理。从改革情况来看，纳入综合受理事项比例达99.7%，前台窗口由原来8 950个缩减至4 858个，缩减比例达45.72%；前台窗口人员由11 032人缩减至7 511人，缩减比例达31.91%	非常高

续表

省(区、市)	省级政府一体化政务服务能力情况(截至2021年)	能力分组
重庆	以政务数据和电子证照数据共享互认作为推动"扫码办""码上办"的前提条件和关键环节,积极推动"一企一档""一人一档"数据库建设。目前"一企一档"数据库已归集15个部门35类3 200余万条涉企数据,提供了电子营业执照、食品卫生许可证、企业信用红黑名单、企业纳税信用登记等数据的共享互认,可支撑638项涉企事项办理。"一人一档"数据库已归集公安、民政、人力社保、卫生健康、司法、残联6个部门9类个人数据超1.1亿条,为律师执业许可、生育服务登记等事项办理提供了数据共享互认支撑	非常高
四川	将"一网通办"前提下的"最多跑一次"改革作为深化"放管服"改革的重要突破口和"一把手"工程强力推进。以打破数据孤岛和数据壁垒为核心,推动省直部门自建业务系统、国家垂管系统与省一体化政务服务平台深度对接。目前,已对接省级直属部门自建业务系统40个,完成率100%;对接国家垂管系统46个,完成率91.5%;所有事项实现服务入口统一,90%的事项实现办件数据汇聚、结果可查可验	非常高
陕西	立足政务服务供给侧结构性改革,深入推进数字政府建设,通过政银合作,以政务信息资源共享、协同联动审办流程为突破口,加快建设陕西省一体化政务服务平台,构建了以移动端、PC端、自助端、大厅端和"12345"政务服务便民热线、"好差评"系统为主体的"四端一线一评价"线上线下立体化服务网络,形成了贯通省、市、县、乡、村的五级联动服务体系,在各级政府部门与企业群众间架起了一座互联互通的数字桥梁	高
甘肃	以"甘快办"为总揽,统筹研发"12345""不来即享""一码通"等品牌应用,推动接入52个省直部门、923项高频事项接入"甘快办"App,实现更多政务服务事项"掌上办"。从省级行政许可事项来看,全程网办率达88.42%,"最多跑一次"事项数达99.81%,"零跑动"事项数达87.34%	高

续表

省(区、市)	省级政府一体化政务服务能力情况(截至2021年)	能力分组
宁夏	以数字政府建设统揽政务服务改革,坚持全区统一规划、统筹建设,强力推进系统打通、业务整合、流程再造,建成区、市、县、乡、村五级贯通的宁夏政务服务“一张网”,贯通区、市、县、乡、村五级网上政务服务,持续推进政务服务事项标准化和流程最优化,以“我的宁夏”App为突破口,全面提升宁夏网上政务服务水平。“一张网”已与全区40多个行政审批业务系统、1 040个县级以上审批服务机构实现全链接,基本实现“一次认证、全网通办”	非常高
青海	打造全省政务服务“一网通办”总门户,面向公众和企业提供网上申报、网上预审、网上办理等政务服务应用,持续推动更多政务服务事项网上办。同时,推动各类市场主体登记注册、社保、医疗、居住、婚育及低保信息查询、高考成绩查询、水电暖缴费等覆盖范围、社会关注度高的政务服务事项“掌上办”,为企业和群众提供多渠道、便利化的移动服务	中
西藏	对标先进省(区、市),持续优化升级一体化政务服务平台,为实现全区政务服务“一张网”和“一网通办”奠定了坚实基础。完成了29个系统建设,平台业务覆盖全区45家委办厅局、7个地市、74个县(区)、6 154个乡镇(街道)和村居。系统深度融合对接积极推进,已完成27个国家部委41个垂建系统的对接工作,努力推动12家区直单位26个自建系统对接373项政务服务事项	高
内蒙古	以政务服务“一网办、掌上办、一次办、帮您办”为抓手,全力打造“服务有温度、办事有速度”的“蒙速办”政务服务品牌,助推全区营商环境持续优化。一是深化数据共享推进“网办”。41个区级直属部门业务系统接入一体化政务服务平台,个人注册用户占全区常住人口的93%。二是聚焦便利集成推动“掌上办”“蒙速办”移动端接入各类应用3 636项,1 328项高频服务实现了掌端办理。三是着力打通难点痛点推行“一次办”。103件惠企便民“一件事”实现了“一次办好”。四是服务重大项目开展“帮您办”。22个投资项目代办帮办事项在全区普遍推开	高

续表

省(区、市)	省级政府一体化政务服务能力情况(截至2021年)	能力分组
新疆	依托全国一体化政务服务平台,牵头联合陕西省、青海省、甘肃省和新疆生产建设兵团成立了“跨省通办·丝路通办”合作联盟。全区涵盖医保社保、住房公积金、企业设立等154个高频服务事项实现“丝路通办”,产生办件6万余件,好评率超99%;92个事项实现“区内通办”,产生办件4.1万余件,好评率超99%	中

注1:根据《省级政府和重点城市一体化政务服务能力调查评估报告(2022)》整理。

2:省级政府一体化政务服务能力主要从“效能线上可评”“服务一网通办”“渠道一网通达”“事项应上尽上”“指南精准实用”等角度进行评价。

4.1.4　西部地区优化合作机制绩效评价的影响因素甄选

由于绩效可以理解为衡量组织或个人在单位时间内资源获取与利用效果的关键指标。对于西部地区而言,在积极争取国家支持并充分发挥自身优势,推动现有合作机制改革之后,势必会取得一系列关于合作机制优化的显著成果。这些成果可能体现在组织机构和人事安排的优化调整上,也可能展现在制度规则的建立健全上,还可能反映在机制成员行为互动得更加顺畅高效上,甚至可能兼而有之。然而,在当前国家全面实施绩效管理,推动政府改革和国家治理能力提升的大背景下,上述绩效结果的实现并非终点,而是需要开展客观公正的评价与应用,以确保西部地区参建陆海新通道的合作机制能够与不断变化的通道建设环境保持同步,进而以高质量的合作机制助力通道建设整体目标的顺利达成。健全的绩效评估制度,不仅是提升政府行政效能、推进服务型政府建设的关键途径和有力措施,更是确保西部地区合作机制优化成果得以有效转化的重要保障。[1]当前,我国全面实施绩效管理的顶层设计主要围绕如下3个功能展开,即形成新的公共管理机制,治理政府行政上的官僚主义、浪费和腐败难题;控制预算,形成与业绩相适应的拨款机制;落实责任制政府,建立基

❶ 魏礼群.加强绩效评估制度研究　推进服务型政府建设[J].行政管理改革,2013(4):4-6.

于绩效的人事制度。❶再者，现有的合作机制主要为政府设置的议事协调机构，而且这些议事协调机构的设置是受理性动机驱动的，其设置过程也不乏政府“控费”策略❷，所以，在对西部地区优化现有合作机制进行绩效评价时，应该重点关注绩效评价实施主体的权威性和绩效反馈对象的针对性。具体分析如表4-6所示。

表4-6　绩效评价阶段影响西部地区优化合作机制参建陆海新通道的指标体系

一级指标	二级指标	三级指标
机制成员优化合作机制的绩效评价	绩效评价实施主体的权威性	实施主体由现有合作机制的组织领导机构确立
		实施主体由中央人民政府（国务院）确立
	绩效反馈对象的针对性	针对合作机制成员单位联络员的绩效反馈
		针对合作机制成员单位主要负责人的绩效反馈
		针对合作机制成员单位所在省（区、市）党政一把手的绩效反馈

4.1.4.1　绩效评价实施主体的权威性

在合作共建陆海新通道的实践中，我们观察到现有合作机制已将绩效评价工作纳入机制运行的活动范围，而且在历次重要的联席会议中都有针对合作议定事项开展跟踪督促和绩效评估工作。只不过，由于合作机制的层级和权威性问题，绩效评价实施主体所开展的绩效评价对象、内容、方式等会有所不同。例如，省际合作机制方面，2020年11月在省际协商合作联席会议第一次会议上审议通过了《西部陆海新通道省际协商合作联席会议工作规则》，并明确规定，由重庆市人民政府负责协调各成员单位推进落实会议议定事项，并做好跟踪督促和绩效评估工作；各成员单

❶ 马国贤，任晓辉．全面实施绩效管理：理论、制度与顶层设计[J]．中国行政管理，2018(4)：13-18.

❷ 鲁宇．议事协调机构设置的制度逻辑——基于外部比较与内部比较的双重视角[J]．中国行政管理，2022(2)：28-35.

位根据职责分工，组织开展本地区西部陆海新通道建设工作，向联席会议报告本地区工作进展情况。[1]2022年6月，省际协商合作联席会议第二次办公室会议在重庆市召开，出席会议的陆海新通道沿线省（区、市）领导向主持会议的省际协商合作联席会议办公室主任通报了各地推进西部陆海新通道取得的阶段性成果。2023年11月，在重庆市召开的第三次省际协商合作联席会议上，出席会议的陆海新通道沿线省（区、市）领导也同样向联席会议介绍了各地推进陆海新通道建设情况和下一步工作计划。省部际合作机制方面，由国家发展改革委组织召开省部际联席会议，会议也会听取成员单位的绩效汇报，同时提出了一些绩效要求。例如，2021年5月，受时任省部际联席会议召集人委托，联席会议副召集人在北京主持召开了第二次省部际联席会议，会议只是听取了联席会议办公室关于工作进展情况和“十四五”推进西部陆海新通道高质量建设的有关考虑的报告，联席会议有关成员单位围绕落实2021年工作要点做了重点发言。会议要求，各有关单位要深入学习贯彻习近平总书记重要指示批示精神，深刻认识西部陆海新通道建设的重大战略意义和当前面临的新形势新要求，发挥好联席会议工作机制作用，加强工作协同，加大力度推进2021年重点任务落实，力求陆海新通道建设取得更大成效，迈上更高台阶。[2]2022年3月，也是受时任省部际联席会议召集人委托，联席会议副召集人在北京主持召开了第三次省部际联席会议，会议听取了联席会议办公室关于2021年西部陆海新通道建设进展及2022年工作要点的汇报，联席会议成员单位负责人围绕落实2022年工作要点进行讨论发言。在该次会议上也提出了落实主体责任，加强统筹协调，加大政策支持保障，巩固扩大通道发展成果，加大力度落实2022年重点工作，推进通道建设全面提质提效的

❶ 张皓．多方面明确！重庆牵头建立西部陆海新通道省际协商合作工作规则［EB/OL］．（2020-12-15）［2022-11-15］．https://baijiahao.baidu.com/s?id=1686144348864637278&wfr=spider&for=pc.

❷ 佚名．西部陆海新通道建设省部际联席会议第二次会议召开［EB/OL］．（2021-05-14）［2022-09-06］．https://www.ndrc.gov.cn/xwdt/xwfb/202105/t20210514_1279883.html.

要求。[1]

然而，在当前阶段，上述议事协调机构均为一种弹性的组织形式，它们是专为推动陆海新通道加快建设而设立的跨部门、跨地区的非常设机构。在推动西部地区合作共建陆海新通道的过程中，这些机构并无实质权限，也无法独立对外发文，即缺乏行政强制力。它们更多地依赖于领导权威的等级协调，而非审计、监察等部门的监督和制约。因此，当前加强西部地区优化合作机制的绩效评价工作的重点，应放在构建有效的问责机制上，以确保绩效管理能够落到实处。据相关研究，可参考以下途径：一是非结构化传递渠道，即通过领导批示、领导视察等方式，以行政化的方式传递压力；二是结构化传递，即根据议事协调机构的工作责任制，对责任进行重新分配后，由上级部门的主要负责人直接向下级部门的主要负责人传递压力，将个体政治问责压力嵌入到专项工作的具体执行中，从而形成一种自上而下的强大问责机制。[2]

此外，需要注意的是，在2023年10月12日召开的进一步推动长江经济带高质量发展座谈会上，习近平总书记明确指出，推动长江经济带高质量发展，应坚持中央统筹、省负总责、市县抓落实的工作机制。为此，中央区域协调发展领导小组应加强统筹协调和督促检查，同时中央有关部门应积极支持符合长江经济带高质量发展导向的项目，并在重点领域推动一批重大改革。此外，沿江省（市）各级党委、政府应切实履行主体责任，确保工作落到实处。同时，还应定期开展对《长江经济带发展规划纲要》实施情况的检查评估和监督，及时发现并纠正问题。[3]显然，鉴于陆海新通道建设也同推动长江经济带高质量发展一样，是在具有相似的跨部门、跨地区议事协调机构下推动进行的特点，习近平总书记以在座谈会上论

---

❶ 佚名．西部陆海新通道建设省部际联席会议第三次会议召开［EB/OL］.（2022-03-25）［2022-09-06］. https://www.ndrc.gov.cn/fzggw/wld/hzc/lddt/202203/t20220325_1320452.html.

❷ 马世媛．议事协调机构的组织法规制探讨［J］．领导科学，2022（8）：123-128.

❸ 习近平主持召开进一步推动长江经济带高质量发展座谈会强调：进一步推动长江经济带高质量发展　更好支撑和服务中国式现代化［EB/OL］.（2023-10-12）［2023-10-13］. https://www.gov.cn/yaowen/liebiao/202310/content_6908721.htm.

述提到所强调的由中央区域协调发展领导小组加强统筹协调和督促检查的思想[1]，对于我们今后在国家层面组织开展西部地区优化合作机制的绩效评价具有重要的启示意义。此外，根据自2021年2月1日起施行的《政府督查工作条例》，上级人民政府可以有权对下一级人民政府及其所属部门开展督查，并在必要时对所辖各级人民政府及其所属部门开展督查。政府督查内容包括：党中央、国务院重大决策部署的落实情况；上级和本级人民政府重要工作部署的落实情况；督查对象法定职责的履行情况；以及本级人民政府所属部门和下级人民政府的行政效能等方面。随后，在2023年11月，国务院推动高质量发展综合督查第十一督查组在广西开展督查工作时，不仅重点督查了构建高水平社会主义市场经济体制、建设现代化产业体系、着力扩大国内需求、全面推进乡村振兴、推进高水平对外开放，以及保障和提高民生6个方面的工作情况，而且还同时深入了解了西部陆海新通道沿线区域合作，以及推进碳达峰和碳中和等绿色发展等的情况。[2]

综上所述，本书认为现阶段存在两个可能的途径能够给绩效评价实施

[1] 中央区域协调发展领导小组首次亮相是在2023年9月5日，在国新办举行的《河套深港科技创新合作区深圳园区发展规划》新闻发布会上，国家发展改革委党组成员郭兰峰介绍了中央区域协调发展领导小组的相关情况。他说，党的十八大以来，习近平总书记亲自谋划、亲自部署、亲自推动了一系列区域重大战略，如大家耳熟能详的京津冀协同发展、长三角一体化、长江经济带、黄河流域生态保护和高质量发展、粤港澳大湾区建设、海南自由贸易港等一系列重大举措。党的二十大之后，党中央决定把这些重大战略领导小组合并为中央区域协调发展领导小组来统管。这个小组的主要职能是研究重大战略的有关重大部署、重大规划、重要政策、重点项目及年度工作安排，协调解决重要问题，督促落实重大事项。同时，在领导小组之下，也可以根据重大事项、重大工作，成立专责小组或者部际联席会议机制，具体推进某一项工作，也就是在一定时间内专职协调推动这件事。据悉，中央区域协调发展领导小组办公室设在国家发展改革委。引自：国务院新闻办就《河套深港科技创新合作区深圳园区发展规划》有关情况举行发布会[EB/OL].(2023-09-06)[2023-10-13]. https://www.gov.cn/zhengce/202309/content_6902358.htm.

[2] 陈贻泽．刘宁蓝天立会见国务院推动高质量发展综合督查第十一督查组组长唐承沛一行[EB/OL].(2023-11-11)[2023-11-11]. http://www.gx.xinhuanet.com/20231111/a0b3d99ddf0248f7a201953768ca6bdf/c.html.

主体树立较高的权威公正性，分别是由现有合作机制的组织领导机构成立专项工作组，或是由中央人民政府（国务院）成立专项小组组织实施。

4.1.4.2 绩效反馈对象的针对性

合作机制的构建与运作，其根本动力并非仅源于成员单位本身，而是深植于各合作单位中那些拥有独立思考与行动能力的个体。正是这些独具个性、各具特色的个人，构成了合作得以顺利展开的真正行动主体。基于这一逻辑，在西部地区合作机制优化后的绩效评价工作中，特别是在最终的绩效反馈与结果应用阶段，为了有效推动相关单位和个人改进工作作风，共同助力陆海新通道合作共建机制的调整与优化，首要的任务便是精准识别“谁是绩效问题的直接利益相关者”及“谁具备解决绩效评价发现问题的能力”。换言之，我们需要先明确“绩效评价结果应反馈给哪些对象”的问题，随后再针对性地制定绩效反馈的时机、内容、方式方法等具体策略。

同时，本书注意到，现有合作机制是以政府为主导，而且现行的核心机制中，诸如以省部际联席会议制度及其领导下的省际协商合作联席会议机制、中新互联互通示范项目框架下成立的推进国际陆海贸易新通道建设合作机制，它们均不受国家组织法、“三定方案”（即定机构，定编制，定职能）等法律规范的严格约束。这种类型的议事协调机构呈现一种弹性组织的形态，其成员及办事机构不占用固定编制，也不计入预算，受到现有法律规范约束较少。[1]据此，根据鲁宇的研究分析，当前合作机制中的各种议事协调机构，在人事安排上会基于降低议事协调机构运作成本、追求绩效和应对考核等多重考量，采取如表4-7所示的人事安排。

事实上，我们也看到，现有合作机制均建立了会议联络员工作机制，2019年12月国家发展改革委基础司还专门召开过省部际联席会议第一次联络员会议。2020年6月，重庆市委编委还专门印发《西部陆海新通道物流和运营组织中心机构编制方案》，设立西部陆海新通道。如今该机

[1] 马世媛. 议事协调机构的组织法规制探讨[J]. 领导科学，2022(8)：123–128.

构专门负责省部际联席会议和推进国际陆海贸易新通道建设合作工作机制交办的工作，承担省际协商合作联席会议办公室、推进国际陆海贸易新通道建设合作工作机制秘书处、重庆市西部陆海新通道建设领导小组办公室日常工作，开展与通道建设相关的综合协调、规划发展、区域合作、项目推进和信息服务等工作。当然，我们最关注的是，在省部际联席会议，还有省际协商合作联席会议、推进国际陆海贸易新通道建设合作工作机制的成员单位名单中，不乏陆海新通道沿线地区的省级政府、国家部委、国企单位及其下属部门。因此，从责任落实到人，以及领导对工作的重视的程度来看，本书认为，针对合作机制成员单位的联络员、主要负责人，以及上级主管机关（主要指省委、省政府）的一把手进行绩效反馈，将更具针对性，进而对西部地区优化合作机制的绩效评价工作产生重要的影响。

表4-7　现有合作机制中议事协调机构的人事安排类型

内容	任务协作程度强	任务协作程度弱
信息沟通程度强	专干：指的是议事协调机构的参与部门指定若干工作人员专门完成办公室部门布置的工作，不再从事原部门的工作，不过仍然留在原部门办公	借调：指的是议事协调机构向其参与部门抽调工作人员，该工作人员脱离原来的工作岗位，专职从事办公室部门安排的新工作，但是其人事关系仍然在原部门，有的甚至是由原部门发放工资或福利
信息沟通程度弱	联络员：指的是各参与部门指定本部门中的某一人或几人作为信息收集、发送的专职人员	挂名：指的是各参与部门的领导或者工作人员仅需要向办公室部门上报姓名及其联系方式等基本信息；并没有实质性的工作任务

注：参考鲁宇. 议事协调机构设置的制度逻辑——基于外部比较与内部比较的双重视角[J]. 中国行政管理，2022(2)：28-35的研究整理得到。

4.2 西部地区优化合作机制参建陆海新通道的影响因素评价

4.2.1 评价方法及工具——AHP简介

AHP(analytic hierachy process)即层次分析法,是美国著名运筹学家、匹兹堡大学教授萨蒂(T. L. Saaty)最早提出的一种定性与定量相结合,系统化、层次化的多目标评价决策法。该方法一般用来进行多准则决策,其基本步骤是:首先,将较为复杂烦琐的问题进行分解,找出问题当中的关联结构,并建立整体层次的结构模型;接着,构造各个层次成对比较矩阵,再由专家对比较矩阵中的两两要素的重要性程度比较打分;随后,对专家打分后得到的每一个判断矩阵进行一致性检验,在这一步,如果某个判断矩阵未能通过检验,需要专家对原先的判断做出调整,直到该矩阵一致性检验通过为止;最后,在所有矩阵通过一致性检验后,对整体组合再进行一致性检验(假如是多专家分别打分的话,还包括对合并所有专家打分后的整体组合进行一致性检验),若整体组合通过一致性检验,即可计算出各因素的整体权重,并用于分析研究对象的最终评估结果。

由于需要对目标对象实施系统地、层次分明地评价,并需邀请多位专家共同参与,这一过程涉及复杂的计算步骤。因此,本书借助yaahp软件,对中国西部地区优化合作机制参建国际陆海贸易新通道的影响因素进行了深入的测评。该软件在层次分析法方面具有显著优势,能够协助我们进行模型构建、精准计算及深入分析,为决策过程提供有力的技术支撑,从而确保评价结果的准确性和科学性。

4.2.2 影响因素评价指标体系构建

为了能够全面系统科学地考察影响中国西部地区优化合作机制参建陆海新通道的各项因素,根据第2章构建的区域优化合作机制参建陆海新通道的分析框架,本书在上节筛选出了影响中国西部地区优化合作机制参建陆海新通道的因素。根据AHP分析方法,构建如下影响因素评价指标体系(表4-8)。其中,第一层为目标层,即中国西部地区参建陆海新通道的合作机制优化。第二层为准则层,即中国西部地区优化合作机制参建陆海新通道影响因素的基本框架。第三层为子准则层(二级指标),即上一级准则当中细分的准则。其中,西部地区合作历史包括机制成员对待区域合作历史的态度、机制成员分析借鉴历史经验的能力;区域优化合作机制的需求生成包含西部地区地方政府优化合作机制的能力、西部所有省(区、市)优化合作机制的共同意愿两个指标;区域优化合作机制的实施过程包括西部地区之外的力量、西部地区的内部力量两个指标;区域优化合作机制的绩效评价包括绩效评价实施主体的权威性、绩效评估反馈对象的针对性两个指标。这一层共8个指标。第四层为指标层(三级指标),即每一个评价准则下的评价指标,这一层共有25个指标。

表4-8　中国西部地区优化合作机制参建陆海新通道影响因素指标体系

一级指标 (准则层)	二级指标 (子准则层)	三级指标 (指标层)
西部地区的合作历史	机制成员对待区域合作历史的态度	区域合作历史资料保存的完整程度
		合作机制成员单位主要负责人对待以往合作经验教训的态度
		合作机制成员单位所在省(区、市)党政一把手对待以往合作经验教训的态度
	机制成员分析借鉴历史经验的能力	机制成员挖掘和分析历史资料的技术能力
		机制成员应用历史经验做出决策的能力
西部地区优化合作机制的现实需求	西部所有省(区、市)优化合作机制的共同意愿	陆海新通道建设给所有西部省(区、市)带来的机遇
		陆海新通道建设需要西部地区通力合作才能应对的共同挑战
	西部地区地方政府优化合作机制的能力	作为地方政府代表,重庆、广西、贵州、四川4个省(区、市)政府在西部陆海新通道省部际联席会议机制中推动合作机制优化的努力

续表

一级指标（准则层）	二级指标（子准则层）	三级指标（指标层）
西部地区优化合作机制的现实需求	西部地区地方政府优化合作机制的能力	重庆市人民政府牵头西部陆海新通道省际联席会推动合作机制优化的努力
		西部陆海新通道物流和运营组织中心推动合作机制优化的努力
		现行各辅助机制的牵头省(区、市)推动合作机制优化的努力
西部地区优化合作机制的实施过程	西部地区之外的力量	中央政府关于调整西部地区参与陆海新通道建设合作机制的介入程度
		国家层面出台的支持地方政府构建跨区合作机制的相关法律法规
		西部地区以外关于调整陆海新通道建设合作机制的社会舆论
		国内其他区域优化自身合作机制的示范效应
	西部地区内部的力量	现有合作机制调整导致的西部省际政府间竞合关系的变动
		西部省(区、市)协同制定的关于参建陆海新通道的合作规则
		合作成员所在省(区、市)的财政实力
		本地有影响力的社会力量(如专家、企业、行业协会)参与合作机制优化的程度
		合作机制中的本地成员其数字技术的创新应用能力
西部地区优化合作机制的绩效评价	绩效评价实施主体的权威性	实施主体由现有合作机制的组织领导机构确立
		实施主体由中央人民政府(国务院)确立
	绩效反馈对象的针对性	针对合作机制成员单位联络员的绩效反馈
		针对合作机制成员单位主要负责人的绩效反馈
		针对合作机制成员单位所在省(区、市)党政一把手的绩效反馈

4.2.3 基于AHP的影响因素权重计算

根据AHP进行多准则决策的基本步骤,以及yaahp软件开展层次分析的操作流程,本书按如下次序计算中国西部地区优化合作机制参建陆海新通道影响因素的权重。

第一步:建立层次结构模型。将中国西部地区优化合作机制参建陆海新通道影响因素设定为目标层,然后按照准则层、指标层从高到低的相互关系进行分类,再制作出层次结构表(表4-8),之后,使用yaahp软件绘制层次模型。

第二步:判断矩阵生成。在第一步构建的中国西部地区优化合作机制参建陆海新通道影响因素层次模型基础上,yaahp软件据此进行解析并生成判断矩阵。

第三步:两两比较数据的收集及输入。鉴于本书研究对象为中国西部地区参建国际陆海贸易新通道的合作机制优化,其涉及公共管理、组织行为学和管理学等知识,所以有选择地邀请了相关专家学者参与本次问卷调查。针对被调查对象,有如下要求:一是从事过管理工作,熟悉合作过程中的集体行动逻辑;二是相对熟悉陆海新通道的建设与发展情况;三是大部分应该来自陆海新通道沿线地区,少数专家则至少曾经具备在西部地区工作学习和生活经历;四是被调查对象的职业分布相对均匀。经过严格筛选,最终邀请了15位专家学者参与本次问卷调查,他们中的多数人都具有丰富管理经验和行业背景,如有的具有政府部门工作经验,熟悉政府间的合作实践;有的参与过各种级别的会议筹备和管理工作,并发表了高水平的科研成果;有的所在单位主要负责陆海新通道重大基础设施的设计和建设,个人也比较熟悉项目合作的机制与流程;有的则是国内知名的物流协会的专家和物流通道领域的资深研究员;还有的专家长期关注陆海新通道建设与发展。特别指出的是,这些专家中不少人都担任过部门行政办公室负责人,他们对于组织的体制机制非常了解。至于判断矩阵中数据的收集及录入工作,我们采用了yaahp软件,生成了yaahp专家数据调查问卷,并通过邮件发送给各位专家,待专家填写完成后邮件返回。

第四步:进行矩阵一致性检验的判断。为了尽可能提高收集到的数据的质量,在正式邀请专家填写问卷之前,先对8名研究生进行了分组预调查。第一组2人,是在没有进行任何讲解与培训的情况下,直接安装调查软件并完成问卷填写;第二组3人,是当面进行调查软件使用方法培训后,再安装软件进行现场调查问卷填写;第三组3人,我们不仅当面进行调查软件的使用培训,还详细讲解了判断矩阵中各因素选取的依据,并允许他们另外找时间独立完成问卷。通过此次预调查,不仅对影响因素的指标体系进行了优化,还基本掌握了被邀请专家在安装使用调查软件时,可能遇到的问题,因此在正式调查阶段,针对15位专家的各自知识背景、计算机操作水平、专业素养等方面的差异,采取了如下措施以协助专家填写问卷,确保所输入的数据能够通过矩阵一致性检验:一是通过在线会议,向被调查者演示软件使用方法,解释指标的含义和选取依据,之后由他们独立完成填写;二是编制软件安装和操作说明,同时备注注意事项,供被调查者学习后填写;三是向被调查者全面介绍本课题的研究背景和内容,并现场演示软件使用方法,让他们自主选择时间填写;四是当面协助被调查者安装软件填写问卷,并随时解答他们在填写过程中遇到的疑问。

第五步:计算群决策相对权重。在确认每位专家的调查数据所生成的判断矩阵均已通过一致性检验后,我们利用yaahp软件对专家的结果权重进行加权算术平均处理,得出中国西部地区优化合作机制参建陆海新通道影响因素各层级指标的权重。

4.2.4 评价体系各层次权重计算结果及分析

4.2.4.1 影响因素准则层权重值分析

根据yaahp软件给出的计算结果,整理得到如表4-9所示的中国西部地区优化合作机制参建陆海新通道影响因素准则层权重及其占比。分析可知,在不考虑历史因素的情况下,如果西部地区能够对区域优化合作机制的需求生成、启动实施及绩效评价进行全过程的跟踪与控制,那么西部地区优化合作机制参建陆海新通道的目标将有近九成的把握能够实现。

当然，不容忽视的是，在现实世界中，任何组织或个人的决策与行为都不可避免地会受到历史因素的影响。因此，西部地区的政府、企业及社会民众在共同参建陆海新通道的过程中，不仅需注重当前合作机制的构建与实施，还应积极收集整理区域合作的历史资料，并深入分析和借鉴这些历史经验，以期更加理性、有效地推动区域合作机制的发展。按此逻辑，如果西部地区在优化合作机制参建陆海新通道过程中，在很好地把控区域优化合作机制需求生成、启动实施及绩效评价每个阶段的影响因素的情况下，还能始终将区域合作历史的因素加以考虑和有效利用，那么根据表4-9给出的二级指标各要素权重的累计百分比可以推断，即使西部地区优化合作机制在绩效评价阶段没能有效开展绩效反馈，西部地区优化合作机制参建陆海新通道的目标也有超过八成的机会能够实现。

表4-9　西部地区优化合作机制参建陆海新通道影响因素准则层权重及其占比

准则层要素	子准则层要素	权重	占比/%	累计百分比/%
合作历史（0.1113）	机制成员对待历史的态度	0.0491	4.91	4.91
	机制成员分析借鉴历史经验的能力	0.0622	6.22	11.13
现实需求（0.3426）	地方政府优化合作机制的能力	0.1428	14.28	25.41
	西部所有省（区、市）优化合作机制的共同意愿	0.1998	19.98	45.39
实施过程（0.2390）	西部地区之外的力量	0.0538	5.38	50.77
	西部地区内部的力量	0.1852	18.52	69.29
绩效评价（0.3070）	实施机构的权威性	0.1365	13.65	82.94
	绩效反馈对象的针对性	0.1706	17.06	100.00

注：括号内数值为一级指标的权重。

值得注意的是，从图4-2可以看到，绩效反馈对象的针对性权重占比高达17.06%，位于所有二级指标占比排序中的第三名，这意味着，我们要高度重视西部地区优化合作机制在绩效评价阶段的绩效反馈工作。具体来说，我们要将绩效考核过程中发现的问题及时准确地反馈给合作机制中的联络员、成员单位负责人，乃至西部地区各省（区、市）的党政主要领导，通过这种方式能够有效地督促他们针对问题采取有效的改进措施，及时调整本地区的政策法规或者改变工作作风，以更好的姿态与西部陆海新通道沿线地区开展合作，进而推动陆海新通道的加快建设。进一步分析发现，西部所有省（区、市）优化合作机制的共同意愿权重占比为19.98%，是子准则层要素中指标权重占比最高的。这说明，在面对现有合作机制存在的诸多问题时，首先要考虑的因素应该是如何激发西部所有省（区、市）优化合作机制的共同意愿。一旦共同意愿得以生成，那么接着要关注的是西部地区在优化合作机制方面，以及这种能力能够促成多大范围、多深层次的合作机制优化需求。假若现实需求已经生成，在其他情况保持不变的情况下，首先要利用好西部地区内部的力量推动现有合作机制的调整，因为西部地区之外的力量权重占比相对较低。同时，在推进合作机制调整的过程中，我们应注意开展督促检查和绩效考评工作。但需要强调的是，这一环节首先要注重的核心在于确保绩效反馈对象的针对性，而不是过分强调绩效评价实施机构的权威性，因为后者的权重占比也是相对较低的。

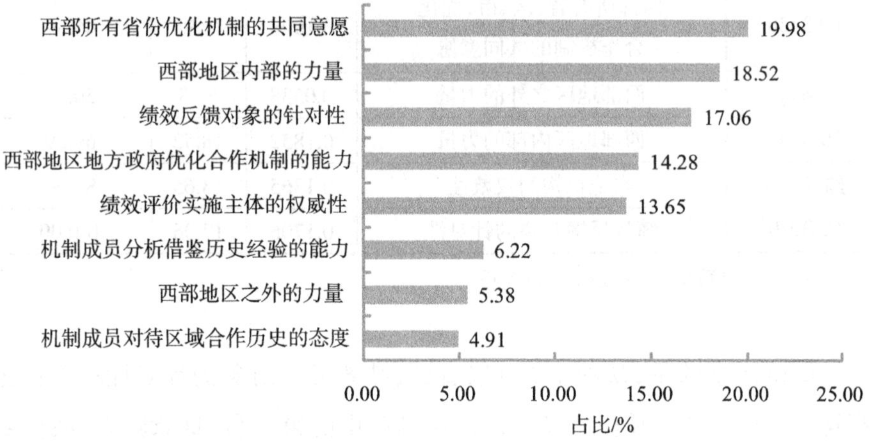

图4-2　西部地区优化合作机制参建陆海新通道影响因素子准则层指标权重占比

4.2.4.2　影响因素指标层各因子权重分析

图4-3给出的是中国西部地区优化合作机制参建陆海新通道影响因素的25个三级指标的权重，从中可以发现，当前影响西部地区优化合作机制的各个要素的相对重要性存在较大差距，即这些要素在推动西部地区优化合作机制参建陆海新通道的作用力大小有较大差异。其中，陆海新通道建设给所有西部省（区、市）带来的机遇，其权重为0.1169，在所有指标中排名第一，这说明加快陆海新通道的建设步伐，将有助于西部地区以更低的物流成本拓宽对外贸易物流渠道，促进地区交通物流与经济的深度融合，进而把握RCEP等发展机遇。因此，陆海新通道建设是推动西部地区优化合作机制的关键因素。这也意味着，针对当前现有合作机制存在的不足，西部地区要想实现通过合作机制的优化促进西部地区通道参建水平的提高，还是要想方设法让所有西部省（区、市）认可和接受陆海新通道建设给大家带来的机遇，然后敦促大家通力合作，不断推动现有合作机制的优化。考虑到区域优化合作机制的过程性且诸多因素在机制调整的过程中相互影响，下面依次分析相关因素在西部地区优化合作机制的合作历史，及其需求生成、启动实施及绩效评价各环节的作用。

（1）西部地区优化合作机制历史因素的各因子权重分析。

从表4-10给出的测评结果可知，西部地区的合作历史的两个二级指标中，机制成员对待区域合作历史的态度单因素权重为0.4412，机制成员分析借鉴历史经验的能力单因素权重为0.5588。这说明影响西部地区优化合作机制参建陆海新通道的历史因素中，现有合作机制中的机制成员分析借鉴历史经验的能力比他们对待区域合作历史的态度更能产生作用。在构成机制成员对待区域合作历史的态度的3个指标中，我们发现合作机制成员单位所在省（区、市）党政一把手对于以往合作经验教训的态度的影响程度最大，单因素权重为0.5723，整体权重在本准则层中占比为25.25%。这说明，合作机制成员所在省（区、市）的党政一把手对待以往合作经验教训的态度，在很大程度上决定了该省（区、市）对区域合作历史态度的整体看法，进而影响历史因素在调整和完善现有合作机制中的作用。

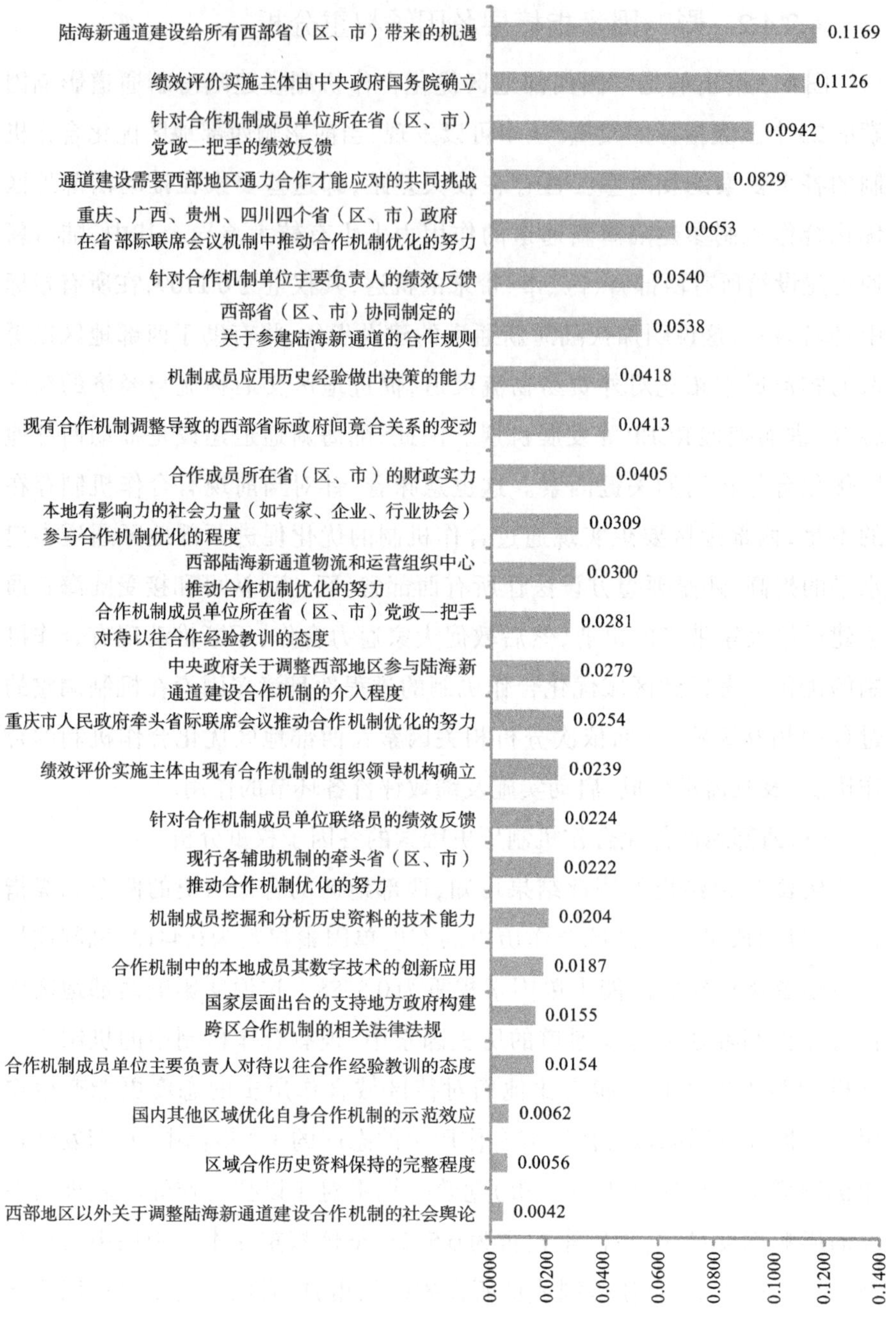

图 4-3　西部地区优化合作机制参建陆海新通道影响因素指标层各因子权重

表4-10　合作历史各因子影响西部地区优化合作机制参建陆海新通道的权重

一级指标（准则层）	二级指标（子准则层）	三级指标（指标层）		
		指标名称	单因素权重	整体权重在本准则层中占比/%
西部地区的合作历史（0.1113）	机制成员对待区域合作历史的态度（0.4412）	区域合作历史资料保存的完整程度	0.1141	5.03
		合作机制成员单位主要负责人对待以往合作经验教训的态度	0.3136	13.84
		合作机制成员单位所在省（区、市）党政一把手对待以往合作经验教训的态度	0.5723	25.25
	机制成员分析借鉴历史经验的能力（0.5588）	机制成员挖掘和分析历史资料的技术能力	0.3280	18.33
		机制成员应用历史经验做出决策的能力	0.6720	37.56

注：括号内的数值为单因素权重，即该指标相对于上一级指标的权重。

在构成机制成员分析借鉴历史经验能力的两个指标中，机制成员挖掘和分析历史资料的技术能力单因素权重为0.3280；机制成员应用历史经验做出决策的能力单因素权重为0.6720，整体权重在本准则层中占比位居第一。这说明对于机制成员分析借鉴历史经验能力的训练，最需要关注的是机制成员应用历史经验做出决策的能力，而不是机制成员挖掘和分析历史资料的技术能力。这是因为现代信息技术不仅能够较为容易地记录和保存合作记录，而且还可以对历史资料进行自动处理，甚至将分析结果可视化呈现，如此一来，那些对历史较为看重，但是分析历史资料技术能力较弱的机制成员，在一定程度上不会受技术能力的限制，反倒是如何将已有的历史经验或教训用于就近的合作决策和行为调整，才是相对需要重视和强化的能力。

综上所述，对于现有合作机制，需要强调那些重视历史并善于利用历史规律用于决策的西部省(区、市)主要领导的作用。他们凭借对历史作用的深刻理解,能够更为敏锐地预见未来趋势,从而未雨绸缪、临危不乱。当然,他们也能够较早地认识到优化合作机制对于推动陆海新通道建设的必要性和紧迫性。此外,在西部地区优化合作机制的实施过程和绩效评价中,西部省(区、市)领导还能从合作机制产生的过程性资料中发现问题,并针对性地采取相应的整改措施。

(2)西部地区优化合作机制的现实需求生成的各因子权重分析。

从表4-11给出的测评结果可知,西部地区优化合作机制的现实需求生成的两个二级指标中,西部所有省(区、市)优化合作机制的共同意愿单因素权重为0.5832,西部地区地方政府优化合作机制的能力单因素权重为0.4168。这说明影响西部地区优化合作机制需求生成的因素中,西部所有省(区、市)优化合作机制的共同意愿比这些地区的地方政府优化合作机制的能力更能产生作用。也就意味着,即便西部地区不少地方政府具备推动合作机制优化的条件和能力,但如果西部地区所有省(区、市)没有达成全员优化合作机制的共识,还是很难形成合理推动合作机制优化的现实需求。当然,在上级权势或者投票机制的作用下,可能使少数服从多数,但这种并非基于全体真心认同的状态去参与陆海新通道建设,很难将现有合作机制调整到最优的状态,更难以实现陆海新通道的高水平建设和高质量运行。

表4-11 现实需求各因子影响西部地区优化合作机制参建陆海新通道的权重

一级指标(准则层)	二级指标(子准则层)	三级指标(指标层)		
		指标名称	单因素权重	整体权重在本准则层中占比/%
西部地区优化合作机制的现实需求(0.3426)	西部所有省(区、市)优化合作机制的共同意愿(0.5832)	陆海新通道建设给所有西部省(区、市)带来的机遇	0.5851	34.12
		陆海新通道建设需要西部地区通力合作才能应对的共同挑战	0.4149	24.20

续表

一级指标（准则层）	二级指标（子准则层）	三级指标（指标层）		
		指标名称	单因素权重	整体权重在本准则层中占比/%
西部地区优化合作机制的现实需求（0.3426）	西部地区地方政府优化区域合作机制的能力（0.4168）	作为地方政府代表，重庆、广西、贵州、四川4个省（区、市）政府在省部际联席会议机制中推动合作机制优化的努力	0.4573	19.06
		重庆市人民政府牵头省际联席会推动合作机制优化的努力	0.1779	7.41
		西部陆海新通道物流和运营组织中心推动合作机制优化的努力	0.2101	8.76
		现行各辅助机制的牵头省（区、市）推动合作机制优化的努力	0.1555	6.48

注：括号内的数值为单因素权重，即该指标相对于上一级指标的权重。

关于构成西部所有省（区、市）优化合作机制的共同意愿的两个指标，陆海新通道建设给所有西部省（区、市）带来的机遇，其单因素权重为0.5851，整体权重在本准则层的6个子指标中排名第一，达到34.12%，这意味着当前陆海新通道建设已成为西部地区拓宽对外贸易物流的渠道，促进了地区交通物流与经济的融合，帮助地区进一步抢抓RCEP发展机遇，推动西部地区更高水平发展，更是加速西部地区优化合作机制参建陆海新通道的最强动力。我们也注意到，陆海新通道建设面临诸多挑战：一是陆海新通道与产业融合水平较低、竞争能力不强；二是陆海新通道沿线省（区、市）利益协调难度大；三是诸如周边国家政局动荡等导致的潜在运输风险。陆海新通道建设需要西部地区通力合作才能应对的共同挑战，其单因素权重为0.4149，整体权重在本准则层所有指标中的占比排名第二，达到了24.20%。这表明目前的这些挑战也能够化为动力，他们能够很好地激发西部地区构建稳健高效的常态化合作机制的意愿。

关于构成地方政府优化合作机制能力的4个指标，省部际联席会议机制中重庆、广西、贵州、四川4个省（区、市）政府推动区域合作机制优化的努力，其单因素权重为0.4573，整体权重在本准则层中占比在所有二级指标中排名第一。这说明要提升西部地区地方政府优化合作机制的能力，目前最应该利用好省部际联席会议这一平台，争取国家支持地方政府优化现有合作机制，并赋予切实的权力或制定专项的政策。重庆市人民政府牵头省际联席会议推动合作机制优化的努力，还有西部陆海新通道物流和运营组织中心推动合作机制优化的努力，这两个因素的单因素权重分别为0.1779、0.2101，两者比较相近。这告诉我们，重庆市人民政府西部陆海新通道物流和运营组织中心在强化西部地区地方政府优化合作机制的能力方面产生的效果几乎一致，原因在于西部陆海新通道物流和运营组织中心由重庆市人民政府设立，且由重庆市人民政府口岸和物流办公室管理，它更多履行的是重庆市人民政府的决策。实在要讲它的单因素权重值为什么稍微大一点，可能的原因是它同时负责省部际联席会议和推进国际陆海贸易新通道建设合作工作机制交办的工作，能够利用国家级平台的名义影响现有合作机制中地方政府优化合作机制的努力程度。至于现行各辅助机制的牵头省（区、市）推动合作机制优化的努力，该指标单因素权重为0.1555，整体权重在本准则层中的占比仅为6.48%。这说明通过西部省（区、市）主办的国家级展会或者跨区合作机制，如果这些机制不是聚焦陆海新通道建设，那么它们对地方政府优化合作机制能力的提升并不能带来非常明显的帮助。

（3）西部地区优化合作机制启动实施的各因子权重分析。

表4-12给出的是影响西部地区优化合作机制启动实施的各因子权重测评结果，从中可知，西部地区之外的力量单因素权重为0.2251，西部地区内部的力量单因素权重为0.7749，这说明西部地区优化合作机制的启动实施，主要依靠的是内因而不是外因。至于两者各自的力量构成，具体分析如下。

表4-12　机制优化实施过程各因子影响西部地区优化合作机制参建陆海新通道的权重

一级指标（准则层）	二级指标（子准则层）	三级指标（指标层）		
		指标名称	单因素权重	整体权重在本准则层中占比/%
西部地区优化合作机制的实施过程（0.2390）	西部地区之外的力量（0.2251）	中央政府关于调整西部地区参与陆海新通道建设合作机制的介入程度	0.5186	11.67
		国家层面出台的支持地方政府构建跨区合作机制的相关法律法规	0.2881	6.49
		西部地区以外关于调整陆海新通道建设合作机制的社会舆论	0.0781	1.76
		国内其他区域优化自身合作机制的示范效应	0.1152	2.59
	西部地区内部的力量（0.7749）	现有合作机制调整导致的西部省际政府间竞合关系的变动	0.2230	17.28
		西部省（区、市）协同制定的关于参建陆海新通道的合作规则	0.2905	22.51
西部地区优化合作机制的实施过程（0.2390）	西部地区内部的力量（0.7749）	合作成员所在省（区、市）的财政实力	0.2187	16.95
		本地有影响力的社会力量（如专家、企业、行业协会）参与合作机制优化的程度	0.1668	12.93
		合作机制中的本地成员其数字技术的创新应用能力	0.1010	7.82

注：括号内的数值为单因素权重，即该指标相对于上一级指标的权重。

首先，关于构成西部地区之外的力量的4个指标，以中央政府关于调整西部地区参与陆海新通道建设合作机制的介入程度的影响程度最大，其单因素权重为0.5186，以国家层面出台的支持地方政府构建跨区合作机制的相关法律法规次之，该指标的单因素权重为0.2881，两者合计达到0.8067，这意味着，针对现有合作机制的不足，中央政府的关注与实质性介入将是促进西部地区优化合作机制参建陆海新通道的最强外部力量。如果在这一基础上，国家层面能够进一步健全完善支持包括西部地区在内的地方政府构建跨区合作机制的相关法律法规，那么西部地区可以忽略掉八成左右的外部力量，将更多精力用于调动内部力量，推进现有合作机制的深度调整与优化。

关于构成西部地区内部力量的5个指标，西部省（区、市）协同制定的关于参建陆海新通道的合作规则单因素权重为0.2905，整体权重在本准则层中占比为22.51%，是启动实施阶段所有影响因素中整体权重最大的一个指标。这告诉我们，影响西部地区优化合作机制启动实施的最重要因素是西部省（区、市）协同制定的关于参建陆海新通道的合作规则。结合前文对该指标分析时所发现的如今规则约束力不强的问题，本书建议西部地区应尽快完善既有的合作规则，并努力赋予其法律约束力，确保所有的机制成员能够依法依规开展工作。最终目标是通过制度的作用提高机制成员合作参建陆海新通道的预见性，实现合作机制运行的法治化。西部省际政府间竞合关系的变动，其单因素权重为0.2230，整体权重在本准则层中占比排名第二，紧跟其后的是合作成员所在省（区、市）的财政实力单因素权重为0.2187，整体权重在本准则层中占比排名第三。两者的重要性之所以如此接近，原因是出于政治业绩考量，各参建省（区、市）会综合考虑现有合作机制调整，对西部省际间竞合关系的影响。因为加快陆海新通道建设，无疑有助于西部地区抢抓机遇实现发展，然而不同省（区、市）所能获得的回报存在差异。如果将政治因素纳入成本收益分析，部分省（区、市）可能选择性冷处理合作机制优化过程中出现的问题。在当前地方财政普遍面临压力的情况下，任何地方政府在推动合作机制调整时都需权衡经济成本和收益。因此，合作成员所在省（区、市）的财政实力成为不可忽视的因素。此外，本地有影响力的社会力量（如专家、企业、行业协会等)参与合作机制优化的程度,虽然单因素权重仅为0.1668,但是其整体权重在本准则层中占比排名第四。这表明在西部地区优化合作机制的启动实施过程中,切不可忽视本地区社会力量的作用,甚至应积极吸引更多有影响力的专家、企业、行业协会参与合作机制的改善与运行。最后,尽管合作机制中地方政府为代表的本地成员在数字技术的创新应用能力方面已经达到较高水平,但其单因素权重值相对较低,这并不意味着可以忽略不计,相反今后还须进一步加快合作机制的数字化建设,以解决合作机制中成员间信息交互共享不充分的问题。

(4)西部地区优化合作机制绩效评价的各因子权重分析。

表4-13给出的是影响西部地区优化合作机制绩效评价各因子权重测评结果,从中可知,绩效评价实施主体的权威公正性单因素权重为0.4446,绩效反馈对象的针对性单因素权重为0.5557。这说明要想通过绩效评价这种手段促进西部地区参建陆海新通道的合作机制优化,首先考虑的是以什么方式才能确保绩效评价实施主体的权威公正,然后再是绩效结果的反馈质量。在绩效评价实施主体权威性的下级指标中,实施主体由人民政府(国务院)确立的单因素权重为0.8249,由现有合作机制的组织领导机构确立的单因素权重为0.1751。这说明当前以政府为主导的合作机制,依靠处于同级的地方政府或者由它们组建的联席会议专门成立一个专项小组开展督促检查和绩效考评,并不具备很强的权威性。原因在于,这种层次的绩效评价机构并不能给考核对象很大的压力,即使存在问责机制,效果也不会非常明显。与之不同,由国务院成立专项工作组对西部地区地方政府参与陆海新通道建设的合作情况开展督促检查和绩效考评,会因其具有支配资源和影响地方官员仕途的能力而更具影响力,加上国家层面成立的绩效考评小组一般专业水平都比较高,这样的绩效评价工作相对来说更客观公正,所以绩效评价实施主体由人民政府(国务院)确立整体权重在准则层中占比为36.68%,是绩效评价环节所有影响因素中整体权重占比最大的,在所有25个指标中,其整体权重在本准则层中的占比排名位居第二。

表4-13　绩效评价各因子影响西部地区优化合作机制参建陆海新通道的权重

一级指标（准则层）	二级指标（子准则层）	三级指标（指标层）		
		指标名称	单因素权重	整体权重在本准则层中占比/%
机制成员优化合作机制的绩效评价（0.3070）	绩效评价实施主体的权威公正性（0.4446）	实施主体由现有合作机制的组织领导机构确立	0.1751	0.0778
		实施主体由中央人民政府（国务院）确立	0.8249	0.3667
	绩效反馈对象的针对性（0.5557）	针对合作机制成员单位联络员的绩效反馈	0.1313	0.0729
		针对合作机制成员单位主要负责人的绩效反馈	0.3165	0.1758
机制成员优化合作机制的绩效评价（0.3070）	绩效反馈对象的针对性（0.5557）	针对合作机制成员单位所在省（区、市）党政一把手的绩效反馈	0.5522	0.3068

注：括号内的数值为单因素权重，即该指标相对于上一级指标的权重。

关于绩效反馈对象针对性的3个指标，根据单因素权重值排序，位居第一名的是针对合作机制成员单位所在省（区、市）党政一把手的绩效反馈（0.5522），第二名为针对合作机制成员单位主要负责人的绩效反馈（0.3165），最后一名是针对合作机制成员单位联络员的绩效反馈（0.1313）。这一结果反映出，鉴于现有合作机制是以政府为主导，且在核心机制中，均不受国家组织法、“三定方案”（即定机构，定编制，定职能）等法律规范的严格约束。这种议事协调机构属于一种弹性组织，其成员及办事机构不占用编制，不计入预算，受到现有法律规范约束相对较少。因此，在西部地区参与合作机制优化的绩效考核工作完成后，应优先向合作机制成员单位所在省（区、市）的党政一把手进行绩效反馈。反馈的内容应重点关注该地区与陆海新通道沿线地区的合作情况、参与陆海新通道建设的机制建设情况，以及绩效评价中发现的问题，以此引起他们的重视，进而通过层层压力传导，促使实际参与协作的相关单位和个人转变工作作风，积极配合完成陆海新通道合作共建机制的调整与优化。

第5章 国内外相关地区优化合作机制参建区域陆海新通道的先进经验及借鉴

5.1 国外相关地区优化合作机制参建区域陆海新通道的做法与经验

5.1.1 美国密西西比河流经地区优化合作机制参建密西西比河运输通道的经验

5.1.1.1 基本情况

密西西比河发源于美国明尼苏达州的艾塔斯卡湖，向南注入墨西哥湾，全长6 262千米，流域面积包含美国的31个州和加拿大的两个省。密西西比河干流长3 950千米，由北向南流经美国明尼苏达、威斯康星、艾奥瓦、伊利诺伊、密苏里、肯塔基、田纳西、阿肯色、密西西比及路易斯安那10个州，在路易斯安那州新奥尔良附近注入墨西哥湾。

密西西比河在未开发前自然状况并不好，上游水深仅0.3米，中游仅1.4米左右，主要支流密苏里河含沙量大，支流俄亥俄河河段浅，自然通航条件较差。为了更好地综合利用密西西比河，早在1879年，美国国会就成立了密西西比河委员会，主要负责研究密西西比河的开发治理规划，制定河道整治和防洪措施并组织实施，并根据流域区段通航水位、通航船队、航道尺度等实施航道标准化和桥梁净空标准化。1928年，美国联邦政府启动"密西西比河及其支流工程计划"，组织流域地区开展大规模综合治理与开发建设。在联邦政府和各州高效有序地协作推动下，密西西比河上游及其4大主要支流全部实现渠道化，下游则重点浚深航道，建成干支流标准统一的深水航道网，使密西西比河干支流水深2.7~3.7米的航道达9 180千米,3.7~4.3米航道达1 370千米,4.3米以上航道达500千米,海轮可直航距河口近400千米航线。同时,开工建设伊利运河,沟通了密西西比河与五大湖两大内河水系;建成田纳西—汤姆别卡运河,开辟了密西西比河水系通往墨西哥湾的航道,形成江河湖海联通、四通八达的水运网,从而大大提高了流域运输能力。整个水系发展成为集航运、防洪、发电、供水、灌溉、娱乐、环保于一体的综合利用水系。与此同时,与密西西比运输通道水路运输体系配套的一系列陆路运输线路也在流域地区的共同努力下持续完善,其中,沿密西西比河流域分布着M-49、M-40、M-55、M-70、M-90等近10条州际高速公路通道,与密西西比河水路共同构成美国南北方向的主要通道。然后,Transcon通道、日落通道、子午线高速公路通道、墨西哥通道等这些东西走向的主要铁路通道,与密西西比河横向交叉,从而形成流域内涵盖水路、铁路、公路的立体交通格局。[1]

得益于流域工程设施的改善和复合交通方式的发展,流域沿岸城市成为物流中心和商品集散地。明尼阿波利斯是世界上最大的现金谷物交易市场,堪萨斯城是世界上最大的谷物和商品贸易市场之一,圣路易斯港口是美国最大和最繁忙的内河港口,新奥尔良港口是美国第二大国际港口。与此同时,流域丰富的农产品资源、矿产资源、水能资源与综合交通运输方式结合,流域地区制造业加快发展。经过200多年的开发建设,密西西比河流域已发展成为食品、钢铁、电力、机械、汽车等美国最重要的工业聚集带,并形成沿岸10个州各具区域特色的产业布局。聚集各类生产要素的城市也迅速发展起来,密西西比河流域成为发达的"点—轴"经济带和城市密集带。例如,俄亥俄河沿岸的匹兹堡,在公元1800年时,还是一个只有1 500多人口的小城镇,随着流域矿产资源开发和制造业的发展,到19世纪20年代已发展成为美国的造船中心,现进一步发展成为美国的"钢都"和第二大机电工业中心。在密西西比河干流上,新奥尔良发展成美国第二大港口城市,圣路易斯汽车制造业仅次于底特律居美国第二位,是美

[1] 王超,郭婷.京津冀交通一体化体制机制建设的国际经验及对策研究[J].交通运输部管理干部学院学报,2021,31(4):29-33.

国最大内河港口城市。据统计,目前美国人口超过10万的150座城市中,有131座位于大江大河边,其中大部分分布在密西西比河水系周边。[1]此外,密西西比河流域的自然生态和优美环境使其成为旅游胜地,每年外国游客消费大约26亿美元,提供5.3万个就业岗位。[2]

5.1.1.2 主要经验

(1)重视且持续完善地区合作的法治环境。

美国是联邦制国家,实行的是地方自治,因此美国地方政府官员的政治生命与地方经济社会发展水平紧密相连,其必然使地方政府为了获得选民认可,想尽办法在促进地区经济社会发展的同时,无法避免地要开展与其他地区政府间的竞争与合作。例如,"20世纪60—70年代财政联邦主义的飞速发展和随后在80—90年代的收缩,美国各州和地方政府就在争取联邦拨款上展开了你死我活的竞争。"[3],甚至于"地方政府之间,彼此把对方当作'假想的敌人'和竞争对手"。[4]各州还运用宪法赋予的合法权利及宪法条款的不明确性,相互设置市场壁垒,争夺各种资源,制定针对其他州的报复和反报复法令[5],如在交通运输领域,20世纪20—30年代美国汽车运输业的发展使铁路失去大批客源和货源,铁路公司就通过各种渠道向各州立法机关施加压力,不得已情况下,美国许多州利用拥有相对独立的立法和司法权力,通过立法规定本州公路的卡车载重和尺寸标准,筑起了本州的运输壁垒,阻塞了原本畅通的公路交通。

针对体制原因造成的地方政府关系双重性,美国政府就特别重视营造良好的法制环境,以促进密西西比河流经地区政府间的合作,推动密西西比河运输通道建设。

---

[1] 郭濂,李志伟.长江经济带发展的理论支撑与国际借鉴[J].开发性金融研究,2015,3(3):47-54.

[2] 刘有明.流域经济区产业发展模式比较研究[J].学术研究,2011(3):83-88.

[3] 尼古拉斯.亨利.公共行政与公共事务[M].北京:华夏出版社,2002.

[4] 郑贤君.地方制度论[M].北京:首都师范大学出版社,2001:198.

[5] 郑迎平.美国是如何处理各州之间关系的[J].经济研究参考,1998(18):28-36.

首先,恪守宪法原则和尊崇法治精神。密西西比河流经地区各州之间所建立的协作关系,始终都要坚持美国宪法确立的处理州际关系的基本原则:各州在法律上平等;对于其他州的公共法令、记录和司法诉讼程序应给予充分的信任和尊重;各州的公民均应享受其他州公民所能享受的一切特权和豁免权等。同时,密西西比河流经地区所有州际的协议、合作组织也都要基于"法治精神",依从一定的法律程序,借助各种法律手段发挥作用。假若密西西比河流经地区各当事方要谋取自己的利益,必须从各自法定权力与职责出发,即使某些州际壁垒也有其法律依据,也能够通过法律的手段来推倒它。❶

其次,重视立法和执法,为地区合作推动流域开发与管理提供法治基础。一是以交通法案形式确定交通发展的方向和重点,美国早在19世纪40年代就制订了《联邦公路法》,各州根据联邦政府、公路法案的有关规定和要求,再结合本州的实际,制订全州的交通建设短、中、长期计划。❷2014年发布成长法案,以法案形式确定2014—2018年的交通投资和发展重点,也为各州和地方政府提供了明确的需求和保障,保障各州和地方政府能有效规划和开展项目建设。法案倡议跨部门之间应提前沟通,提高协同合作效率,而不是连续地进行项目审查,并要求把时间进程上网公布,体现项目审查过程的透明度。仿照美国教育部的"力争上游"计划,在巩固和促进地面交通项目(简称FAST)中为在运输项目中采取创新措施和最佳实践的州、部落和MPOs提供激励。二是于1933年批准成立密西西比河流域管理局,对密西西比河流域开发与管理进行全方位布局,流域规划内容主要包括航道改善、洪水控制、电力发展、沿岸土地利用、沿岸水土保护以及促进流域内人们生活水平的提高等方面。三是早在1820年,美国国会就开始讨论发展内河航运的法令。之后通过了多项法律法规,使水资源、水利、水电、水运工程建设与管理均有法可依,保障了内河开发有序进行。例如,在《清洁水法》的影响下,密西西比河沿岸主要州开展了水质

❶ 郑迎平. 美国是如何处理各州之间关系的[J]. 经济研究参考,1998(18):28-36.

❷ 李希元. 美国现代立体交通体系的调研及对中国交通发展的启示[C]//盛世岁月——祝贺孙钧院士八秩华诞论文选集,2006:894-912.

管理的协同合作。这些合作取得了显著成功，但也遇到投入资金有限、共享水域的监管优先权混乱，以及监测大型州际河流水质的技术标准不统一等问题。[1]美国国会认识到需要构建更系统的州—州、州—联邦之间的合作机制来改善水质管理，于1965年通过了《水资源规划法》。根据该法案，美国各地成立了几个流域组织（如密西西比河上游流域协会等），还确定河流流域委员会的职责是协调联邦与州、州与州、地方政府与非政府机构间的规划；确定的水资源理事会成员包括内政部长、农业部长、陆军部长、商务部部长、住房和城市发展部长、运输部长、环境保护局负责人、联邦能源管制委员会主席，理事会主席由总统任命；确定授权水资源理事会对各州水资源综合规划工作给予财政补助，水资源理事会负责审议资金的分配原则和各州水资源工作计划及有关的拨款。

第三，在处理州际关系中注重行使国会优先权。为确保全国的自由贸易不被各州种种贸易限制和障碍所破坏，国会有必要超越各州彼此对立和矛盾的法令，在全国范围内执行统一法律，规范市场。1887年，美国国会通过了《州际商务法》，1890年通过《谢尔曼反托拉斯法》，此外国会还颁布法令统一了全国铁路的安全规则。针对一些州制定的卡车载重和尺寸标准不统一的情况，1982年，美国国会通过《地面交通支持法》，适用于州际高速公路和联邦政府援建的高速公路上运行的车辆，其法律效力位于各州有关卡车尺寸和载重的规定之上。20世纪70年代和80年代初，美国国会还决定州际间取消所有对航空、汽车客货运输的经济管制，并相应出台《航空解除管制法》（1978年）、《汽车运送法》（1980年）、《公共汽车管理改革法》（1982年）。这些措施有效地消除了州际贸易障碍，保护了全国市场规则的统一性。

（2）不断创新和运用众多正式和非正式制度处理地区合作关系。

美国州际合作的形式和方法通常包括州际协议、协定和各类合作委员

---

[1] Committee on the Mississippi River and the Clean Water Act, National Research Council. Mississippi river water quality and the clean water act: Progress, challenges, and opportunities?Paperback[M]. Washington, D.C: National Academies Press, 2008: 198.

会、协会，而处理州际关系中的贸易壁垒则一般通过互惠条款[1]、国会优先权和司法裁定。美国密西西比河沿线地区在处理州际关系时也不例外，当地政府间围绕跨区公共物品的供给而形成合作网络，归纳起来就是不断创新和运用众多正式和非正式制度处理地区合作关系。

在正式制度方面，州际间签订具有约束性的法律协定和行政协议（如政府间服务合同、联合服务协定、政府间服务转移）处理州际关系，用于在发生矛盾或需要合作时各州之间的自我协调。相应各州之间则可以据此形成一种正式的和稳定的州际合作。契约的内容涉及州际商品贸易的互惠条款，一些大型州际项目的建设与管理（如共同建设跨州大桥、隧道、水利工程，合作管理、开发共有的自然资源等），以及具有超越本州利益的项目建设。例如，在跨地区的水污染治理方面，美国水污染问题也经常会产生跨组织的协调结构以协调政府机构、企业及那些对污染物和污染物的排放负责的组织之间的多样化网络。在这个领域中发展起来的协调结构是复杂的组织间协调结构体系，如《俄亥俄河水治理协定》就是在8个州之间（它们都受到俄亥俄河流域污染的影响）达成协议的结果，这个跨政府间组织由一个27人组成的委员会领导，其预算通过各成员议会的拨款获得，这一协定下产生的执行局在实施委员会政策和环境保护规制时充当了协调单位。在对付自然灾害方面，州际互助协定使各州得以联手抵御森林大火、风暴洪水等灾害，防灾抗灾能力大大加强。例如，马萨诸塞州和新罕布什尔州通过协议联合成立了梅尔马克峡谷水控制委员会，负责在新罕布什尔州内建设一项抗洪工程，该州由此而损失的税收收入则由马萨诸塞州予以补偿。在合理有效地利用资源方面，1922年的科罗拉多河协议的签署解决了沿河各州在河水资源分配上由来已久的矛盾。《康涅狄格大西洋大马哈鱼协议》生效后，大马哈鱼在回游故乡产卵的四五年漫

---

[1] 根据州际间签订的互惠条款，假定一个州扩大它的 豁免权和放松限制，别的州也将对等提供。这种互惠建立在相互礼让的基础上，体现宪法精神与社会经济发展要求的和谐统一。互惠运动随着20世纪20年代汽车工业的发展而高涨。1931年，在印第安纳州召开的机动车互惠会议，1933年的公共汽车和卡车互惠会议 都是为了增强注册车辆在外州的适用性。基于相互尊重的原则，每个州都同意承认在其他州的有效车辆注册和有效驾照在本州同样有效。

长旅程中，再也不用担心沿途各州的层层包围了。在公共设施建设方面，由于在州际基础设施协议中明确了各自的权利和义务，提高了各州共同建设大桥、隧道等设施的积极性。

相较于法律协议和正式的行政协定，一些口头的、习惯的非正式协定也被用于协调美国密西西比沿线地区的地方政府关系。此外，法律协议和行政协定的共同的不足之处是比较被动，只是就事论事地处理出现的具体问题，而州际合作组织则起到了它们所起不到的增加联系，建立信任，未雨绸缪、化解矛盾，在更大范围内促进州际合作的作用，所以1892年成立了统一州法律委员会，最初有7个州派代表参加了统一州法律全国会议，旨在通过起草统一项法律，消除州际法律障碍，并促使各州立法机关接受。到1912年，包括阿拉斯加在内的各州都派代表参加了该委员会。每个州由州长任命至少3名委员，他们具有双重职责：一是起草统一法，二是说服各自议会批准。该委员会先后起草了170多项统一标准法，供各州立法机关选用或按此制定相同的法律。

(3)围绕专项工作建立务实的协作机制。

密西西比河未开发前的自然通航条件并不好，有时还会发生较为严重的洪涝灾害，极大地影响着流域地区的经济发展。为了更好地综合利用密西西比河，联邦政府及密西西比河流经的各州之间组建了各种类型的机构和合作组织，并在发展过程中针对密西西比河运输通道出现的新问题及时调整和完善相应的合作机制，推动密西西比河运输通道的建设与发展。

在联邦政府层面，1879年美国国会设立密西西比河委员会[1]，作为密西西比河流域集中统一的防洪管理机构，主要任务是制订改善密西西比河环境的计划，培育航道，促进商业活动以及防止破坏性的洪水。1928

[1] 1879年6月成立的密西西比河委员会(Mississippi River Commission，MRC)，每个成员由美国总统提名，由参议院审查。MRC主要负责研究密西西比河的开发治理规划，制定河道整治和防洪措施并组织实施，并根据流域区段通航水位、通航船队、航道尺度等实施航道标准化和桥梁净空标准化。MRC的总部设在维克斯堡，主要提供水资源工程管理方向和政策建议，负责规划和报告密西西比河的改进情况，所管理区域的面积占美国国土面积的41%，并经过加拿大的两个省。

年,美国联邦政府启动“密西西比河及其支流工程计划”,由负责全国的防洪和航道整治管理的陆军部工程师团组织流域地区开展大规模综合治理与开发建设。

在州际合作方面,1935年美国出现了第一个州际合作委员会,之后密西西比河流经地区也建立了密西西比河上游流域协会、密西西比河下游保护委员会等类似的委员会作为运输通道管理的协调机构。根据1928年制定的《防洪法》,州际合作协会的主要功能是建立固定的沟通渠道,提供各种信息,增进了解。因此,上述协调机构专门负责收集信息、召集地区性会议,加深了各州之间的了解与沟通,就有关重大州际问题进行协商讨论,同时促使州际合作纳入各州政府和州议会的议事日程之中。州政府官员之间成立的地区性协会也是州际合作的重要桥梁,如1961年成立的州际水污染管理协会,旨在“互相提供技术帮助和管理信息,加强各州间的合作”。

在联邦政府与州政府和地方政府合作方面,随着人们对20世纪80年代出现的基于流域水质协同管理“生态系统伙伴关系”方法的持续关注,联邦政府部门在大型河流系统水质保护和恢复、改善州际合作、协调水质标准、监测和控制等方面,发挥了更大的作用。20世纪80—90年代,美国环保局开始在流域内协调各利益相关方力量以解决最突出的环境问题。1996年,美国环保局颁布了《流域保护方法框架》,通过跨学科、跨部门联合,加强社区之间、流域之间的合作来治理水污染。1997年,建立了密西西比河墨西哥湾流域富养工作队,目的是评估和寻求缓解墨西哥湾北部富养、低氧水质的方案。该工作队由美国环境保护署(U. S. Environmental Protection Agency,EPA)牵头,参与部门包括农业部、内政部、商务部、陆军工程兵团和12个州的环保农业部门。[1]工作队在美国环境保护署的领导或协助下,组织各州、各区域办事处、各州际组织和非政府组织,对流域实

[1] 这是一个密西西比河流域跨部门、跨地区水质协同治理最为著名的机构,参与工作队的成员包括EPA、美国环境质量委员会、美国国家海洋和大气管理局、美国陆军工程兵团、美国农业部自然资源保护局、美国司法部、美国内政部、美国鱼类和野生动物管理局、美国地质调查局、白宫科技政策办公室10个联邦政府部门,密西西比河上游次流域低氧富养委员会、密西西比河下游海湾低氧次流域委员会、俄亥俄河谷水卫生委员会3个区域组织,以及37个地方政府部门。

施最大日负荷总量计划、检查水质标准、执行水质监测等事项开展联合行动。

综上所述，密西西比河流域各州均认识到，签署协同治理协议，建立务实的协作机制，对促成一致行动具有重要作用。密西西比河流域生态系统复杂，EPA、其他联邦政府部门以及流域内各州，做了很多有针对性的协同工作，也取得了一定的成效，其富营养化、泥沙沉积不均、洪水灾害频发、流域规划不协调、管理政策不统一等问题得到很大缓解。密西西比河流域内成立了多个州际委员会，使所有成员能统一步调、一致行动，通过沟通协作，强化伙伴关系，鼓励流域管理创新创造，各州取得了远远超过各自单独行动的成果。[1]

(4)综合运用多元治理机制协调州、地方政府间关系。

在美国联邦体制下，并存着3个层级的政府，由上到下依次是中央政府、州政府和地方政府(表5-1)。然而，基于既定的体制和制度，围绕密西西比河运输通道的建设与发展，在协调政府关系的实践中，密西西比河流域地区间已经形成了综合运用科层制、市场机制和组织间网络机制的多元治理模式，并且取得了较为理想的流域协同治理效果。

表5-1　美国的政府层级与主要职能

层级	形式	数量/个	主要职能
中央政府	联邦	1	国土安全、货币、军事、外交、社会福利、贸易管理、征税等
州政府	州	50	教育、社会福利、基础设施、征税、监督地方政府等
地方政府	郡	3 031	一般功能地方政府，根据州法律规定，负责提供辖区内不属于任何市镇的区域基本公共服务，征税
	市	19 519	一般功能地方政府，根据州法律规定，管理辖区内事务，提供基本公共服务，征税
	镇	16 360	
	学区	12 880	负责提供义务教育及相关服务

[1] Committee on the Mississippi River and the Clean Water Act, National Research Council. Mississippi river water quality and the clean water act: Progress, challenges, and opportunities?Paperback[M]. Washington, D. C: National Academies Press, 2008: 210.

续表

层级	形式	数量/个	主要职能
地方政府	特区	38 266	特殊功能,如军事供水
总和		90 107	—

注:参考汪菁.美国政府间关系的历史演变与“财政联邦制”问题的探讨[J].中共杭州市委党校学报,2014(5):24-29的研究整理。

首先,在科层制的运用方面,由于整个密西西比河运输通道既有水路运输体系,也有一系列配套的陆路运输线路,整条通道呈现水路、铁路、公路交互的立体交通格局,所以按照美国交通运输综合管理体制,密西西比河运输通道属于典型的中央政府和地方政府分级管理,表现在美国运输部统一管理规划全国范围内的交通运输发展,针对航空、水路、铁路等各种运输方式设置专业管理机构,分别管理不同的专业运输领域,并在各大区设置办事机构,与地方政府联系。然后,密西西比河流域内各州根据本地的实际情况,制定相应的交通运输管理办法,只不过各州必须遵循联邦政府制定的给各州的规定,组织必要的交通运输机构来负责执行相关管理任务。在通道物流管理领域,联邦层次的管理机构主要有各种管制委员会,其中州际商务委员会负责铁路、公路和内河运输的合理运用与协调,联邦海运委员会负责国内沿海和远洋运输,联邦能源委员会负责州际石油和天然气管道运输,而联邦法院则负责宪法及运输管制法律的解释、执行、判决和复查各管制委员会的决定,各有关行政部门,如交通部、商务部、能源部和国防部等负责运输管理的有关行政事务。立法机构是总的运输政策颁布者、各管制机构的设立和授权者,它们和州级相应机构一起,构成美国全国物流市场的管理机构体系。[1]

在市场机制的运行方面,由于美国已经建立起比较完善的市场经济体制机制,在推动密西西比河运输通道建设与发展时,联邦政府和流域地方政府更多时候只需行使行业管理职能,流域范围内地区间的经济合作,主要还是依靠市场机制发挥作用,促使企业、政府还有社会民众根据自身约

[1] 郑莉.发达国家现代物流管理特点及借鉴[J].甘肃科技,2012,28(4):94-95,79.

束条件进行贸易往来和开展投资活动。例如，联邦和流域地区的交通管理部门主要职能是创造良好的市场竞争环境及维护公平竞争，仅是对市场行为进行引导、监督和协调，而不直接管理交通企业，干预交通企业的经营行为。[1]

在组织间网络机制的运用方面，在当代美国的治理实践中，它是一种既非市场机制也非科层制，而是居于两者之间的一种新型的“网络化机制”[2]。在协调密西西比河运输通道沿线的州政府、地方政府间关系时，首先，在体制上各州之间属于横向的平等关系，政府间合作关系的建立是因为任何单一地方政府由于自身资源和财力等的不足，越来越难以应对密西西比河运输通道跨行业、跨区域运转带来的复杂公共事务管理和公共物品供给的问题。然后，流域地区通过签订具有约束性的法律协定和行政协议，成立密西西比河上游流域协会、密西西比河下游保护委员会等类似的委员会作为运输通道管理的协调机构。还有的地方政府，开展地方政府间的友邻治理运动，用于调节地区间合作关系，协作处理流域范围内的污水处理、废物排放、公共交通等跨域公共事务问题。这些友邻治理运动的3个实践产物是友邻公司、友邻协会和居民社区协会，它们在地方政府的辖区内充当院外活动集团和政府的角色，并在这两个方面工作得卓有成效。其中，友邻公司是非营利性组织，州政府颁发执照，并由城市居民为特定城市地区的公共利益进行管理。友邻协会从联邦政府那里得到部分启动资金，是公民的志愿组织，其宗旨是以自己的方式改善社区生活，但与友邻公司不同的是，友邻协会没有州政府颁发的执照，大多数友邻协会关注的是规划和发展、住房、高速公路建设、种族关系、税收和教育问题。居民社区协会则是依照地方房地产合同法运作的私营房东组织，一般由其成员选举一个决策机构，缴纳一定的费用，并进行一些公共的商业活动，如土地管理。当然，作为密西西比河运输通道组织间网络的构成部分，物流管理协会也发挥着重要的网络连接作用，如美国物流管理协会

---

[1] 张静丽．大部制下交通运输行政管理体制改革研究[D]．长安大学，2015.

[2] 张紧跟．当代美国地方政府间关系协调的实践及其启示[J]．公共管理学报，2005(1)：24-28，83-92.

除促进物流业界的联络、合作和开展物流研究之外，还进行物流人才培训，协会的物流理论研究与物流实践结合紧密，直接为企业设计物流方案，为企业提供可操作性的研究成果，为企业提高效益服务。在国家层面，成立美国政府间关系咨询委员会，目的是解决政府间问题，协调政府间关系。该委员会由26名成员[3名普通公民，他们没有明显的党派倾向，3名联邦行政部门人员，3名参议院参议员（其中1人是少数党成员），3名众议院议员（其中1人是少数党成员），4名州长（每个政党各两名），4名市长（每个政党各两名），3名州议员（其中两名来自总统所在政党），3名县官员（其中两名来自总统所在政党）]组成。该委员会的大部分经费是由国会拨款，其独立于国会和联邦政府的行政部门。[1]

5.1.2 日本东海道新干线沿线地区优化合作机制参建东海道新干线运输通道的经验

5.1.2.1 基本情况

东海道新干线开通于1964年10月1日，是世界第一条高速铁路，连接着日本东京都的东京站与大阪府的新大阪站，沿途经过东京都、神奈川县、静冈县、爱知县、岐阜县、滋贺县、京都府、大阪府8个府（县）（表5-2）。在日本集中、统一的交通运输管理体制下，日本东海道新干线沿线地区根据《日本国宪法》《地方自治法》《地方行政联络会议法》等法律规定，通过事务委托、设立部分事务组合、设立协议会、共同设立相关机构、签订联合协约和事务待执行等多种合作机制来处理东海道新干线运输通道建设与发展中发生的诸多跨区域行政事务。经过多年发展，东海道新干线与沿途地区内的民营铁路线、高速公路、地方公路、城市地铁、轻轨及民航、海运互联互通，综合形成了当前连通着东京都市圈、大阪都市圈和名古屋都市圈的区域交通运输大通道。同时，东海道新干线与沿线地区的经济融合也有显著的成效，成为高速铁路建设与城市融合发展的全球典范。单

[1] 刘春颖．美国政府间关系咨询委员会的形式、成就及影响研究[J]．现代商贸工业，2019，40（12）：154-155.

就东海道新干线建设投资过程看，东海道新干线建设总投资达3 800亿日元，大量建筑材料和工程材料的购买，带动了沿线地区土木建筑、原材料、机械制造等相关产业的发展，以及创造了许多劳动机会。按照“乘数效果”估计，据原日本经济企划厅的3种模型的测算，公共投资的乘数效果为2.18~2.33倍，东海道新干线建设所带来的乘数效果至少可达到8 300亿日元，直接推动了沿线地区国民经济的持续高速增长。[1]同时，由于东海道新干线及由其发展起来的区域高速交通体系的存在，使其沿线地区，尤其是高铁车站所在城市的人口和活动有了显著变化，带来了该区域房地产和商业的蓬勃发展，加速和扩大了信息、知识和技术的传播，也极大带动了东海道新干线沿线地区的经济发展。

表5-2　东海道新干线运输通道途经地区及沿途站点

途经地区		中文站名	换乘
东京都	千代田区	东京站	东日本旅客铁道：东北新干线、上越新干线、北陆新干线、中央线、山手线、京滨东北线、东海道本线、东北本线、高崎线、常磐线、横须贺线、总武线、京叶线
			东京地下铁：东京地下铁丸之内线
	港区	品川站	东日本旅客铁道：山手线、京滨东北线、东海道本线、东北本线、高崎线、常磐线、横须贺线
			京滨急行电铁：京急本线
神奈川县	横滨市港北区	新横滨站	东日本旅客铁道：横滨线
			横滨市营地下铁：蓝线
	小田原市	小田原站	东日本旅客铁道：东海道本线
			小田急电铁：小田原线
			伊豆箱根铁道：大雄山线
			箱根登山铁道：箱根登山铁道线
静冈县	热海市	热海站	东日本旅客铁道：东海道本线、伊东线
			东海旅客铁道：东海道本线

[1] 佚名. 日本新干线的经济带动作用[N]. 中国城乡金融报，2011-09-23(B01).

续表

途经地区		中文站名	换乘
静冈县	三岛市	三岛站	东海旅客铁道:东海道本线
			伊豆箱根铁道:骏豆线
	富士市	新富士站	*
	静冈市葵区	静冈站	东海旅客铁道:东海道本线
			静冈铁道:静冈清水线(新静冈站)
	挂川市	挂川站	东海旅客铁道:东海道本线
			天龙滨名湖铁道:天龙滨名湖线
	滨松市中区	滨松站	东海旅客铁道:东海道本线
			远州铁道:远州铁道线
爱知县	丰桥市	丰桥站	东海旅客铁道:东海道本线、饭田线
			名古屋铁道:名古屋本线
			丰桥铁道:东田本线、渥美线
	安城市	三河安城站	东海旅客铁道:东海道本线
	名古屋市中村区	名古屋站	东海旅客铁道:东海道本线、中央本线、关西本线
			名古屋临海高速铁道:西名古屋港线(青波线)
			名古屋市营地下铁:东山线、樱通线
			名古屋铁道:名古屋本线
			近畿日本铁道:名古屋线
岐阜县	羽岛市	岐阜羽岛站	名古屋铁道:羽岛线
滋贺县	米原市	米原站	东海旅客铁道:东海道本线
			西日本旅客铁道:东海道本线、北陆本线
			近江铁道:本线
	栗东市	(栗东号志站)	*
京都府	京都市下京区	京都站	西日本旅客铁道:东海道本线、湖西线、山阴本线、奈良线
			近畿日本铁道:京都线
			京都市营地下铁乌丸线
大阪府	摄津市	(鸟饲信号场)	*

续表

途经地区		中文站名	换乘
大阪府	大阪市淀川区	新大阪站	西日本旅客铁道：山阳新干线、东海道本线、大阪东线
			大阪市高速电气轨道：御堂筋线

"*"表示该站没有可换成线路。

5.1.2.2 主要经验

(1)在中央地方关系调适过程中依法构建多种形式的跨区域协调机制。

日本属于君主立宪政体，是实行地方自治制度的单一制国家[1]，其政府机构分为中央、都道府县和市町村三级，其中后两级政府在法律上被称为"普通地方公共团体"，依法拥有自治立法权、自治行政权与自治财政权并负责实施团体自治和居民自治。[2]然而，囿于单一制的国家结构，还有现实环境中由于经济萎靡所导致的地方税收锐减和巨额公共债务的偿还压力，以及日本民众日益高涨的安全又舒心的公共服务需求，离不开中央支持的日本地方政府一直未能实现真正意义上的地方自治。不过，日本地方分权改革一直没有停止，始终在推动中央地方关系从"上下、主从"向相对"对等、协作"的方向努力。在这个过程中，随着2000年日本出台"地方分权一揽子法案"，以及新修订的《地方自治法》，日本中央政府与地方政府职责更加明确，地方政府在地区行政上，广泛地承担了自主地、综合地实施的职能[3]，还能够以平等身份与中央政府签订法律契约，同时负责实施"法定受托事务"[4]。

在上述中央地方关系调适过程中，东海道新干线及由其发展起来的跨地区交通运输体系作为一种面向社会的公共产品，单独依靠地方政府无

❶ 单一制是指由若干行政区域构成的具有单一主权的国家结构形式。

❷ 俞祖成. 日本政府购买服务制度及启示[J]. 国家行政学院学报，2016，100(1)：73-77.

❸ 干保柱，刘笑非. 日本地方分权改革与中央地方关系调适[J]. 世界经济与政治论坛，2017，322(3)：44-61.

❹ 俞祖成. 日本政府购买服务制度及启示[J]. 国家行政学院学报，2016，100(1)：73-77.

法承担这种跨区域的公共基础设施重大投资建设项目，所以对于东海道新干线运输通道的建设，可以看到既有日本中央政府统筹推动，也有通道沿线地区依据《地方自治法》，采取事务委托、设立部分事务组合、设立协议会、共同设立相关机构、签订联合协约和事务待执行等形式（表5-3），构建跨区域行政机构及其协调机制来加强合作，推动着东海道新干线及由其进一步发展而来的区域综合运输通道可持续健康发展。例如，东海道新干线沿线的日本首都圈建设，在制度设计中，从最初的首都建设委员会到首都圈整备委员会，再到委员会权限收回到国土交通省，整个发展过程中，首都圈这一跨行政区域的规划和东京周边城市的交通设施建设始终没有脱离中央的管辖。❶此外，根据《大都市周围跨区域行政圈振兴整备措施纲要》，在中央政府推动下，东海道新干线沿线的东京、大阪、名古屋等城市纷纷加速形成人口与产业聚集的东京都市圈、大阪都市圈和名古屋都市圈，然后这些地方政府通过建立跨区域行政圈，设立协议会等形式来处理跨区域行政。按照《广域市村町圈振兴整备措施纲要》，一些地方政府在处理地区间的道路建设、消防和环卫等行政事务方面开展了跨区域合作。❷

表5-3　日本广域行政组织机构汇总

是否具备法人格	组织机构名称	概要和特点
不具备法人格	部分事务组合	地方自治体为共同处理部分行政事务而设置的特殊地方公共团体。其中“复合型部分事务组合”是其特殊形式（1974年《地方自治法》修改后创设）
	广域联合	地方自治体为制定、协调和实施广域行政区域的综合事务和规划而设置的特殊地方公共团体。可以由国家和都道府县直接授予其具体事务的权限

❶ 杨官鹏．日本跨行政区域组织机构管理经验及其对长三角一体化发展的启示[J]．云南行政学院学报，2020，22(2)：135-143.

❷ 傅钧文．日本跨区域行政协调制度安排及其启示[J]．日本学刊，2005(5)：23-36.

续表

是否具备法人格	组织机构名称	概要和特点
不具备法人格	全部事务组合（已废止）	町村为共同处理全部行政事务而设立的特殊地方公共团体，实质上等同于自治体（町村）的合并
	役场事务组合（已废止）	町村为共同处理执行机关的全部事务而设立的特殊地方公共团体
具备法人格	地方开发事业团	地方自治体为共同开展跨区域的大型工程和建设而设置的特殊地方公共团体。其共同处理的事务一般仅限定在基础设施建设及工程用地取得的事项范围内。1963年《地方自治法》修改创设，2011年《地方自治法》修改删除后不再新设该机构
	协议会	地方自治体为共同管理执行、联络协调、制定规划而建立的制度
	共同设置机关和职员	多个地方自治体共同设置的委员会、委员或附属机关
	事务委托	地方自治体将其部分具体事务事项的管理执行委托给其他地方自治体。被委托方在被委托事务范围内拥有全部管理和执行权限
	联合协约	地方自治体为就共同处理事务而制定基本方针和划分职能签订联合协约。2014年《地方自治法》修改后创设
	事务的代执行	地方自治体将部分事务交付其他地方自治体的长官，以原地方自治体名义管理和执行。2014年《地方自治法》修改后创设

注：参考杨官鹏.日本跨行政区域组织机构管理经验及其对长三角一体化发展的启示[J].云南行政学院学报，2020，22(2)：135-143的研究整理得到。

（2）在中央行政管理机构持续改革中始终坚持地方与中央的协作。

日本是一个群岛国家，四面环海，国土狭长，资源贫乏，人口密度大。在制定国土、交通、建设等规划中，特别注重对经济结构和产业结构进行科学合理地布局，以及强调集约高效地利用有限的资源、能源。在交通运输领域,1943年之前,日本交通运输行政管理职能分散,政出多门,缺乏整体层面上的统筹协调部门,多种运输方式之间也缺乏有机联系和协调发展。为提高中央层面对不同运输方式宏观管理和调控决策的效率与质量,1943年日本开始成立运输通信省,之后在1945年改组为运输省,旨在加强中央对交通运输的集中管理。经过战后的经济恢复,日本交通运输业得到快速发展,1955年在制定国家规划时,直接提出"综合交通体系"概念,这不仅指明了日本今后发展"大交通"的方向和重点,同时也对其交通运输行政管理体制的改革提出了新的要求。1955—2001年,为强化各种交通运输方式及其管理部门间的综合协调,日本的交通运输管理体制又进行过多次内部调整,但是总体框架基本不变。2001年,在政府机构改革中,为克服政府管理中长期存在的各自"割据"格局和部门之间协调不力的局面,日本将其中央政府原有的运输省、国土资源开发厅、北海道开发厅与建设省合并,新成立了一个主管交通运输的中央部门——国土交通省,该机构在统揽全国国土整治开发和利用、交通、住宅、水利、建筑及气象、旅游等多项政府管理职能的同时,也在不断强化对其国内公路、铁路、水运、民航、管道等运输方式进行统一协调管理。不过,本次机构改革属于突变式改革,容易产生很多问题,如改革后所需要的配套政策,监督措施很难短期内完善。❶

在上述中央层面交通运输行政管理机构持续改革进程中,东海道新干线沿线地区地方政府为发展本地区交通运输事业,自1956年新干线启动可行性研究到1964年开通运营,再到1987年国铁分割民营化,各级地方政府都在充分利用日本《地方自治法》中赋予的自主权,在加强本地区地方交通运输管理的同时,始终注重与中央政府的交通运输管理部门和其他中央省厅部门的协作,围绕建立和发展综合运输体系的战略和方向,加强本地区交通基础设施建设,促进新干线与普通铁路、航空、水路、公路,以及市内交通的有机衔接,推动新干线与本地经济融合发展。例如,在交通

❶ 张静丽. 大部制下交通运输行政管理体制改革研究[D]. 长安大学,2015.

运输管理上，地方公共团体就与国土交通省及其下设部门一起履行涉及土地利用、交通运输、工程建设、水资源综合利用等相关方面的职能[1]，特别是2001年改组后成立的近畿、中部、关东等地方整备局，就能与东海道新干线沿线地区很好协作完成地方交通运输行政政策制定、管理决策及其实施。

(3)区域合作机制的优化十分注重市场机制在资源配置中的主导作用。

为了实现新干线建设，以及带动新干线沿线地区交通物流经济融合发展，上至中央政府，下到东海道新干线沿线地区的地方公共团体，均努力探索有效的合作机制推动新干线与沿途地区内的铁路、公路、航空及港口有效衔接和协调发展。例如，上述提到的日本交通运输行政管理改革，就从国家层面不断强化不同运输方式之间、不同管理部门之间、中央与地方之间的统筹管理，东海道新干线沿线地区在中央统筹下，依法成立诸如首都圈整备委员会、设立协议会等协调机制，推动新干线连接的东京都市圈、大阪都市圈还有名古屋都市圈的交通与物流、经济融合发展。同时，也可以看到，无论是中央层面的行政机构调整还是地方层面的区域合作机制优化，由东海道新干线发展起来的区域交通运输大通道其交通运输资源的配置主要依靠的是市场机制，而不是各级政府的行政干预。

具体来看，在交通运输方面，通道上的各种道路运输方式的货运价格由运输经营者和货主自行协商，企业定价，客运线路也是由企业在获批许可证后，自行安排班次和发车时间。然后，对于道路运输中出现的违规违法行为，由警察负责监管，道路运输局或其下设机构对违法行为相关责任人或企业进行调查处理。只不过，无论是货运还是客运，企业均要向道路运输局备案。

[1] 樊东方，石静远．日本交通运输管理体制的特征及其借鉴[J]．工程研究—跨学科视野中的工程，2013，5(4)：443-452.

在公路管理方面，原来与东海道新干线衔接的高速公路管理的主体是地方政府管理机构、道路公团，以及警视厅和属地警察。随着区域经济发展还有地方政府债务持续增加，市场机制在运输通道公路管理中的作用备受重视，如2005年日本开始道路公团民营化改革，陆续成立了东日本高速道路株式会社、中日本高速道路株式会社、首都高速道路股份公司、阪神高速道路股份公司等具有企业性质的法人机构，并按照市场规则参与通道建设。地方政府管理机构在道路管理上则主要是对本辖区内的道路建设、规划、养护等方面的事务进行管理。[1]

在铁路运输方面，东海道新干线建成后的较长一段时间，日本的铁路交通管理一直实行的是铁路国有化政策，但随着通道沿线地区公路、水路、航空运输的快速发展，通道各地的铁路运输量和营利能力大幅下降。加之国有化带来的职工退休养老负担过重、自我发展动力不足，使铁路系统长期面临较大的资金压力。为了改变铁路运输竞争优势弱化的问题，1987年日本实施了国家铁路民营化的改革，铁路实行市场化发展模式，并以市场化原则对铁路运输企业进行改造，采取重组、上市等多种形式，更多地吸纳和运用社会资本促进国家铁路发展，同时改革运价、财务等制度。经过改革，目前，东海道新干线运输通道内的铁道运营已经形成日本铁路公司(Japan Railways，JR)和民营铁道相互竞争与发展的市场格局，前者仍然以新干线等特大交通为主，后者多为中小企业，而且基本上垄断了通道沿线各大城市的轨道交通。据统计，在东京首都圈内，铁路运输占所有运输量的56.0%，其中民营铁路为21.7%，JR为22.5%，地铁为11.8%，民营铁路和JR基本持平；在名古屋，铁路运输量占整体的23.60%，其中民营为10.22%，JR为5.80%，而地铁是7.60%；在京阪神城市圈内，铁路运输占整体的51.6%，民营部分是28.2%，JR为12.5%，地铁为10.9%。[2]不仅如此，

---

❶ 樊东方，石静远．日本交通运输管理体制的特征及其借鉴[J]．工程研究—跨学科视野中的工程，2013，5(4)：443-452.

❷ 张冠增．日本的民营铁道[J]．城市轨道交通研究，1998(4)：60-63.

一些民营铁路公司因为体制机制更为灵活，已经成为推动通道与地区经济融合，以及通道开放发展的重要力量。以东京急行电铁株式会社为例，该公司起源于20世纪20年代的房地产公司，后来经营范围不断扩大，发展成为一家“交通关联综合性企业”，经营范围涉及旅游、不动产、商业、铁路、石油、体育设施等各个领域，2020年更是名列2020福布斯全球企业2 000强榜第979位。该公司的发展不仅方便了城市与郊区甚至外县之间的往来，更重要的是发展过程中创造路地合作、企业合作、居民合作机制，推动交通与地方经济融合及通道开放发展，如与沿线的横滨市合作，双方签署“关于推进新时期郊外住宅区经营的协定”，共同发表“新时期郊外住宅区经营的基本构想”，由企业和地方政府共同引领居民推动铁路沿线郊外住宅区可持续发展。[1]此外，该公司还与东京急行电铁株式会社和东京地铁株式会社等推出了“LIVE JAPAN PERFECT GUIDE TOKYO”（简称LIVE JAPAN），这是一个面向海外游客打造的一站式旅游指南服务平台。[2]东日本旅客铁道株式会社（简称JR东日本）也与政府和当地社区合作，通过改进交通服务、推动旅游业发展并开展车站附近的城镇规划，落实“使地区更发达”的目标。同时，JR东日本积极开展国际业务，着眼于亚洲等海外市场，通过输出项目、输出人员、输出商业模式推动国际业务发展。针对目标市场，JR东日本参与海外铁路建设与运营服务。在东南亚地区，JR东日本向缅甸等国提供铁路技术支持；在新加坡、中国台湾等地开设百货大楼和酒店，开展非运输业务。JR东日本也在不断培养具备专业知识技能与海外工作经验的人员，开展技术学员培训项目，与日本国际合

---

[1] 何功．日本东京TOD住宅区的可持续化发展——东急电铁实例[EB/OL].（2021-03-11）[2023-05-12]. https://mp.weixin.qq.com/s?__biz=MzAxMDYyNzE5Mg==&mid=2247487347&idx=1&sn=d36e61ba9842ffb47c9c5133d1d0e2f1&chksm=9b4c3e64ac3bb7721628c01c8ed0fba2220635cf3a6988412b28165a4d987aae908aad118605&mpshare=1&scene=23&srcid=0510ekqvBrnfxPaicAQHSmKe&sharer_sharetime=1683884261935&sharer_shareid=2a11cab670526df5356fa1e463867c33#rd.

[2] 佚名．新的一站式旅游指南“LIVE JAPAN”面向赴日外国游客推出[EB/OL].（2016-05-16）[2023-05-12]. https://www.prnasia.com/story/149321-1.shtml.

作署(International Cooperation Agency,JICA)合作,培训海外铁路学员,为其提供技术指导。[1]此外,在新干线高铁站区土地开发运作方面,通道内注重形成政府与市场合作的土地开发运作模式,即在高铁站周边地区土地开发过程中,政府一方面借高铁带来的便利制订具有前瞻性的城市规划和完善基础设施建设方案,另一方面制定各种招商政策如土地出让优惠政策、税收优惠政策等,吸引开发商和企业入驻推动站点地区发展。[2]

(4)不断完善相关法律法规体系巩固合作机制运行成果。

上述东海道新干线沿线地区优化合作机制参建运输通道的经验,无论是构建跨区域协调机制,还是加强中央与地方合作,抑或是不断强化市场在区域合作中的主导作用,都具有一个共性特征,那就是不断建立健全相关法律法规体系,并以此巩固合作参建运输通道的成果。在跨区域行政协调机制优化方面,东海道新干线沿线的"普通地方公共团体",为了推动通道建设与发展,所采取的各种形式跨区域合作模式都能在历次修订的《地方自治法》找到法律依据(表5-3),如地方开发事业团,其设置的目的是共同开展运输通道建设所涉及的跨区域大型工程建设,该机构在1963年《地方自治法》修改创设。又如联合协约,其之所以成立是因为地方自治体需要就共同处理事务而制定基本方针和职能划分,这种跨区域合作机制在2014年《地方自治法》修改后创设。还有些不具备法人资格的组织机构,如为共同处理部分行政事务而设置的"复合型部分事务组合",则在1974年《地方自治法》修改后创设。对于运输通道最为重要的枢纽城市合作与发展问题,东海道新干线上一些枢纽城市在合作组建大都市圈抱团发展方面,也具有很好的法律依据。例如,东京、大阪、京都、名古屋等城市的大都市圈建设,就有《首都圈整备法》(以东京为中心)、《近畿圈整备

---

[1] 李远慧,张力梵. JR东日本铁路公司发展战略分析与启示[J]. 铁道运输与经济,2023,45(1):145-151.

[2] 蔡红娟. 日本新干线发展经验对我国中小城市高铁站区土地开发的启示[J]. 商,2016(12):88.

法》(以大阪、京都等为中心)、《中部圈整备法》(以名古屋等为中心)3部规范都市圈建设的基本法律。

日本在通道交通运输行政管理中,大幅度改革交通运输管理体制后,通常会制定或修订一批法律法规,在机构设置、职能配置、事权划分及不同管理主体的权责范围等方面尽可能地以立法的形式确定,并且尽量细化相关内容,使交通运输管理主体和参与主体在实践中有章可循、有法可依,为新体制运行和巩固合作机制运行成果提供保障,如《国有铁路法》《航空法》《道路运输法》《海上运输法》《道路整备紧急措置法》等多项法律法规,涉及交通运输建设、管理、运营、服务等各个方面。[1]

5.1.3　德国莱茵河流经地区优化合作机制参建莱茵河运输通道的经验

5.1.3.1　基本情况

莱茵河发源于欧洲南部的阿尔卑斯山,自南向北流经瑞士、列支敦士登、奥地利、德国、法国、荷兰6个国家,全长1 320千米,是形成莱茵河运输通道的关键自然条件。在莱茵河运输通道上,涵盖内河航道、铁路、公路、输油输气管道、航空等多种交通基础设施,其中,内河航道能够为流域地区水运发展提供天然的优势,对于荷兰、比利时和德国等国而言,水运则是其非常重要的货运方式。铁路运输系统由于能够为莱茵河水运提供东西向的货物集疏运服务,同时也能够延长莱茵河运输通道,贯通欧洲大陆南北方向、连接了北海与地中海,目前莱茵河—阿尔卑斯山铁路通道已经成为欧洲最主要的铁路货运干线之一。公路网建设把铁路和水路等线状运输方式进一步拓展开来,极大地提高了莱茵河运输通道的通达性和末端运输服务水平,使莱茵河运输通道向网状形态发展,也使莱茵河流域各

---

[1] 樊东方,石静远. 日本交通运输管理体制的特征及其借鉴[J]. 工程研究—跨学科视野中的工程,2013,5(4):443-452.

城市成为重要的交通枢纽。❶

德国位于欧洲中部，属联邦制国家，政体由联邦、联邦州及地方自治团体3个层级组成，州拥有独立的立法、司法及行政权力。作为世界上交通最发达的国家之一，德国也是全球重要的经济体及大陆法系的代表。莱茵河在德国境内长达865千米，约占全流域的65.5%，流域面积12.2万平方千米，占其国土面积的34.2%，同时占莱茵河全部流域面积的45.5%。莱茵河干流在德国境内所经过的4个州分别为：巴登-符腾堡州、莱茵兰-普法尔茨州、黑森州、北莱茵-威斯特法伦州。莱茵河流经德国城市包括卡尔斯鲁厄、曼海姆、威斯巴登、美因茨，勒沃库森、科布伦茨、波恩、科隆、路德维希港、杜塞尔多夫、诺伊斯、克里菲尔德和尼姆维根等。作为莱茵河主要流经国的德国，始终确立航运为主、因地制宜、综合开发的方针，持续不断地加大对莱茵河的综合开发与治理，并实施“长距离运输以铁路、水路为主，两头衔接和集疏以公路为主”的物流发展战略。基于此，上述地区也根据自身具备的条件和优势，构建和完善相关合作机制参与到莱茵河运输通道的建设中。目前，德国境内莱茵河纵横交错，价格低廉的航道网在物流经济发展中担负着重要作用，莱茵河段至今仍承担着全国80%以上的内河运输量。5条东西走向的铁路干线在莱茵河南北建起，高速公路则与铁路、港口相联通形成发达的高速公路网络。除此之外，德国将输油管道、输气管道、电力干线沿莱茵河分别向南北延伸，共同构成了德国莱茵河流域经济带的综合运输通道。

5.1.3.2 主要经验

（1）不断建立健全促进地区合作的法律制度。

德国是一个典型的法治国家，具备严谨的法治传统。在莱茵河运输通道建设过程中，莱茵河干流在德国境内所经过的巴登-符腾堡州、莱茵兰-普法尔茨州、黑森州、北莱茵-威斯特法伦州，以及各州辖区范围内的地方

❶ 王超，郭婷．京津冀交通一体化体制机制建设的国际经验及对策研究［J］．交通运输部管理干部学院学报，2021，31（4）：29-33.

自治团体，根据德国基本法规定的地方政府的自治权及其所衍生的跨域合作的自主权，采取了多种形式的跨域合作方式，共同参与到莱茵河航道建设与水污染问题处理，公路、铁路和水路等运输方式无缝衔接，以及综合物流产业发展，流域经济区产业开发等工作中。在国际层面，德国最早加入莱茵河保护国际委员会，并与莱茵河上下游涉及的多个国家商定《控制化学污染公约》《控制氯化物污染公约》《防治热污染公约》3项公约，从制度上为国内地方政府合作开展流域污水治理提供法律依据。此外，德国充分利用自身在欧盟委员会中的地位，在相关法律法规制定方面发挥作用，其中关于莱茵河—阿尔卑斯山铁路通道项目建设及与之相关的法律条款，也是德国莱茵河流经地区合作参与构建莱茵河综合运输大通道的法律基本遵循。在德国国内，同样有十分完备的法律网络。在莱茵河运输通道合作建设中，体现为各种机构的建立都能够依赖完备的法律基础，具备直接的宪法和法律依据。当前，在德国法律体系内，合作参建莱茵河运输通道的组织设立，相关法律依据就包括基本法、行政程序法、空间规划法、州宪法、州土地规划法、州地方合作法及各种特别法律法规、民法、公司法等。[1]上述法律中，《空间规划法》规定，德国空间规划属于州与地方政府的权责；《行政程序法》对公法契约的订立、效力方式等内容进行了详细规定。《基本法》规定了地方政府的自治权及其所衍生的跨域合作的自主权，因而德国莱茵河流经地区的地方政府能够处理辖区内的各种事务，包括由各州制定与县、市镇及市镇联合体相关的具体法律，以及地方在法律范围内再根据当地的实际情况制定规章，然后各地方政府根据自身需求依据相关法律规定结成区域协调组织，并将权限移转给组织机构代替其履行公共事务。这些与莱茵河运输通道建设相关的公共事务涉及信息交流、知识共享、环境保护、经济发展、文化服务、土地规划、基础设施建设等诸多领域。例如，北莱茵-威斯特法伦州《地方合作法》就对地方合作的具体形式做出了明确规定，根据该法第1条第1款和第2款规定，地

[1] 高薇．德国的区域治理：组织及其法制保障[J]．环球法律评论，2014，36(2)：177-192.

方合作形式可以包括建立工作团队、建立公共事业法人或签订公法契约。

(2)以综合效果为导向持续开展多样式的跨区合作。

莱茵河全长1 320千米,其中德国境内长达865千米,德国境内流域面积占到全流域的45.5%。为了充分利用莱茵河优越的自然条件,德国境内的莱茵河流经地区在联邦政府推动下,就莱茵河运输通道的开发与建设开展了多样式的跨区域合作。然而,这些跨区合作的目的已经不再局限于原来最初的通过拓宽航道和修建运河打造通江达海的内河运输网络,而是以运输通道的综合效应发挥作用为导向,并积极参与到莱茵河保护国际委员会协调推进的莱茵河污染治理,还有就如何构建莱茵河流域经济带的综合运输通道,加快流域经济区的城市合作、产业开发及融入欧盟的跨国交通运输体系等方面进行了沟通与合作。例如,为突破既有的地域分割格局解决莱茵河运输通道的公共事业问题,德国莱茵河流经地区在德国基本法赋予的权力范围内,建立了不少跨域合作机制(表5-4),在莱茵-内卡大都市区域的区域协作过程中,巴登-符腾堡州、黑森州及莱茵兰-普法尔茨州政府曾分别于1969年和2005年签订了两个促进3州合作的州际协议。2006年,这3个州又在原来的州际协议基础上建立了莱茵-内卡区域协会,作为跨地域的区域规划和空间治理组织。德国一些州为了解决莱茵河流域跨州的城市区域发展问题,也进行了区域规划的合作,特别在莱茵河水环境管理方面建立的水联合会,会员由流域范围内的地方政府、企业等组成,水联合会负责从源头管控到末端治理的全过程管理,包括规划、建设和运营流域内污水处理厂,实施防洪防涝及水资源管理,开展水体生态修复等。通过规划建设,德国杜伊斯堡、埃森、杜塞尔多夫、科隆、波恩、法兰克福、路德维希、曼海姆等著名城市均布局在莱茵河沿岸,形成德国最大最密集的城市带,而且这种以港口城市为点、以沿江产业带为轴、以流域经济区为面,形成“点—轴—面”有效开发的产业模式,使德国经济保持强劲活力。

表5-4 德国区域治理组织模式一览

合作形态特质	非正式合作机制	私法组织	公法组织				
			目的事业公法人	相邻区域协会	区域规划协会	多重职能的组织	新设区域地方行政
组织结构	无固定形式，由组成的群体决定	股份有限公司的股东与股东大会	参与主体代表组成的会员大会、主任	会员协会大会与协会领导	会员协会大会、规划委员会、协会领导	区域大会、委员会、执行主任	区域大会、委员会、主席
参与群体	地方政府及利益相关的组织的代表	公部门与私部门主体	乡镇与城市政府	巴登符腾堡州的6个城市及其周边地方政府	参与的城市及地方政府	参与的城市及地方政府	—
财政状况	地方补助及参与者提供	股东的投资基金	会员费用、捐赠、征收款项等	协会征收款项	协会征收款项与各州的补贴和补助款	组织征收款项与费用	税款、地方补助款的分配款和额外收入
空间范围	都会区域（依据任务及组成成员划定）	依据任务的性质	参与政府所辖领域	核心城市及周边地方的领域	协会成员所辖领域	核心城市及周边县市的领域	新设区域地方政府所辖区域
民主控制	缺乏民主正当性：由参与机构任命重要代表	间接民主控制：组织会议包含地方政府的代表	间接民选正当性：地方议会选出法人大会代表	间接民选正当性：协会大会的成员	间接民选正当性：协会大会的成员	间接（或直接）民主控制：协会成员的代表	区域议会的直接民选

注：参考高薇．德国的区域治理：组织及其法制保障[J]．环球法律评论，2014，36（2）：177–192的研究整理得到。

(3)注重且不断增强地方政府参与跨区合作的能动性。

德国是联邦制国家,地方政府在整个政府框架中占据着十分重要的地位。据统计,德国地方政府不仅作为联邦政府与州政府的执行机构,独立承担了80%左右的联邦、州法案的执行任务,直接负责三分之二的政府投资,而且作为地方自治主体,承担了地方的行政事务与财务管理,涉及公共基础设施、水电供给、公共安全、教育、体育、住宅建设等诸多领域。因此,在莱茵河运输通道建设过程中,德国联邦政府和州政府均非常重视莱茵河沿岸地方政府的作用。一方面,通过前文所提到的诸多法律法规,从法律层面保障地方政府主动参与通道建设的能动性与创造性;另一方面,莱茵河流域内的地方政府也采取了诸多形式就通道建设所涉及的道路建设、物流运输设施管理、物流中心的建设与运营等领域开展跨域合作。例如,德国没有统一的各地方政府都适用的财政标准,地方政府有权对自己的地方行政做出预算标准,在莱茵河运输通道沿线的巴登-符腾堡州和下萨克森州、黑森州及北威州就分别实行各自的地方财政管理制度。其中,在1999年,北威州出台了一项用以推广新的财政预算的法案,按照新的标准制定基本的预算支出和财政积累方案并下发给地方政府,同时地方政府对财政和人力资源的分配享有自主权,然后针对那些愿意接受改革项目的地方政府,北威州内政部会与其进行合作,同时也让咨询公司参与项目。[1]正是由于地方政府具有相对独立的事权和财政管理权,莱茵河流域内的地方政府开展跨域合作涉及的领域就比较广泛,涉及通道沿线的自然灾害应对、土地规划、基础设施建设、环境保护、经济发展、信息交流、知识共享等诸多领域,然后地方政府也能够根据需要,灵活地采用恰当的跨域治理合作形式(表5-5),参与莱茵河运输通道建设。例如,德国法律规定政府可以以私法主体的身份与提供服务机构间签订采购合同。[2]

[1] 张红梅.公共管理变化过程分析:德国地方政府财政改革案例研究[J].中央民族大学学报(哲学社会科学版),2008,179(4):138-144.

[2] 民政部民间组织管理局德国、瑞典考察团.德国、瑞典政府向社会组织购买服务情况考察报告[J].中国社会组织,2013(11):27-30.

表5-5 德国地方政府跨域合作的主要方式

<table>
<tr><th colspan="2">跨域治理方式</th><th>合作形式</th><th>主要特征</th></tr>
<tr><td colspan="2">非正式合作</td><td>·地方首长间的经验交流
·圆桌会议
·专家论坛
·比邻地方论坛</td><td>合作的门槛低、合作成本低，
致力于参与主体间共享信息、交流经验与做法，
合作行为不具有法律效力</td></tr>
<tr><td rowspan="4">正式合作</td><td>公司</td><td>·有限责任公司
·上市公司</td><td>地方政府出资、注册成立一家公司，
经营领域是竞争性公共服务领域，
依据公司法、地方自治法进行管理</td></tr>
<tr><td>正式契约</td><td>·公法契约
·私法契约
·地方工作小组</td><td>签订合作契约，
依据合作契约来规范参与主体的权利与义务</td></tr>
<tr><td>法人组织</td><td>·单一目的事业法人
·行政法人</td><td>以契约方式组建法人，
地方政府领导所组成的会员大会承担管理机构职责</td></tr>
<tr><td>协会</td><td>·城市联合会
·休闲协会</td><td>成立非营利性或公益性的协会，
致力于成员的共同的目标、价值或兴趣</td></tr>
</table>

注：参考王雁红．德国地方政府跨域合作的经验及对中国的启示[J]．国外社会科学，2019(2)：82-88的研究整理得到。

(4)持续探索与完善多元主体参与的跨区合作管理机构。

德国莱茵河流域综合运输通道的形成是多元主体合作共建的结果。只不过流域范围内地区之间的合作经历了传统的改革主义(或区域主义)向现代的新公共管理改革转型，表现为20世纪60—80年代，为了整合与协调不同地区的管理问题，机构合并、设立大区成为跨区合作的潮流，如前文提到的莱茵-内卡大都市区域，巴登-符腾堡州、黑森州及莱茵兰-普法尔茨州政府曾于1969年签订促进3州合作的州际协议。到了20世纪90年代，由于经济衰退、财政压力、英美等西方国家新公共管理改革的示范效应等原因，德国莱茵河流域地区间的跨域合作，其参与主体不再仅限于不同层级的政府及其部门，愈加重视吸收非政府组织、私人部门、公民及各种利益相关者参与合作，且更加侧重于通过多个主体跨部门、跨层级、跨地域、跨职能的协作来解决莱茵河运输通道建设所牵涉的各种问题。不仅如此，还特别重视依据合作目标、适用领域和参与主体来选择合作方式，并成立适当的跨域合作管理机构，以灵活地迎合通道建设所需要的跨区道路管理、信息共享、流域环境保护、物流职业教育、基础设施建设等领域的各种合作需求。正如王雁红的研究发现，在德国，为了维护参与主体间的合作行为，不管是正式的合作方式，还是非正式的合作方式，参与主体都会成立一个地方政府跨域合作管理机构，拥有自己的办公室和预算，设立会员大会（股东大会）、理事会、监事会等自治管理机构来进行自我管理。[1]例如，莱茵河流域的管理除了跨国间的"莱茵河保护国际委员会"，在德国科布伦茨还设有对莱茵河水环境综合监测和洪水预报的德国水文研究所（相当于流域管理机构），德国境内莱茵河流经4州，还设有跨州的协调委员会，其中流域管理协调工作由莱茵河上游的巴登-符腾堡州主持，各州相关部门配合，各州环境保护部门和洪水应急救援部门统一协调跨越州界的水环境问题。[2]特别说明的是，即便是"莱茵河保护国际委员会"，该机构也设有由政府间组织（如河流委员会、航运委员会等）和非政府间组织（如自然保护和环境保护组织、饮用水公司、食品企业等）组成的观察员小组，委员会下设许多技术和专业协调工作组，如水质工作组、生态工作组、排放标准工作组、防洪工作组、可持续发展规划工作组等。[3]

---

❶ 王雁红．德国地方政府跨域合作的经验及对中国的启示［J］．国外社会科学，2019(2)：82-88.

❷ 姜彤．莱茵河流域水环境管理的经验对长江中下游综合治理的启示［J］．水资源保护，2002(3)：45-50，70.

❸ Internationale Kommission zum Schutze des Rheins (IKSR). Aktionsplan hochwasser [M]. Koblenz: Internationale Kommission zum Schutze des Rheins, 1998: 1-30.

5.2 国内相关地区优化合作机制参建区域陆海新通道的做法与经验

5.2.1 京津冀优化合作机制参建区域综合运输通道的经验

5.2.1.1 基本情况

京津冀综合运输通道的建设早在中华人民共和国成立初期就被关注，因为这3个地区不仅具有深厚的历史渊源，而且在经济地理、要素禀赋和产业发展方面相互关联，需要通过构建一体化的交通网络体系支撑区域协同发展。1986年，成立环渤海地区经济联合市长联席会议/区域合作市长联席会，合作推进京津冀一体化发展。只不过，受制于京津冀浓厚的行政主导、城市行政等级及地方政府竞争等因素，从1986年的环渤海地区市长联席会，到2004年的廊坊共识，再到2011年的首都经济圈，都未能从根本上解决京津冀协同发展和政府间合作的深层次问题[1]，京津冀网络化综合运输通道也长期未能高质量推进和真正实现，综合交通网络布局和衔接、运输服务能力和效率等也无法满足区域协同发展的要求。2014年2月26日，习近平总书记在北京市考察工作时发表重要讲话，强调"把交通一体化作为推进京津冀协同发展的先行领域，加快构建快速、便捷、高效、安全、大容量、低成本的互联互通综合交通网络"，京津冀协同发展更是上升为国家战略，同年8月，国务院成立京津冀协同发展领导小组，中央政治局常委、国务院副总理担任领导小组组长。至此，京津冀协同发展的合作机制经过多年的发展，调整为依靠中央战略决策和政治权威推动的合作机制，完成了从地方和部委倡议到中央主导的转变。[2]随后，在统筹协调京津冀交通一体化发展中，组成了从中央到京津冀各地，自上而下的四层级

[1] 王超，郭婷．京津冀交通一体化体制机制建设的国际经验及对策研究[J]．交通运输部管理干部学院学报，2021，31(4)：29-33.

[2] 杨志云，纪姗姗．中央集权驱动、地方分级响应与政府间合作的机理：基于京津冀的实证阐释[J]．天津行政学院学报，2021，23(2)：56-66.

协调管理机构，即国务院京津冀协同发展领导小组、交通运输部京津冀交通一体化领导小组、三省（市）政府京津冀交通一体化统筹协调小组、三省（市）交通运输部门京津冀区域协同发展交通一体化领导小组，并在执行层面建立了一套京津冀交通一体化联席会议机制和互派工作人员机制，并轮流在三地召开京津冀三省（市）区域交通一体化统筹协调小组联席会议。

也是在京津冀协同发展领导小组推动下，《京津冀协同发展规划纲要》在中共中央政治局审议通过，其中在交通一体化方面，强调按照网络化布局、智能化管理和一体化服务的要求，构建以轨道交通为骨干的多节点、网格状、全覆盖的交通网络，建立统一开放的区域运输市场格局。相应的，北京为了推动区域物流一体化进程，加快建设首都经济圈；天津则先后制定了《天津市物流标准化试点工作方案》与《天津市物流标准化试点项目和资金管理办法》；河北省人民政府也发布了《河北省建设全国现代商贸物流重要基地规划（2016—2020年）》。经过多年的努力与实践，以轨道为骨干的多节点、网格状、全覆盖的交通基础设施网络不断形成，公路交通网络日益完善通畅，机场群、港口群建设成果达到国际先进水平，区域运输组织和服务质量有效提升，法治政策标准等方面不断深化协同，京津冀网络化综合运输通道格局基本形成，区域交通基本实现"人畅其行、物畅其流"，为京津冀协同发展提供了有力支撑。❶

5.2.1.2 主要经验

（1）建立多层级的合作促进机制。

为了落实交通先行的定位，在京津冀协同发展领导小组和地方推进京津冀协同发展领导小组的部署和领导下，交通领域率先形成了多层级的合作促进机制。第一层面，2014年6月，中共中央批准成立京津冀协同发展领导小组，领导小组办公室设在国家发展改革委，旨在加强京津冀协同

❶ 北京市交通委员会、天津市交通运输委员会、河北省交通运输厅．京津冀交通一体化发展白皮书（2014—2020年）[EB/OL]．(2021-12-24)[2023-02-26]．http://www.beijing.gov.cn/ywdt/yaowen/202112/t20211224_2571761.html.

发展的高层协调和顶层设计，负责组织拟订并协调实施京津冀协同发展战略规划、重大政策。第二层面，2014年7月，交通运输部牵头成立了推进京津冀交通一体化领导小组（雄安新区成立后更名，现为京津冀暨雄安新区交通建设领导小组），由交通运输部书记和部长挂帅，3省（市）人民政府、交通运输部各相关领导参加，下设办公室及综合规划组、政策协调组、建设推进组等工作组，协调解决推进京津冀交通一体化建设与发展过程中的重大问题。第三层面，北京、天津、河北成立了京津冀三省市交通一体化统筹协调小组，由3省（市）交通主管部门主要领导任组长，各相关单位参加，并设立办公室及专项工作小组，其中京津冀三省市交通一体化统筹协调小组办公室设在北京市交通委员会协同发展处，负责牵头组织协调京津冀交通委（厅），共同开展区域交通一体化工作，为研究解决具体工作问题搭建平台，创造沟通条件。[1]对于具体负责运输通道建设的省（区、市）而言，在推动上述合作机制有效运行时，往往又根据自身特点，建立更为细化、层级更多的工作运行机制。例如，就河北省而言，建立了河北省推进京津冀协同发展交通一体化联席会议机制，优化京津冀三省（市）区域交通一体化领导小组工作规程，毗邻区市交通运输主管部门成立联合工作专班，形成跨区域、宽领域、多层次的“5+1”协同发展工作机制。其中，“5”指5个层面对接机制，即国家层面的交通运输部京津冀暨雄安新区交通建设协同工作机制、三省（市）交通运输部门层面的区域交通一体化联席会议机制、省直部门层面的交通一体化联席会议机制、河北省交通运输厅层面的交通一体化工作领导小组机制、京津冀毗邻区域市县层面交通一体化工作机制；“1”指一套日常对接机制，即常态化专题会议、应急联动、联合执法、信息共享、规范性文件交叉备案等日常协同工作机制。[2]北京市交通委员会则作为北京市推进京津冀协同发展领导小组下设的9个专项工作小组之一，其成立了北京市交通委员会京津冀区域协同发展交

[1] 李先忠．京津冀交通一体化成就介绍［EB/OL］．(2020-01-02)［2022-12-20］．https://www.meiligaosu.com/h-nd-1202.html.

[2] 佚名．省政府召开着力推动京津冀交通一体化发展新闻发布会［EB/OL］．(2023-02-21)［2023-03-20］．https://baijiahao.baidu.com/s?id=1758511287516656230&wfr=spider&for=pc.

通一体化领导小组和设置小组办公室，并建立了委内工作机制。

(2)持续深化法治政策标准协同。

在合作推进京津冀综合运输通道建设过程中，北京、天津、河北3省(市)持续深化交通领域的法律法规、运输政策、技术标准对接，为区域交通运输一体化发展提供了法律依据、政策保障及统一的标准与规范，从而有力地促进京津冀交通运输协同发展机制的高效运行。在区域交通运输法规建设方面，一是积极推进交通领域联合立法。北京、天津、河北3省(市)联合印发《京津冀公路立法协同工作办法》《京津冀交通运输行政执法合作办法》等规范性文件并交叉备份文件，共同研究推进大兴国际机场联合执法、冬奥会交通秩序保障等一体化法制建设工作；二是常态化开展区域联合执法。京冀两地共同开展区域治超协作工作，加大环京市(县)区域超限超载运输车辆执法力度，强化源头治理。北京、天津、河北3地毗邻区域签订合作框架协议，为深化区域治超合作奠定了坚实基础。开展跨省(市)运输违法违章联合治理工作，在执法内容上由单纯执法拓展到信用联合惩戒，在执法频率上由重大活动联合保障拓展到经常性执法联动，在组织方式上由交通主管部门协同扩展到多部门合作。在政策协同方面，《京津冀协同发展交通一体化规划》出台并适时修改调整，多个项目调整纳入铁路、公路、港口等中长期专项规划，出台《京津冀核心区铁路枢纽总图规划》等区域专题规划，全面落实"一张蓝图绘到底"的理念。《推进京津冀民航协同发展实施意见》《加快推进津冀港口协同发展工作方案(2017—2020年)》《津冀沿海锚地布局方案》等各行业的协同发展政策密集出台，区域分工协作、竞合发展的局面加快形成。津冀积极配合《北京市高排放货车通行管理方案》有效实施，引导过境货车绕行，缓解北京过境交通压力；机动车排放标准、油品标准和监管、老旧车辆提前报废及黄标车限行等政策实现统一，区域连续一致的交通运输政策体系逐步完善。《京津冀协同发展规划纲要》对北京、天津、河北3地具体物流功能定位进行了明确，随后天津市政府发布《天津市现代物流业发展三年行动计划(2015—2017年)》，公布了天津物流产业应对京津冀协同发展的实施计划；河北省也印发了《河北省人民政府办公厅关于促进内贸流通健康发展的实施意见》的通知，强调整合物流职能，承接京津物流产业转移并配合京津制订京津冀物流发展专项规划，与京津联合共建重点物流园区。[1]在综合运输通道的地方标准体系建设方面，2015年6月，对外发布首个区域性交通行业技术标准《电子不停车收费系统路侧单元应用技术规范》，此后《京津冀跨省市省级高速公路命名和编号规则》《高速公路服务区服务规范》等9个标准也相继出台，区域交通运输协同的地方标准体系加快形成[2]。

（3）以体制机制创新不断增强市场机制的作用。

上文提到，在京津冀协同发展上升为国家战略后，3地为了落实交通先行的定位，加快构建区域一体化交通运输网络体系，在交通领域，京津冀区域合作机制的级别和层级都做出了较大幅度的调整和优化。其目的虽然是为了克服市场机制无法根本解决的城市行政等级及其带来的资源配置不公，以及诸如“大城市病”“城市虹吸效应”等问题，但是我们依然看到，京津冀为实现跨区域、跨方式交通一体化发展，还是不遗余力地通过体制机制创新，以此深化3省（市）以资本为纽带的合作，不断增强市场机制作用。在铁路投资体制改革方面，京津冀3省（市）政府和国铁集团共同出资组建京津冀城际铁路投资有限公司，通过推动京唐、京滨、津兴铁路、城际铁路联络线等城际铁路项目的投资、建设及运营，不断探索铁路投融资改革、土地综合开发、站城融合发展和资本运营新模式新机制，积极服务京津冀交通一体化发展大局。在港口资源开发与利用方面，以资本为纽带，天津港集团和唐山港集团共同组建津唐国际集装箱码头有限公司，实现两港之间的集装箱资源统筹和航线共享，推动津冀两地集装箱运输跨越发展；天津港和河北港口集团联合成立渤海津冀港口投资发展有限公司，联合对河北和天津的港口基础设施和业务运营进行投资和管理，对

[1] 邢璐霞．京津冀“轴—辐”物流网络构建研究［D］．河北师范大学，2017.

[2] 北京市交通委员会，天津市交通运输委员会，河北省交通运输厅．京津冀交通一体化发展白皮书（2014—2020年）［EB/OL］．（2021-12-24）［2023-02-26］．http://www.beijing.gov.cn/ywdt/yaowen/202112/t20211224_2571761.html.

推进津冀港口资源集约利用、促进两地港口提质增效作用明显。在航空一体化发展方面，首都机场集团公司统一管理京津冀3省(市)枢纽机场，构建了区域统一的机场管理体系，对促进区域机场群合理定位、优势互补、协调发展起到有力支撑。在物流业协同发展方面，在市场机制作用下，京津冀物流市场主体分化速度加快，物流企业通过战略调整、联盟合作、兼并重组等多种方式实现扩张规模，一些物流企业采用“互联网+物流”的新理念、新模式，通过物流信息平台和电子交易平台，由传统门店转为在网上直销，同时拓展产业链，提供金融、贸易、物流等全方位服务，从而延伸了物流业的服务半径，推动了区域物流业的发展。[1]

(4)合作过程始终围绕战略重点深化工作。

京津冀3地在优化合作机制推动区域综合运输通道建设过程中，始终以京津冀协同发展为战略目标，重点围绕建设好河北雄安新区和北京城市副中心等战略任务，合作推进区域交通一体化工作，助力疏解北京非首都功能。其中，围绕党中央关于建设雄安新区的战略部署，在雄安新区成立后，原来的交通运输部推进京津冀交通一体化领导小组调整为交通运输部京津冀暨雄安新区交通建设领导小组，然后按照国家京津冀协同发展领导小组要求，不断完善建设雄安新区综合交通规划体系，先后编制了《京津冀核心区铁路枢纽总图规划(2016—2030)》《河北雄安新区智能交通专项规划》《河北雄安新区综合立体交通网规划》《河北雄安新区物流体系布局专项规划》《白洋淀水运交通专项实施规划》《河北雄安新区交通强国建设试点实施方案》等交通运输领域的规划。此外，面向重点项目及复杂工程的落地实施，编制《起步区东西轴线铁路和道路基础设施专项实施规划》《雄安新区农村公路网实施规划》《道路管养设施专项实施规划》等，充分衔接上位规划与项目建设[2]。经过多年建设，雄安新区快速便捷的区域综合交通网络初步成型，交通强国先行区建设初见成效。在北京城市

[1] 邢璐霞. 京津冀“轴—辐”物流网络构建研究[D]. 河北师范大学，2017.

[2] 北京市交通委员会，天津市交通运输委员会，河北省交通运输厅. 京津冀交通一体化发展白皮书(2014-2020年)[EB/OL].(2021-12-24)[2023-02-26]. http://www.beijing.gov.cn/ywdt/yaowen/202112/t20211224_2571761.html.

副中心建设中，京津冀区域合作机制同样将建设北京城市副中心交通体系作为重要战略任务并据此进行运作，其中京津冀三省市交通一体化统筹协调小组按照国家京津冀协同发展领导小组、交通运输部京津冀暨雄安新区交通建设领导小组要求，负责协调京津冀交通委（厅），共同开展区域交通一体化工作。北京市交通委员会协同发展处作为京津冀3地交通一体化工作的“领头羊”（召集人），主要工作职责包括按照国家京津冀协同发展领导小组、交通运输部京津冀暨雄安新区交通建设领导小组、中共北京市委北京市人民政府推进京津冀协同发展领导小组要求，开展交通一体化工作；配合国家及市委、市政府开展交通一体化相关规划、运输服务政策等方面的研究工作；通过京津冀3省（市）统筹协调小组会商等方式与天津、河北交通主管部门开展对接工作，协调区域交通一体化工作中的重大问题；牵头研究京津冀区域交通发展战略、规划、政策、标准，协调推进3省（市）交通运输有关政策一体化；加快交通基础设施互联互通。在优化、整合、提升存量的基础上，深入论证、统筹研究、科学布局增量；构建3地快速、便捷、高效、安全、大容量、低成本的互联互通的一体化综合运输网络，提升区域内运输服务水平，实现区域交通一体化发展目标。在具体工作中，则直接沟通联系国家发展改革委、交通运输部，北京市协同办、扶贫办、“一带一路”办公室等单位，负责国家和北京市委、市政府重大任务的落实和沟通反馈。❶

5.2.2　长江经济带沿线地区优化合作机制参建长江黄金水道的经验

5.2.2.1　基本情况

长江是世界第三、我国第一大河，干流全长6 300余千米，流经青海、四川、西藏、云南、重庆、湖北、湖南、江西、安徽、江苏、上海11个省（区、市）注入东海。支流延展至贵州、甘肃、陕西、河南、浙江、广西、广东、福建8个

❶ 李先忠．京 津冀交通一体化成就介绍[EB/OL]．(2020-01-02)[2022-12-20]．https://www.meiligaosu.com/h-nd-1202.html.

省(区)。由于长江四季通航，终年不冻，被称为“黄金水道”，其干支流通航里程超过7.1万千米，占全国内河通航总里程的56%。[1]其中，长江水运通道是横贯我国东、中、西部三大板块的水路运输大通道，以云南水富港为起点，长江入海口为终点，总长2 838千米，是我国“两横一纵两网十八线”内河航运主通道的重要组成部分，其运能大、占地少、能耗低、污染小、单位运输成本低的优势有力地促进了沿江经济带的形成，是沿江地区外向型经济快速发展的重要保障。

长江经济带覆盖上海、江苏、浙江、安徽、江西、湖北、湖南、重庆、四川、云南、贵州11省(区、市)行政区全域，面积约205万平方千米，但由于早期各省(区、市)为了追求经济增长，过度滥用流域内资源，加上区域之间缺少紧密合作，使长江流域生态功能退化严重。对此，党和国家领导人高度重视，多次强调要加强长江流域生态环境系统保护修复，推动上中下游地区的互动协作，强化协同治理，推动长江经济带高质量发展。其中，习近平总书记在第一次推动长江经济带发展座谈会上指出，要在生态环境容量上过紧日子的前提下，依托长江水道，统筹岸上水上，正确处理防洪、通航、发电的矛盾，自觉推动绿色循环低碳发展，有条件的地区率先形成节约能源资源和保护生态环境的产业结构、增长方式、消费模式，真正使黄金水道产生黄金效益。特别要求沿江省(区、市)和国家相关部门要在思想认识上形成一条心，在实际行动中形成“一盘棋”，共同努力把长江经济带建成生态更优美、交通更顺畅、经济更协调、市场更统一、机制更科学的黄金经济带。[2]在第二次推动长江经济带发展座谈会上，习近平总书记又提到长江经济带作为流域经济，涉及水、路、港、岸、产、城等多个方面，要运用系统论的方法，正确把握自身发展和协同发展的关系。长江经济带的各个地区、每个城市都应该也必须有推动自

---

[1] 马建华. 对表对标 理清思路　做好工作　为推动长江经济带高质量发展提供坚实的水利支撑与保障[EB/OL].(2021-03-25)[2022-07-05]. http://www.cjw.gov.cn/ldzl/mjh/lsjn/53543.html.

[2] 习近平在推动长江经济带发展座谈会上强调　走生态优先绿色发展之路　让中华民族母亲河永葆生机活力[EB/OL].(2016-01-07)[2022-07-08]. http://www.gov.cn/xinwen/2016-01/07/content_5031289.htm.

身发展的意愿，这无可厚非，但在各自发展过程中一定要从整体出发，树立“一盘棋”思想，把自身发展放到协同发展的大局之中，实现错位发展、协调发展、有机融合，形成整体合力。[1]此后的第三次推动长江经济带发展座谈会上，又提到要加强协同联动，强化山水林田湖草等各种生态要素的协同治理，推动上中下游地区的互动协作，增强各项举措的关联性和耦合性。要推进上中下游协同联动发展，强化生态环境、基础设施、公共服务共建共享。[2]

在党和国家领导人的高度重视与推动下，国家各部委及长江经济带沿线各地区不断加强合作，从早期主要以开展区域合作向以混合式运作的区域合作转变。如今更是构建了多维度、深层次的合作机制，持续推进长江黄金水道综合立体交通廊道的建设与发展。特别在长江经济带上升为国家战略后，2014年12月，中共中央成立推动长江经济带发展领导小组。2016年，经国家推动长江经济带发展领导小组批准同意，长江经济带发展领导小组办公室印发了《长江经济带省际协商合作机制总体方案》等指导性文件，推进上中下游协同发展。经过多年的努力与实践，黄金水道功能初步显现。长江南京以下12.5米深水航道主体工程完工，中游荆江河段航道整治工程竣工验收。三峡升船机建设完工并投入试通航，三峡船闸货物通过量连续5年破亿吨。沪昆高铁全线建成运行，武九、西成高铁和兰渝铁路开通运行，沪蓉、沪渝、沪昆、杭瑞高速公路全线贯通。通关一体化改革实现口岸、运输方式、商品全覆盖，海关直接放行报关单量达85%以上。[3]一条以“黄金水道”、沿江高速铁路和公路、国省道及航空等多种运输方式组成的综合立体交通廊道，在不断完善的区域合作机制作用下

[1] 习近平．在深入推动长江经济带发展座谈会上的讲话[N]．人民日报，2018-06-14(002)．

[2] 习近平在全面推动长江经济带发展座谈会上强调贯彻落实党的十九届五中全会精神推动长江经济带高质量发展韩正出席并讲话[EB/OL]．(2020-11-15)[2022-07-08]．https://baijiahao.baidu.com/s?id=1683422658781646152&wfr=spider&for=pc.

[3] 推动长江经济带发展领导小组办公室．推动长江经济带发展战略基本情况[EB/OL]．(2019-07-13)[2023-02-17]．https://cjjd.ndrc.gov.cn/zoujinchangjiang/zhanlue/.

正在加速形成。[1]

5.2.2.2 主要经验

(1)在中央统筹领导下建立和完善区域合作机制。

长江是货运量位居全球内河第一的黄金水道,长江通道是我国国土空间开发最重要的东西轴线,在区域发展总体格局中具有重要的战略地位。依托黄金水道推动长江经济带发展,打造中国经济新支撑带,是党中央、国务院审时度势,谋划中国经济新棋局做出的既利当前又惠长远的重大战略决策。[2]但是,长江黄金水道建设涉及社会、经济和生态环境3大系统,需要多个部门和上下游多个省(区、市)共同参与,加上地区之间存在竞争关系,以及长江流域的管理事务复杂且相关管理权限又分散在众多管理部门,使长江经济带沿线地区合作参与长江黄金水道建设面临诸多问题。例如,长江经济带一体化的区域合作平台在防洪、大通关和检疫方面的建设已经完善,实现区域之间的信息互联互通,但在水资源水环境、港口岸线、基础设施和生态管控与补偿机制等管理方面的区域合作平台仍发展缓慢,区域合作一体化管理平台建设仍滞后社会经济发展的需要。[3]其结果也导致了长江沿线地区的无序发展和生态环境破坏严重,突出表现在长江生物完整性指数到了最差的"无鱼"等级;长江岸线、港口乱占滥用、占而不用、多占少用、粗放利用的问题仍然突出;流域环境风险隐患突出,长江经济带内30%的环境风险企业位于饮用水源地周边5千米范围内,生产储运区交替分布;干线港口危险化学品年吞吐量达1.7亿吨、超过250种,运输量仍以年均近10%的速度增长;固体危废品跨区域违法倾倒呈多发态势,污染产业向中上游转移风险隐患加剧;等等。[4]鉴于此,

---

[1] 袁琳,陈荟词.从一域到全局 一江碧水焕新颜[EB/OL].(2021-12-08)[2022-08-31].https://baijiahao.baidu.com/s?id=1718559470523640977&wfr=spider&for=pc.

[2] 国务院.国务院关于依托黄金水道推动长江经济带发展的指导意见[EB/OL].(2014-09-25)[2022-07-05].http://www.gov.cn/zhengce/content/2014-09/25/content_9092.htm.

[3] 王磊,段学军,杨清可.长江经济带区域合作的格局与演变[J].地理科学,2017,37(12):1841-1849.

[4] 习近平.在深入推动长江经济带发展座谈会上的讲话[N].人民日报,2018-06-14(002).

2014年党中央、国务院做出建设长江经济带的重大战略决策，成立了长江经济带工作领导小组，建立了“中央统筹、省负总责、市县抓落实”的管理体制，印发了《国务院关于依托黄金水道推动长江经济带发展的指导意见》《长江经济带省际协商合作机制总体方案》《长江经济带发展规划纲要》等指导性文件，推进长江上中下游协同发展。在地方层面，长江上游重庆、四川、贵州、云南4省（区、市）签署协议，建立长江上游地区省际协商合作机制；长江中游江西、湖北、湖南3省签署协议，建立长江中游地区省际协商合作机制；长江下游上海、江苏、浙江、安徽率先建立“三级运作、统分结合、务实高效”的合作协调机制[1]。此外，值得关注的是，在中央统筹领导下，一些企业和社会组织目前已成为推动区域合作机制完善的重要力量。例如，在长江港航发展中，上海港在武汉、九江、江阴、南京、重庆、宁波、连云港等大港的部分码头都持有大量的股份，其通过企业之间的股份合作，形成港口物流运输的网络化，有效地促进了长江经济带港口资源的整合和协同发展。现在江苏已有企业建立了航运交易平台整合地区之间的货运、物流配送和船舶交易等信息。长江经济带企业联合会等社会组织也开始兴起，成为推动区域合作的一支重要的力量。

（2）不断加强省部际合作推进通道高质量建设。

依托黄金水道推动长江经济带发展是一项国家层面的战略工程，与之相关的区域管理事务包括资源开发利用、基础设施建设、港航运输、产业发展、防洪抗旱和生态环境保护等方面。例如，在长江三峡建设论证过程中，涉及移民、退耕还林、水电站建设、航运、交通基础设施、生态环境保护等事务。因此，长江经济带沿线地区合作推进黄金水道高质量建设过程中，既有国家部委之间的相互支持和配合，又有地方政府的参与和具体实施，从而省部际合作共建的模式得以不断加强。其中，国家发展改革委建立了由推动长江经济带发展领导小组办公室牵头、沿江11省（区、市）参加的长江经济带省际协商合作机制，初步建立“1+3+N”合作框架，“1”是长江经济带省际协商合作机制，“3”分别是上述提到的长江上游省际协商合作

---

[1] 袁琳，陈荟词. 从一域到全局　一江碧水焕新颜[EB/OL].（2021-12-08）[2022-08-31]. https://baijiahao.baidu.com/s?id=1718559470523640977&wfr=spider&for=pc.

机制、长江中游省际协商合作机制和长三角区域合作机制,“N”是沿线省(市)间、城市间其他双方或多方合作机制,如长江沿岸中心城市经济协调会。水利部作为长江流域的主要管理部门和相关总体规划的主要牵头单位,制订《长江流域片河湖长协作机制(试行)》,推动建立跨部门跨区域保护协作、规划协调、联动执法、技术协同、信息共享合作机制。自然资源部组织编制《长江经济带—长江流域国土空间规划(2021—2035年)》,印发《长江经济带国土空间用途管制和纠错机制试点工作方案》,将上海崇明、浙江安吉等4省10个市(县)纳入空间用途管制试点。生态环境部制定环境分区管控方案和生态环境准入清单,组织长江流域19省(区、市)编制印发“三线一单”(生态保护红线、环境质量底线、资源利用上线和生态环境准入清单)。[1]交通运输部通过与长江水运通道沿线各地政府签署战略合作框架协议等方式,进一步扩大合作建设通道的内容和范畴。同时,交通运输部还与原铁道部、水利部举行会谈并签订合作备忘录,在开展铁水联运、治理整顿非法采砂、干线航道系统治理等领域达成合作协议;与沿江省(区、市)政府签署合作协议共同推进长江水运发展,通过各省(区、市)和各部委的合作,共同解决长江水运通道建设中的难题,加快重点项目建设步伐。商务部会同有关部门深入开展清理和消除阻碍长江经济带要素合理流动的地方各种规定和做法,打破区域性市场壁垒。海关总署推动上海、南京、杭州、宁波、合肥、南昌、武汉、长沙、重庆、成都、贵阳、昆明12个海关实现通关一体化,并向其他海关全面、有序推广,将通关制度便利化的红利辐射至整个长江流域。

(3)逐步强化通道协同管理合作机制的制度保障。

为了共同开发利用长江黄金水道,长江经济带沿线地区的通道协同管理合作机制早在1962年成立长江防汛抗旱总指挥部后就开始启动和运行。改革开放以后,为了打破地方保护主义和恶性竞争,长江沿岸中心城市经济协调会在1985年初步成立,经过多年发展,已经成为一个规模庞

---

[1] 生态环境部.关于政协十三届全国委员会第四次会议第0867号(资源环境类086号)提案答复的函[EB/OL].(2021-08-17)[2022-07-05]. https://www.mee.gov.cn/xxgk2018/xxgk/xxgk13/202112/t20211202_962720.html.

大，设有长江开发、江海联运、物资协作等10个专题组的联席会议组织。[1]2004年长江中下游的湖北、江西、安徽、江苏省水利厅、相关市(县)的水上执法单位等单位成立长江省际边界重点河段河道采砂管理联席会议。2009年水利部、交通运输部成立长江河道采砂管理领导小组联席会议。交通部牵头成立长江水运发展协调领导小组会议(存续时间为2006—2013年)，并推动长江经济带7省2市(不包括浙江省和贵州省)签署《长江经济带合作协议》。交通部长航局和沿江省(区、市)级交通运输厅(委)在水深规划、航运管理方面于2014年也开始探索航运“2+N”合作模式。然而，由于地区和部门间的行政壁垒，上述合作机制大多属于开放和松散的协调组织，针对一些合作主题研讨的成分比较重，即便是达成的区域合作协议也缺乏实施监督和激励机制，大部分文件只成为空头口号，在真正实施上地方政府又有各自的考量。[2]

长江经济带建设和发展上升为国家战略后，依法保护长江在习近平总书记多次主持召开的长江经济带发展协作座谈会上屡被提及。2018年4月，在深入推动长江经济带发展座谈会上，习近平总书记就明确指出“长江病了，而且病得还不轻”，强调“要从生态系统整体性和流域系统性出发，追根溯源、系统治疗，防止头痛医头、脚痛医脚”。2021年3月1日，我国第一部流域法《长江保护法》正式施行，使长江经济带沿线地区合作共建长江黄金水道具备了充分的法律法规制度保障。首先，在中央层面，《长江保护法》第四条规定：“国家建立长江流域协调机制，统一指导、统筹协调长江保护工作，审议长江保护重大政策、重大规划，协调跨地区跨部门重大事项，督促检查长江保护重要工作的落实情况。”此外，面向

---

[1] 协调会成员涵盖沿江地级以上中心城市，包括：宜宾、攀枝花、泸州、重庆、宜昌、荆州、石首、岳阳、咸宁、武汉、鄂州、黄石、九江、安庆、铜陵、芜湖、合肥、马鞍山、泰州、扬州、镇江、南京、南通、上海、宁波、舟山。协调会最高决策机构为市长联席会议，下设江海联运、长江开发、长江旅游、信息合作交流、资金融通、科技协作、邮电通信、商贸流通、物资协作和增加环保协作10个专题组。

[2] 王磊，段学军，杨清可．长江经济带区域合作的格局与演变[J]．地理科学，2017，37(12)：1841-1849.

长江的流域性问题，还规定了应当由国家长江流域协调机制设立具体机制和制度进行统筹协调的关键事项，包括“健全长江流域生态环境、资源、水文、气象、航运、自然灾害等监测网络体系和监测信息共享机制”“设立专家咨询委员会”等。其次，在地方层面，《长江保护法》第六条规定：“长江流域相关地方根据需要在地方性法规和政府规章制定、规划编制、监督执法等方面建立协作机制，协同推进长江流域生态环境保护和修复。”这样一来，长江流域各地方之间就可以依法建立一种子流域或区域协同治理机制，进而共同对生态破坏、环境污染等跨界公共问题进行合作协调，在法规与标准、规划与监督执法等方面形成生态环境保护治理合力。❶至于其他条款，除了对国务院有关部门、长江流域省级人民政府、地方各级人民政府负责落实国家长江流域协调机制的决策，按照职责分工负责长江保护和各行政区域相关工作作了规定和要求，还分别对国务院相关部委、相关职能部门在长江保护中应该履行的职责作了明确规定。❷最后，2021年11月，《“十四五”长江经济带综合交通运输体系规划》印发，该规划作为长江经济带发展“1+N”政策规划体系“N”中首个印发的配套政策，也作为促进长江经济带上中下游协调发展的有力抓手。❸

(4)始终以通道绿色发展为区域合作机制优化的指引。

长江水系航道里程超过5.5万千米，开发和利用好长江黄金航道具有极为重要的战略价值，早已成为长江沿线地区的共识。然而，经过多年的无序发展，长江生态环境已经遭受严重的破坏，在过去的30年间，沿岸经济快速发展的同时长江水质也发生了严重污染，上游地区污染企业

❶ 徐翀．积极建立长江流域协同管理合作机制［EB/OL］.（2021-04-27）［2022-07-05］. https://cjjjd.ndrc.gov.cn/zxdt/202104/t20210427_1277583.htm.

❷ 闵晓英，张玫玲．关于长江保护法几个理论问题的探讨［J］. 江苏警官学院学报，2022，37（6）：110-115.

❸ 张可月．《“十四五”长江经济带综合交通运输体系规划》突出对外通道建设［EB/OL］.（2021-11-05）［2022-08-31］. https://news.cnr.cn/dj/20211105/t20211105_525651979.shtml.

增多，同时还出现严重的水土流失及河道淤积等问题。[1]因此，近年来，社会和政府部门高度重视建立和完善跨区域、跨部门的统筹协调机制，以加强长江黄金水道建设过程中的水资源保护与管理。特别在长江经济带上升为国家战略后，绿色发展理念更是贯彻长江经济带沿线地区经济发展的方方面面。长江经济带沿线地区优化合作机制不仅推动了长江黄金水道建设的实践，更将通道的绿色发展作为调整和优化区域合作机制的方向指引和根本要求。在国家层面，《"十四五"长江经济带综合交通运输体系规划》已将推进交通绿色低碳发展作为重要的建设任务。生态环境部制定了环境分区管控方案和生态环境准入清单，积极组织长江流域19省（区、市）编制印发"三线一单"，即生态保护红线、环境质量底线、资源利用上线和生态环境准入清单。这一举措旨在严格管理长江流域的重大基础设施建设和工业类项目的环境准入。此外，生态环境部还印发了《关于加强高耗能、高排放建设项目生态环境源头防控的指导意见》，以指导各地强化"两高"项目生态环境准入。[2]在地方层面，长江流域各地区结合长江支流流经区域自然地理、水质影响因素及社会经济条件，成立相应的区际合作组织。这些组织科学制订治理方案，力求实现精准治理。2019年4月，岷江和沱江中上游七市（州）（成都、德阳、乐山、雅安、眉山、资阳、阿坝）共同签署的《建立岷江沱江河长制工作协调机制联动推进流域水生态管理保护合作协议》和《岷江沱江河（湖）长制工作联席会议制度》就是长江流域支流跨地区水质协同治理的成功案例。在长江流域水质治理中，一些非政府组织（NGO）也发挥了积极作用，如"长江环境"组织、长江生态保护基金会、长安慈——环境保护慈善信托和长江源水生态环境保护站等非政府组织，均在宣传、保护方面做了大量工作。也有学者参考国际经验，建议在中共中央推动长江经济带

[1] 孙博文，李雪松．国外江河流域协调机制及对我国发展的启示［J］．区域经济评论，2015（2）：156-160.

[2] 生态环境部．关于政协十三届全国委员会第四次会议第0867号（资源环境类086号）提案答复的函［EB/OL］．（2021-08-17）［2022-07-05］．https://www.mee.gov.cn/xxgk2018/xxgk/xxgk13/202112/t20211202_962720.html.

发展领导小组的领导下，设立长江流域水资源保护与管理委员会，旨在全面整合当前长江流域水资源保护与管理职能的各个部门和地区。该委员会的组成单位应涵盖多个重要部门，包括生态环境部长江流域生态环境监督管理局(已由水利部长江水利委员会长江流域水资源保护局与国家海洋局东海分局环保处转隶并组建，实行生态环境部和水利部双重领导、以生态环境部为主的管理体制)、水利部长江水利委员会、水资源管理司、农业农村部长江流域渔政监督管理办公室、自然资源部规划司、国土空间生态修复司、国土空间用途管制司、交通运输部长江航务管理局，以及长江流域19个省级政府等。[1]

5.2.3 泛珠三角地区优化合作机制参建泛珠综合运输通道的经验

5.2.3.1 基本情况

泛珠三角地区是相对珠三角地区[2]而言的中国境内的一个区域，它包括以珠江水系为纽带的福建、江西、湖南、广东、广西、海南、四川、贵州、云南九省(区)(简称内地九省区)和香港、澳门特别行政区(简称“9+2”各方)，拥有全国约五分之一的国土面积、三分之一的人口和三分之一以上的经济总量，区位优势明显、自然资源丰富、经济基础雄厚、创新能力突出。2004年6月，在中央的支持和指导下，“9+2”各方在广州共同签署了《泛珠三角区域合作框架协议》，正式启动泛珠三角区域合作。该合作旨在顺应经济全球化和区域经济一体化趋势、促进我国东中西部区域协调发展、深化内地与港澳地区的紧密合作，进而提升整个区域的整体

[1] 周金城，胡辉敏，黎振强．密西西比河流域水质协同治理及对长江流域治理的启示[J]．武陵学刊，2021，46(1)：52-58.

[2] 1994年《珠江三角洲经济区城市群规划》第一次提出“珠三角城市群”概念，包括广东省的9个市：广州、深圳、珠海、佛山、惠州、东莞、中山、江门和肇庆。2019年《粤港澳大湾区发展规划纲要》发布，香港、澳门两个特别行政区也被纳入珠三角城市群，开启了珠三角地区一体化发展的新局面。

实力与竞争力。[1]

经济要发展，交通须先行。因此，在泛珠三角区域合作的框架内，构建现代化的综合交通运输体系，打造一条面向国际的区域物流大通道，并增强对区域开放发展的支撑能力，始终是“9+2”各方合作的重要内容。2004年，在首届泛珠区域合作与发展论坛上，针对各省区资源差异大且地理上的天然屏障导致交通不畅通的问题，提出了打造泛珠“一日交通圈”的构想，这标志着泛珠三角地区开始启动合作机制，推进区域国际物流大通道建设。随后，“9+2”各方组建了区域交通发展规划委员会，共同规划泛珠三角地区的交通网络，结束了参建地区各自为政，规划混乱的局面。[2]随后的10年里，“9+2”各方在公路、铁路、航运等领域加快了合作步伐，大力加强跨区域重点交通基础设施建设，联手打造畅通便捷的物流通道，使区域综合交通网络不断完善。[3]2014年10月，“9+2”各方在广州又共同签署了《泛珠三角区域深化合作共同宣言(2015年—2025年)》，标志着泛珠三角地区参建区域国际物流大通道的合作机制进一步完善。2016年3月，深化泛珠合作正式列入《国民经济和社会发展第十三个五年规划纲要》，国务院也正式发布了《关于深化泛珠三角区域合作的指导意见》，使泛珠三角区域合作全面上升为国家战略。2019年，泛珠三角区域合作行政首长联席会议在广西南宁召开，会上，泛珠“9+2”各方就利用泛珠三角平台加强对接粤港澳大湾区建设，共建西部陆海新通道，共同推进“一带一路”有机衔接，共促泛珠三角区域与粤港澳大湾区现代服务业融合发展等议题进行了充分对接和讨论。[4]2021年，泛珠三角区域合作再次被纳入《国家“十四五”规划和二〇三五年远景目标纲要》。

---

[1] 泛珠三角合作信息网．泛珠三角区域合作简介[EB/OL]．(2019-03-01)[2022-07-05]．http://www.pprd.org.cn/fzgk/index.html.

[2] 张建华．解读“东北物流大通道”[N]．长春日报，2005-06-08(006)．

[3] 杨洪涛，齐健．泛珠三角区域合作近10年来“交通一体化”提速[EB/OL]．(2013-09-10)[2022-07-05]．http://www.gov.cn/govweb/jrzg/2013-09/10/content_2485277.htm.

[4] 佚名．泛珠三角区域合作各方携手打造区域协调发展新机制[EB/OL]．(2019-09-09)[2023-02-22]．http://www.pprd.org.cn/zdpt/content/post_666289.html.

总体而言，自2004年泛珠三角区域合作机制建立以来，“9+2”各方多方位、全领域开展了深度合作，在建立健全区域合作机制、区域互助机制、区际利益补偿机制等方面进行了积极探索❶，泛珠三角区域国际物流大通道持续推进，泛珠区域实现了省际间的高速公路联通，所有省（区）全面步入“高铁时代”，内地九省区共同推动建设了大通关电子口岸信息平台，海关多式联运业务成效显著。

5.2.3.2　主要经验

（1）逐步建立和完善多层次的区域合作协调机制。

作为维系泛珠三角经济圈的必要条件，优先发展交通早已成为“9+2”各方的共识。在2004年首届泛珠区域合作与发展论坛上，打造泛珠“一日交通圈”的构想就已提出。❷随后，围绕交通运输发展的泛珠合作机制开始逐步建立和完善。在国家层面，国务院印发了《关于深化泛珠三角区域合作的指导意见》，指出：“国务院有关部门要切实加强指导和服务，积极支持内地九省区着力打破行政分割，加快建设统一市场，为其他区域开展合作积累经验。国家发展改革委会同国务院港澳办等有关部门要加强沟通协调，帮助解决泛珠三角区域合作发展中遇到的困难和问题，创造合作发展的良好政策环境。”2016年10月，首次泛珠三角区域合作省（区）部际协商会议召开，国家发展改革委、环境保护部、国务院港澳办、国家开发银行和“9+2”各方政府主要负责人参加了会议，并对相关合作重大事项进行了协调和协商。在地方政府层面，2004年6月，“9+2”各方签署了《泛珠三角区域合作框架协议》，正式启动泛珠三角区域合作。随后，泛珠三角区域合作行政首长联席会议制度、政府秘书长会议制度、联络员会议制度，以及依托泛珠三角区域合作行政首长联席会议建立的“9+2”各方行政首

---

❶ 杨静．2022年泛珠三角区域合作行政首长联席会议筹备工作第一次秘书长会议召开[EB/OL]．(2022-09-01)[2022-12-05]．https://baijiahao.baidu.com/s?id=1742774607996558430&wfr=spider&for=pc.

❷ 杨洪涛，齐健．泛珠三角区域合作近10年来“交通一体化”提速[EB/OL]．(2013-09-10)[2022-07-05]．http://www.gov.cn/jrzg/2013-09/10/content_2485277.htm.

长常态化的双边和多边会晤机制不断建立和完善。[1]相应的,与合作推进区域国际物流大通道建设相关的统筹协调机制,在泛珠三角区域合作行政首长联席会议和双边、多边会晤机制框架下也逐步建立并发展起来。例如,泛珠三角区域合作机制启动后,"9+2"各方建立起11省(区)交通发展规划委员会,共同规划泛珠三角地区的交通网络,构建泛珠三角地区的物流联盟,加强11省(区)物流企业的合作。[2]2009年6月,在第五届泛珠三角区域合作与发展论坛暨经贸洽谈会上,来自"9+2"各方交通运输部门的代表签署了《泛珠三角区域交通合作框架协议》,推动各方在公路、铁路、水运、航空、交通信息平台、交通安全事故处理等多方面加强合作。[3]2014年10月,"9+2"各方在广州共同签署了《泛珠三角区域深化合作共同宣言(2015年—2025年)》,规定各方可以根据国家战略要求、泛珠合作扩展深化等,提出新的合作内容、合作方式,经合作各方协商同意后,签订补充协议予以确认。[4]从2015年开始,广东、广西、云南、贵州四省(区)建立了珠江水运发展高层协调机制,共同推进珠江—西江黄金水道建设。2020年,珠江水运发展高层协调会议在海南三亚举行,交通部、财政部、水利部等国家部委代表也参加了会议,会议听取了《珠江水运发展高层协调会议办公室工作报告》,审议了《"十四五"珠江水运发展重大举措(送审稿)》,并围绕"共享高层协调机制五年成果,合力建设交通强国珠江篇"等主题进行了研讨。[5]2021年9月,泛珠三角区域合作行政首长联席会议在四川省成都市召开,泛珠内地省(区)与港澳地区举行多场高层会晤,各方

---

[1] 赵磊. 泛珠三角区域合作机制创新研究[D]. 兰州大学,2017.

[2] 张建华. 解读"东北物流大通道"[N]. 长春日报,2005-06-08(006).

[3] 汪德芬. 泛珠三角区域各方签署交通合作框架协议[EB/OL]. (2009-06-11)[2023-02-23]. http://www.hinews.cn/news/system/2009/06/11/010498983.shtml.

[4] 泛珠三角合作信息网.《泛珠三角区域深化合作共同宣言(2015年—2025年)》全文[EB/OL].(2014-10-30)[2022-07-05]. http://www.pprd.org.cn/fzgk/content/post_664988.html.

[5] 杨抒燕. 2020年珠江水运发展高层协调会议提出 共享高层协调机制成果　合力建设交通强国珠江篇[EB/OL]. (2020-09-19)[2023-02-23]. http://www.pprd.org.cn/zt/2020lxhy/zdxw/content/post_666754.html.

合作继续向纵深发展。❶

(2)常态化组织泛珠三角区域合作行政首长联席会议持续推动合作。

依据《泛珠三角区域合作框架协议》,以及之后签署的《泛珠三角区域深化合作共同宣言(2015年—2025年)》,常态化组织泛珠三角区域合作行政首长联席会议,同时依托泛珠三角区域合作行政首长联席会议,建立"9+2"各方行政首长常态化的双边和多边会晤机制,是泛珠三角地区优化合作机制推进区域国际物流大通道建设的典型经验。具体做法如下。

一是泛珠三角区域合作机制启动以来,参与各方始终坚持"9+2"泛珠三角区域合作行政首长联席会议制度。根据既定规则,泛珠三角区域合作行政首长联席会议按照轮流承办的方式,每年选定9省(区)中的一个省会城市或香港、澳门作为举办地,举行一次会议。在会议上,各方共同商讨并决定区域合作的重大事宜,审议重大合作项目目录,同时举行双边和多边会晤,以务实的态度推进区域合作。例如,2021年泛珠三角区域合作行政首长联席会议在四川省成都市召开,会议期间"9+2"各方举行多场高层会晤,积极推动泛珠三角区域合作向纵深发展,包括赣港高层会晤、赣澳高层会晤、湘澳高层会晤、桂港高层会晤、桂澳高层会晤、黔澳高层会晤,以及川港高层会晤暨川港合作会议第二次会议、川澳合作会议第二次会议。❷

二是设立政府秘书长会议制度,其主要职责是督促泛珠三角区域合作行政首长联席会议议定事项落实情况,协调推进重大合作项目进展,组织有关单位联合编制专题计划以推进合作发展,并向泛珠三角区域合作行政首长联席会议提交区域合作进展情况的报告和建议。按照规定,原则上在每届行政首长联席会议结束后次月召开专项工作会;在每届泛珠三角区域合作行政首长联席会议前,召开秘书长协调会议,商议泛珠三角区域合作行政首长联席会议的地点、内容和形式。例如,2022年9月,成功召开了2022年泛珠三角区域合作行政首长联席会议筹备工作的第一次秘书

❶ 佚名.泛珠内地省区与港澳举行多场高层会晤　合作向纵深发展[EB/OL].(2021-09-27)[2023-02-22].http://www.pprd.org.cn/zdpt/content/post_666329.html.

❷ 同❶.

长会议，会议采用视频方式进行，重点研究了泛珠三角区域合作行政首长联席会议的总体工作方案、合作成果展示方案、广东省合作与发展论坛暨经贸洽谈会总体方案和其他相关筹备事项。[1]

三是成立泛珠三角区域合作行政首长联席会议秘书处，该秘书处负责区域合作的日常工作，并设在广东省发展改革委。内地九省（区）均在各自的发展改革委内设立推进泛珠三角区域合作工作办公室，而香港、澳门特别行政区由特区政府确定相应部门负责。

四是建立部门衔接落实制度。各方均要求有关主管部门加强相互间的协商与泛珠三角区域合作行政首长联席会议秘书处的衔接工作，针对具体的合作项目及相关事宜提出切实可行的工作措施，制订详细的合作协议与计划，以确保落实本协议提出的合作事项。[2]

（3）注重以府际协议不断强化区域网络治理。

构建跨省（区）的综合交通运输网络属于典型的公共基础设施，单靠个别地方政府的一厢情愿推动是不切实际的。在泛珠三角区域合作框架中，“9+2”各方之间所形成的是一种正式的伙伴关系，参与者是在自由实施发展战略中自愿选择是否加入合作网络，彼此间不存在政治权威或决策领导者。又由于府际协议既可以是行政隶属关系中上下级政府之间的纵向协议，也可以是同级别政府之间或部门之间的横向协议，还可以是级别不同、互不统辖的地方政府或部门之间的斜向协议，体现的是协议各方自愿互惠的行为结果。[3]所以，“9+2”各方特别注重以府际协议强化区域国际物流大通道建设过程中的泛珠区域网络治理。例如，“9+2”各方共同签署了《泛珠三角区域合作框架协议》，确定了“9+2”泛珠三角区域合作行

[1] 杨静．2022年泛珠三角区域合作行政首长联席会议筹备工作第一次秘书长会议召开［EB/OL］．（2022-09-01）［2022-12-05］．https://baijiahao.baidu.com/s?id=1742774607996558430&wfr=spider&for=pc.

[2] 泛珠三角合作信息网．《泛珠三角区域深化合作共同宣言（2015年—2025年）》全文［EB/OL］．（2014-10-30）［2022-07-05］．http://www.pprd.org.cn/fzgk/content/post_664988.html.

[3] 马捷，锁利铭，陈斌．从合作区到区域合作网络：结构、路径与演进——来自“9+2”合作区191项府际协议的网络分析［J］．中国软科学，2014，288（12）：79-92.

政首长联席会议制度、政府秘书长协调制度、发改委主任联席会议制度、日常办公制度和部门衔接落实等一系列制度，作为政府间的协调机制。同时，在广东省设立了泛珠三角区域合作行政首长联席会议秘书处。随后，为推动泛珠三角区域合作的进一步深化和落实各项合作事项，2014年，“9+2”各方政府经过协商一致，再次签署了《泛珠三角区域深化合作共同宣言(2015年—2025年)》。该宣言明确提出了在交通、管道、信息化建设等领域加强合作的战略目标，旨在加快构建适应区域合作发展需求的综合交通网络，逐步实现区域内交通运输一体化。此外，宣言还就政府间建立合作协调机制做出了明确规定。[1]此后，“9+2”各方共同编制并实施了《泛珠区域合作发展规划纲要》，以及交通、能源、科技、环保、信息化等多领域的专项规划，并签署了一系列省际战略合作框架协议。围绕珠江—西江经济带；粤桂黔滇高铁经济带等沿江、沿线经济带建设，相关省(区)还签署了《广东广西推进珠江—西江经济带发展规划实施共同行动计划》《贵广高铁经济带合作框架协议》等一系列区域合作文件。为深化省际交界地区合作，有关省(区)之间签署了《粤桂合作特别试验区建设实施方案》《共建湘赣开放合作试验区战略合作框架协议》《闽粤经济合作区发展规划》等省际交界地区合作文件。在加强相关省(区)之间合作方面，也达成了《深化粤川合作框架协议》《闽琼两省深化合作协议》等一批省际合作成果。[2]为加强城际之间交通运输联系，实现运输一体化，泛珠三角区域南昌、广州、长沙、南宁、成都、昆明、贵阳、福州8个省会(首府)城市签署了《泛珠三角区域省会城市交通合作协议》。[3]此外，泛珠三角区域合作与发展论坛和泛珠三角区域经贸合作洽谈会成为推动“9+2”各方合作的两大平台，合作各方通过论坛和洽谈会的形式确立了区域合作框架协议、

---

[1] 泛珠三角合作信息网.《泛珠三角区域深化合作共同宣言(2015年—2025年)》全文[EB/OL].(2014-10-30)[2022-07-05]. http://www.pprd.org.cn/fzgk/content/post_664988.html.

[2] 赵磊.泛珠三角区域合作机制创新研究[D].兰州大学,2017.

[3] 佚名.泛珠三角区域省会城市将实现交通一体化[EB/OL].(2008-07-16)[2022-07-05]. https://www.cbi360.net/gov/a17435.html

基本原则、合作思路和合作重点，开展广泛的经贸交流与合作。[1]前文提到，2009年6月，在第五届泛珠三角区域合作与发展论坛暨经贸洽谈会上，来自“9+2”各方交通运输部门的代表签署了《泛珠三角区域交通合作框架协议》[2]，其后区域内各方遵循该协议，按照“互动对接、共享共建”的原则，积极主动与区域内各省区加强铁路、公路、航空、港口等交通基础设施对接。[3]

(4)持续完善泛珠合作宣传推广与信息服务平台。

区域合作机制的建立与顺畅运行离不开高效的信息传递与沟通。泛珠三角地区在合作推进区域国际物流大通道建设时，也非常注重合作机制建立与运行效果的宣传推广及信息服务平台建设。在信息服务平台建设方面，“9+2”各方在共同展开泛珠三角区域合作的大背景下，为加强泛珠三角区域合作信息交流，根据“9+2”各方政府的共同意愿，由泛珠三角区域合作日常工作办公室主办了一个统一、快捷、方便的信息交流平台——泛珠三角合作信息网。该网站以整合现有网上资源为主，按贯彻高效务实的原则搭建而成，避免了各部门单独建立类似网站所造成的资源浪费。泛珠三角合作信息网具有合作交流、电子商务、公众服务、信息发布4大功能，建设目标是构建跨区域、跨行业的枢纽式、门户式网络信息交流平台。泛珠三角合作信息网不仅为各成员方提供权威的专业信息服务，而且也为知识界、企业界和广大社会公众提供了深入研究和全方位了解泛珠三角区域合作的窗口，向全世界动态展示泛珠三角区域合作的发展进程。在宣传推广方面，以承办单位南方新闻网为主导，一方面利用“9+2”各方的泛珠区域合作日常工作办将相关信息在政府渠道发布；另一方面也通过东南网、江西省信息中心、湖南省发展和改革委员会新闻信息中心、广西经济信息中心、南海网、四川新闻网、金黔在线、云南省经济信

[1]孙艳．欧盟、泛珠三角区域分工合作模式的经验及启示[J]．经济师，2010(6)：39-40.

[2]汪德芬．泛珠三角区域各方签署交通合作框架协议[EB/OL]．(2009-06-11)[2023-02-23]．http://www.hinews.cn/news/system/2009/06/11/010498983.shtml.

[3]江西省交通运输厅．泛珠三角区域综合交通运输一体化对接磋商会举行[EB/OL]．(2017-03-21)[2022-07-05]．http://www.jiangxi.gov.cn/art/2011/9/27/art_5158_285985.html.

息中心等协办单位互通信息和开展联合宣传。随后,随着互联网技术和新媒体营销的发展,泛珠合作的各种相关报道也开始在微信、微博还有各大短视频平台频频出现。就区域物流大通道建设而言,上述多渠道、多方式的宣传模式,在鼓励引导泛珠三角地区政策互通、利益共享、优势互补,以及充分调动和激发泛珠三角各地合力参与泛珠综合运输通道建设的主动性和创新力方面,均发挥了重要作用。

5.3 国内外相关地区优化合作机制参建区域陆海新通道的启示

5.3.1 优化区域合作机制应当坚持中央政府的领导地位

从国家安全视角,在以地方政府行政区域为单元组成的区域,针对那些需要跨域合作才能开展且又具备国家战略意义的公共事务,要调整和优化区域内各地区之间的合作机制,坚持中央政府或国家政府[1]的领导地位是必然选择。区域陆海新通道具有地域性、系统性、综合性、开放性等特征,因此坚持中央政府的领导地位,依靠中央政府的指导作用,凝聚各方力量推动区域陆海新通道建设是国内外诸多陆海新通道沿线地区的普遍做法。例如,在密西西比河运输通道建设中,先是美国国会成立密西西比河委员会,后是美国联邦政府启动密西西比河及其支流工程计划,组织

[1] 中央政府或国家政府是国家全国事务主管机构的总称,联邦制国家的中央政府,即称"联邦政府"。中央政府通常的作用是负责全国事务。世界各国中央政府有不同的名称,如国务院、政务院、国务委员会、部长会议、内阁等。其组织形式也不同:有的政府由议会中占多数席位的政党或政党联盟组成,对议会负责,议会有权监督政府并提出质询,甚至提出不信任案迫使政府辞职,如英国;有的政府以选举产生的总统为首脑,由他直接组织和领导,只对总统负责而不对议会负责,如美国;还有的政府由议会选举产生并对议会负责的总统为行政首脑,他直接干预由内阁总理及各部部长组成的政府,议会有权监督、撤换政府,如法国。中华人民共和国的中央政府是中华人民共和国国务院,是最高国家权力机关的执行机关,是最高国家行政机关,它由最高国家权力机关,即中华人民共和国全国人民代表大会产生,对它负责并报告工作。

流域地区开展大规模综合治理与开发建设，并强调在处理州际关系中注重行使国会优先权。东海道新干线运输通道建设，则是在日本集中、统一的交通运输管理体制下开展的，特别是东海道新干线沿线的日本首都圈建设，其合作机制设计及整个发展过程始终都没有脱离中央的管辖。在莱茵河运输通道建设过程中，德国联邦政府一方面代表德国最早加入莱茵河保护国际委员会，然后组织地方政府参与到莱茵河保护国际委员会协调推进的莱茵河污染治理当中；另一方面从国家层面实施“长距离运输以铁路、水路为主，两头衔接和集疏以公路为主”的物流发展战略，引导地方政府合作参与莱茵河的综合开发与治理。国内的京津冀综合运输通道、长江黄金水道、泛珠综合运输通道等区域陆海新通道沿线地区的合作更是在党中央和国务院的领导与支持下开展的。国际陆海贸易新通道建设作为一项国家战略，事关“一带一路”的有机衔接，以及西部大开发和“双循环”新发展格局的构建，更需要中央政府在区域合作机制的建设与发展中给予鼓励和支持，从而助推西部地区共建共享陆海新通道。

5.3.2　优化区域合作机制应当围绕通道发展目标和思路

区域合作机制的调整和优化应当紧紧围绕区域陆海新通道建设和发展的目标和思路，一旦偏离方向，任何调整都会失去意义。在美国，密西西比河流经地区合作参建密西西比河运输通道过程中，为了保护和开发密西西比河，虽然区域合作机制在持续变动，但是区域合作机制优化的目标指向始终围绕密西西比河的保护和开发展开。例如，密西西比河运输通道沿线的一些地区在1943年成立了密西西比河上游保护委员会，当时成立该合作机制的目的是保护密西西比河上游的自然资源，然后在1994年相关地区又成立密西西比河下游保护委员会，意在保护密西西比河下游的自然资源，之后在2003年又成立密西西比河下游海湾低氧次流域委员会，旨在推动密西西比河下游及海湾地区恢复水生生态系统，为动植物提供适宜的栖息地。❶在国内,长江经济带沿线地区优化合作机制参与长江黄金水道建设中,始终按照习近平总书记提出的"共抓大保护、不搞大开发"总体要求,努力建成衔接高效、安全便捷、绿色低碳的综合立体交通走廊,增强对长江经济带发展的战略支撑力。京津冀优化合作机制参建区域综合运输通道,始终以京津冀协同发展为战略目标,重点围绕建设好河北雄安新区和北京城市副中心等战略任务,合作推进区域交通一体化工作,助力疏解北京非首都功能。中国西部地区有着特殊的区情,优化区域合作机制参建陆海新通道的目标和思路自然不能与其他地区一样,但是应该围绕加强陆海新通道建设与共建"一带一路"和长江经济带发展、粤港澳大湾区建设发展、海南全面深化改革开放等区域重大战略对接,为推动西部地区经济高质量发展和融入新发展格局而努力。

5.3.3 优化区域合作机制应当建立强有力的统筹协调机制

国内外相关地区优化合作机制参建区域陆海新通道的经验表明,强有力的统筹协调机制能为区域合作机制的调整与优化提供坚强组织保障。例如,美国密西西比河流经地区虽然一直未能签署覆盖全流域的州际协同治理协议❷,但是美国国会设立了密西西比河委员会,作为密西西比河流域集中统一的防洪管理机构,然后委员会每个成员由美国总统提名,由参议院审查。此外,前文提到的密西西比河墨西哥湾流域富养工作队在组织各州、各区域办事处、各州际组织和非政府组织联合开展工作时也是一个强有力的统筹协调机构。德国境内莱茵河流经4州成立了跨州的协调委员会,但是该合作机制的运行离不开莱茵河保护国际委员会及德国水文研究所(相当于流域管理机构)的指导和支持。京津冀在统筹协调京津冀交通一体化发展中,组成了从中央到京津冀各地,自上而下的四层级协调管理机构,其中最高层级的统筹协调机构是国务院京津冀协同发展

❶ 周金城,胡辉敏,黎振强.密西西比河流域水质协同治理及对长江流域治理的启示[J].武陵学刊,2021,46(1):52-58.

❷ 同❶.

领导小组，并且由中央政治局常委、国务院副总理担任组长，还在国家发展改革委设立日常工作办公室。长江经济带沿线地区合作推动长江黄金水道建设，也由长江经济带工作领导小组统筹协调、宏观指导和推动落实，相关合作机制则按照“中央统筹、省负总责、市县抓落实”的管理体制运行。关于泛珠区域合作机制，建立更高层次统筹协调机制的建议也被提及。[1]当前中国西部地区参与陆海新通道建设，是在省部际联席会议、西部陆海新通道省际协商合作机制、推进国际陆海贸易新通道建设合作工作机制、西部陆海新通道班列运输协调委员会等协调议事机构指导下进行的。然而，上述合作机制的架构模式主要基于“君子协定”，各方都不具备正式发文的权限，所以在协调西部地区参与通道建设时，难以推动区域合作向更高层次、更深领域和更广范围发展。因此，参照长江黄金水道和京津冀综合运输通道建设的模式，有必要建立高层次的统筹协调机制。

5.3.4　优化区域合作机制应当准确把握合作的重点领域

优化区域合作机制推动区域陆海新通道建设应当根据本区域实际，按照通道建设目标和问题导向，准确把握合作共建区域陆海新通道的重点领域并进行集中突破，避免面面俱到。美国密西西比河运输通道和德国境内莱茵河运输通道沿线地区的合作重点均集中于流域水资源污染治理和水运通道的综合开发。日本东海道新干线通道沿线地区的合作重点集中在市场一体化建设及公共服务等领域。长江经济带沿线地区合作共建长江黄金水道的重点任务是推进交通绿色低碳发展。京津冀3地在优化合作机制推动区域综合运输通道建设过程中，突出雄安新区交通建设、北京城市副中心交通体系、区域交通一体化三大重点领域。泛珠三角地区为构建适应区域合作发展要求的综合交通网络，合作重点在交通、管道、信息化建设等领域，逐步实现区域内交通运输一体化。就中国西部地区而言，目前各方聚焦的突出问题包括通道堵点和瓶颈、枢纽功能布局重合、产业分布交叉、管理服务缺失、沟通协调不畅、行政决策割裂、要素资

[1] 赵磊．泛珠三角区域合作机制创新研究[D]．兰州大学，2017.

源分散等，未来应该围绕主通道建设、枢纽功能强化、班列运输协调、降成本与优服务、省际协商合作、交通物流经济深度融合等领域集中资源、重点突破。

5.3.5 优化区域合作机制应当健全促进区域合作的制度

制度作为约束行为主体的一系列规则，它不仅能够为优化区域合作机制提供一个规则体系，而且也基本明确了区域合作机制调整后参与区域合作的行为主体在合作中可能要付出的成本和将要获得的收益。国内外诸多地区建立和完善合作机制参建区域陆海新通道都非常注重建立健全相关法律法规体系。美国为了实现密西西比河流域开发的有效性及更好地建立区域合作机制，先后制定了《州际商务法》《水资源规划法》《防洪保险法》《汽车运送法》《地面交通支持法》《灾害救济法》《成长法案》等一系列全国性的法律法规。德国境内莱茵河流经地区一边根据德国基本法规定的地方政府自治权及其所衍生的跨域合作自主权，采取多种跨域合作方式参与莱茵河运输通道建设，一边根据《控制化学污染公约》《控制氯化物污染公约》《防治热污染公约》等国际公约，合作开展流域污水治理工作。日本东海道新干线沿线地区开展的跨域合作以日本《地方自治法》为主要依据，同时在通道交通运输行政管理中，每次大幅度改革交通运输管理体制后，通常都会制定或修订一批法律法规，在机构设置、职能配置、事权划分及不同管理主体的权责范围等方面，尽可能地以立法的形式确定下来，并且尽量细化相关内容，使交通运输管理主体和参与主体在实践中有章可循、有法可依，为新体制运行和巩固合作机制运行成果提供保障。长江经济带沿线地区则依据我国第一部流域法《长江保护法》构建相关合作机制共建长江黄金水道。京津冀按照《交通运输部关于推进京津冀交通一体化政策协调创新的指导意见》，建立健全京津冀交通一体化政策对接和协调机制，3省（市）还联合印发了《京津冀公路立法协同工作办法》《京津冀交通运输行政执法合作办法》等。泛珠三角地区注重以府际协议强化区域网络治理，“9+2”各方共同签署了《泛珠三角区域合作框架协议》

《泛珠三角区域交通合作框架协议》,确定了共建泛珠综合运输通道政府间的协调机制。之后为了为推动泛珠深化合作各类事项的落实,又签署了《泛珠三角区域深化合作共同宣言(2015年—2025年)》。当前,中国西部地区合作共建际陆海新通道在创新政策体系和完善区域协调发展机制方面仍处于探索阶段,今后应当建立健全促进区域合作的制度体系,尽量做到区域合作机制的调整与优化能够做到有法可依、有法必依。

5.3.6　优化区域合作机制应当发挥宣传舆论的引导作用

参与区域国际物流大通道建设的沿线地区各有诉求,所以从各自利益出发建立起来的区域合作机制只有在兼顾各方利益的情况下才能真正运行起来。现实中由于合作各方诉求不一,甚至彼此之间存在竞争关系,要完全照顾到每个地区的所有诉求会是非常艰难的。舆论宣传对于人的行为具有潜移默化的影响。加强关于优化区域合作机制推动区域国际物流大通道建设的正面舆论引导,不仅能够引起利益相关者的关注,还更容易获得更多正面的评价。这将有助于激发通道沿线地区各种类型的参建主体合作参与通道建设的积极性、主动性和创新力,进而推动区域合作机制的不断优化。上述国内外6条区域国际物流大通道的沿线地区在合作开展相关活动时,都通过各种渠道及采取多种方式对合作机制的建立、运行和调整进行了宣传报道,如今更是能在互联网上广泛收集到关于这些区域合作机制调整与优化的新闻报道和学术研究成果。虽然中国西部地区在合作参建国际陆海贸易新通道方面取得了一些成绩,但区域合作的层次和深度仍有待提升。为此,今后可以借鉴泛珠三角区域合作在宣传推广与信息服务平台建设方面的成功经验,进一步完善信息服务平台的功能,充分发挥舆论宣传的引导作用,以推动区域合作机制的不断优化。

第6章 中国西部地区优化合作机制参建国际陆海贸易新通道的方案设计

6.1 指导思想

以习近平新时代中国特色社会主义思想为指导，深入贯彻习近平总书记对陆海新通道系列重要讲话和重要指示批示精神，认真落实党中央、国务院决策部署，坚持合作发展、互利共赢主题，按照国家建立更加有效的区域协调发展新机制的战略要求，紧紧围绕推进西部大开发形成新格局、连接“一带”和“一路”、支撑西部地区参与国际经济合作、促进交通物流经济深度融合的战略目标，以体制机制改革打破既有边界隔离，以统一架构整合各类资源，以健全保障措施深化区域合作，加快完善沟通协商机制，理顺组织管理框架，整合各类优势资源，努力统筹协调西部地区合作共建陆海新通道，形成架构统一、简明高效、职责清晰的区域合作新机制，为加快跨省区重大合作平台建设，构建创新、协调、绿色、开放、共享的陆海新通道经济走廊，推动西部地区经济高质量发展和融入新发展格局提供坚实的制度保障。

6.2 基本原则

6.2.1 中央统筹、地方负责

以新时代推进西部大开发形成新格局战略为引领，着力加强中央对西部地区优化合作机制参建陆海新通道的顶层设计，按照架构统一、职责清晰、优势互补、统筹发展、调度有方的基本原则，逐步建立和完善统筹协调西部地区参建陆海新通道的组织框架、职责划分、沟通决策、人员配置、绩效考核等方面的整体方案和整体架构，增强陆海新通道统筹发展的计划性、系统性和阶段性，努力以最小的调整成本换取最大的改革红利。明确陆海新通道沿线地方政府的实施主体责任，充分调动西部省（区、市）按照合作共建陆海新通道的新机制，推动陆海新通道沿线地区协调参与陆海新通道建设的主动性和积极性。

6.2.2 政府引导、统筹推进

充分发挥市场在资源配置中的决定性作用，更好地发挥政府作用[1]，加强顶层设计，强化规划引领，促进西部地区合作参建陆海新通道新机制有效有序运行。以陆海新通道重点领域和关键环节为突破口，统筹推进基础设施网络，运营组织模式，交通物流结构，加强交通物流经济深度融合，社会管理、公共服务和生态文明建设等方面的合作。

6.2.3 守正创新、风险可控

推进陆海新通道建设与发展，是事关西部大开发形成新格局和西部地区长远发展的系统性工程，涉及面广、触动利益多、需要强有力的支持，在积极推进统筹西部地区协调参与陆海新通道建设管理关系统一设计、统一架构、互补整合的同时，也要尊重现有合作机制形成的历史关系、定位差异、优势作用，坚持和完善促进西部地区协调参与陆海新通道建设和发展行之有效的合作机制。同时，根据新情况、新要求不断改革创新，按照各方接受、控制风险的基本原则稳步推进，协调好各方利益，控制好整合风险，建立更加科学、更加有效的统筹协调发展新机制。

6.2.4 权责统一、联动联勤

打破行政区域分割和现有利益关系阻隔，对统筹西部地区协调参与陆海新通道建设的议事决策领导规格、管理架构、职责关系、沟通协商、决策机制等进行系统考虑、稳步实施，以“一盘棋”思想统筹谋划通道整体发

[1] 泛珠三角合作信息网.《国务院关于深化泛珠三角区域合作的指导意见》全文[EB/OL].(2016-03-15)[2022-07-05]. http://www.pprd.org.cn/fzgk/content/post_664433.html.

展，坚持参建主体权责统一，增强西部地区参与陆海新通道建设的协同性、联动性、整体性。

6.2.5 问题导向、补齐短板

聚焦西部地区共建陆海新通道过程中存在的堵点和瓶颈，以及枢纽功能布局重合、产业分布交叉、管理服务缺失、沟通协调不畅、行政决策割裂、要素资源分散等突出问题，加快相关体制和机制的设计调整，有针对性地提出专项具体解决方案，并作为统筹协调发展统一架构下的重点问题给予优先解决，通过补齐点上问题短板带动面上机制完善，切实激发通道发展活力。

6.2.6 优势互补、合作共赢

充分发挥各方优势，加强西部地区省（区、市）之间及西部地区与陆海新通道沿线其他地区之间的务实合作，促进区域间的要素自由流动、资源高效配置和交通物流经济深度融合，推动西部地区经济高质量发展和融入新发展格局。积极探索陆海新通道重大建设项目、重大平台多方共建和利益共享机制，提升发展内在动力。

6.3 预期目标

通过统筹协调西部地区合作共建陆海新通道，充分发挥各方的政策和资源比较优势，形成共商共建共享的良好格局，切实激发陆海新通道发展活力，加快建成经济、高效、便捷、绿色、安全的陆海新通道，推动西部地区经济高质量发展和融入新发展格局；转变政府职能、全面提升陆海新通道沿线地区政府的管理和服务效能，实现陆海新通道治理体系和治理能力的现代化；突破利益固化，最大限度地调动一切积极因素，构建共同研究、统筹实施、共享成果的合作机制与模式，以“一盘棋”思想统筹谋划和推动通道整体发展，为加强陆海新通道与共建“一带一路”和长江经济带发展、海南全面深化改革开放等区域重大战略对接提供坚实的基础和有力的制度保障。具体目标如下。

(1)在组织架构上,逐步实现从条块分割向统一管理的转变。

当前,陆海新通道建设过程中,交通运输部门与商务、海关、财政、外交、市场监管、工业和信息化、金融等职能部门在职责方面存在一定的交集,地方在落实国家政策过程中,不同地区根据自身情况和实际制定细化,会出现有差别的政策,甚至出现行政割据和市场壁垒。通过中央统筹、整合现行合作机制,采取协调、指导、领导等手段逐步实现统一管理,降低制度成本,提高决策效率和决策的落地率。

(2)在发展方式上,逐步实现由各自为战向协同作战的转变。

诸多实践经验表明,行政上的条块割据必然导致陆海新通道各参建单位各自为战,结果也极可能是低水平的竞争、重复建设乃至以邻为壑。通过统筹协调西部地区合作共建陆海新通道,逐步实现合作共赢,推动西部地区从协商合作到相互支持、抱团取暖,最后实现优势共享、一体化发展。

(3)在推动力量上,逐步实现由政府驱动向市场驱动的转变。

目前西部地区陆海新通道参建水平各异,但是现行的省部际联席会议制度及其领导的省际协商合作联席会议、推进国际陆海贸易新通道建设合作工作机制都旨在推进通道建设工作,以及国务院西部地区开发领导小组下建立的西部大开发省部联席落实推进工作机制,也负责协调解决西部大开发相关体制机制创新、重大项目建设等跨区域、跨领域的问题,然而它们整体架构相似,成员单位构成相似,而且都制定了各自的工作机制规则和关于推进陆海新通道建设跨域合作的工作要点,这就影响到市场主体的预期和判断,形成对经济活动的干预。因此,对现有议事决策机构的统筹过程,也是实现政府简政放权、提高效能的过程。应通过整合来压缩机构,尽可能减少政府对微观经济活动的干预,发挥市场在资源配置中的决定性作用。

(4)在职能分工上,逐步实现由重复交叉向权责统一、联勤联动的转变。

目前,西部地区作为成员单位参与的现行各级别的议事决策机构职责相近，整体架构雷同，因此在推动西部地区参建陆海新通道的组织与管理上存在不少重复交叉。通过对现有议事决策机构的统筹，从规划和监管做起，逐步推动功能整合和专业化，最终在国家统筹协调机制和地方政府部门之间，实现权责统一，联动联勤；通道运营组织平台、国铁集团、投资集团、地方政府之间，实现西部陆海新通道运营组织、经济管理、经济服务和经济开发职能的分离。通过明晰权责，发挥各部门的优势，减少对市场的不必要干预，提升行政效能。

6.4 方案设计详述

基于上述指导思想、原则和目标，同时考虑到实现区域性公共目标需要地方政府间有效而真实的合作认知，需要正视各地政府之间关系的复杂性，还考虑到中央与政府关系构成的纵向协调环境的战略背景调整及保护并利用好地方政府间竞争的积极性[❶]，对西部地区优化合作机制参建陆海新通道，形成如下3个备选方案。3个方案在整合难度上从易到难，在推进顺序上为递进关系。

6.4.1 方案1：西部地区协调参与陆海新通道建设的合作机制

6.4.1.1 总体考虑

西部大开发省部联席会议落实推进工作机制、推进国际陆海贸易新通道建设合作工作机制、西部陆海新通道省际协商合作机制保持现有合作机制基本不变。在国家层面，由国家发展改革委牵头，会同国务院各部委、各直属机构，西部陆海新通道沿线所有省（区、市），国铁集团、中远海运集团、招商局集团，调整和完善西部陆海新通道省部际联席会议制度。

❶ 锁利铭. 走向复杂性的地方政府间竞合关系：理论演进与实践路径[J]. 行政论坛，2023，30(2)：55-66，2.

西部陆海新通道省部际联席会议机制作为国家发展改革委主导的国家议事协调机构，会同有关部门和地方加强重点任务推进情况跟踪调度和评估督导，及时协调解决西部陆海新通道建设运营过程中的重点难点问题，推动目标任务落实。重庆市人民政府通过西部陆海新通道省际协商合作机制的平台（省际协商合作联席会议办公室），实现并加强对参与西部陆海新通道建设的省（区、市）和国家有关部委的组织与协调，建立资源共享、优势互补的机制，推进重大事项的决策和落地，优化资源配置，转变政府职能、提高政府效能，初步形成一体化发展的合力。

6.4.1.2 相关事项的具体方案设计

（1）分步完善协调西部地区参与陆海新通道建设的组织框架。

为了尽可能地避免在统筹中的摩擦和阻力，建议分两步完善西部地区参与陆海新通道建设的组织框架。

第一步：调整协调西部地区参与陆海新通道建设的非常设机构。由国家发展改革委牵头，在原来14个国家部委、5省（区、市）组成的省部际联席会议基础上，参照西部大开发省部联席落实推进工作机制成员单位名单，详见专栏6-1，吸纳宣传、公安、税务、教育、自然资源、水利、海关和交通系统等单位，以及国铁集团、中远海运集团、招商局集团，广东省、湖南省、海南省及西部12个省（区、市）、新疆生产建设兵团参加，完善西部陆海新通道省部际联席会议制度的成员单位组成，目标是使省部际联席会议的成员单位能够在西部大开发省部联席落实推进工作机制原有班子基础上扩充，加强跨地区、跨部门协作。调整后的省部际联席会议负责与陆海新通道建设及西部地区发展有关的重大事项的决策、协调。

专栏6-1　国家在国务院西部地区开发领导小组下，建立西部大开发省部联席落实推进工作机制

为加强对西部大开发工作的统筹协调和督促落实，国家在国务院西部地区开发领导小组（以下简称领导小组）下，建立西部大开发省部联席落实推进工作机制（以下简称工作机制）。工作机制由中央宣传部、外交部、国家发展改革委、教育部、科技部、工业和信息化部、国家民委、公安部、民政部、财政部、人力资源社会保障部、自然资源部、生态环境部、住房城乡建设部、交通运输部、水利部、农业农村部、商务部、文化和旅游部、卫生健康委、中国人民银行、海关总署、税务总局、广电总局、国家统计局、中国银保监会、国家能源局、国防科工局、国家林草局、国家铁路局、中国民航局、国家乡村振兴局，国铁集团、亚洲开发银行等34个部门和单位，西部12个省（区、市）人民政府和新疆生产建设兵团组成，国家发展改革委为牵头单位。

工作机制的主要职责是按照党中央、国务院决策部署，在领导小组的统筹指导下，加强重大问题研究和重大政策、重大项目储备，提出完善西部大开发政策体系的建议；协调解决西部大开发相关体制机制创新、生态环境保护、对外开放合作、重大项目建设等跨区域、跨领域的问题；加强对西部大开发推进实施进展情况的督促检查，定期向领导小组报告有关工作进展情况；完成领导小组交办的其他事项。[1]

同时，将商务部牵头成立的推进国际陆海贸易新通道建设合作工作机制、重庆市人民政府牵头成立的西部陆海新通道省际协商合作机制、国铁集团牵头成立的西部陆海新通道班列运输协调委员会纳入加快西部陆海新通道建设与发展工作机制。在联席会议制度下将上述3个工作协调机制改设为西部陆海新通道省际协商合作专项工作小组，以及西部陆海新通道班列运输协调专项工作小组，以及推进国际陆海贸易新通道建设合作工作小组。国家发展改革委牵头的西部大开发省部联席落实推进工作机制仍然按照《西部大开发省部联席落实推进工作机制制度》运行，但要与调整后的省部际联席会议密切配合，必要时可以同时“举牌”，以管理上的灵活性，实现制度和政策叠加效应的最大限度地发挥。

[1] 国务院办公厅．国务院办公厅关于同意建立大运河文化保护传承利用工作省部际联席会议制度的函[EB/OL].(2019-06-14)[2022-12-15]. https://www.gov.cn/zhengce/zhengceku/2019-06/24/content_5402771.htm.

参考大运河文化保护传承利用工作省部际联席会议制度的领导规格详见专栏6-2，省部际联席会议由国家发展改革委主任担任召集人，国家发展改革委、交通运输部、商务部等有关部门负责人担任副召集人，联席会议成员包括：中央宣传部、外交部、国家发展改革委、教育部、科技部、工业和信息化部、国家民委、公安部、民政部、财政部、人力资源社会保障部、自然资源部、生态环境部、住房城乡建设部、交通运输部、水利部、农业农村部、商务部、文化和旅游部、国家卫生健康委、中国人民银行、海关总署、市场监管总局、国际发展合作署、税务总局、广电总局、国家统计局、金融监督管理总局、国家能源局、国防科工局、国家林草局、国家铁路局、中国民航局等部门和单位领导，以及西部12个省（区、市）、海南省、广东省、湖南省人民政府和新疆生产建设兵团有关负责领导，以及国铁集团、中远海运集团、招商局集团、亚洲开发银行的负责人。

专栏6-2　国务院建立由国家发展改革委牵头的大运河文化保护传承利用工作省部际联席会议制度

为贯彻落实中共中央办公厅、国务院办公厅印发的《大运河文化保护传承利用规划纲要》，加强跨地区、跨部门协作，经国务院同意，建立大运河文化保护传承利用工作省部际联席会议制度。

一、主要职责

在党中央、国务院领导下，深入贯彻落实《规划纲要》，加强对大运河文化保护传承利用各项工作的统筹协调，研究审议相关重要政策、年度计划、工作总结和其他重要事项，指导做好重大任务、重大工程、重大措施的组织实施，协调解决跨地区、跨部门的重大问题，完成党中央、国务院交办的其他事项，着力将大运河打造成为宣传中国形象、展示中华文明、彰显文化自信的亮丽名片。

二、成员单位

联席会议由国家发展改革委、中央宣传部、文化和旅游部、教育部、工业和信息化部、财政部、人力资源社会保障部、自然资源部、生态环境部、住房城乡建设部、交通运输部、水利部、农业农村部、商务部、体育总局、国家林草局、国家文物局17个部门，以及北京市、天津市、河北省、江苏省、浙江省、安徽省、山东省、河南省组成，国家发展改革委为牵头单位。[1]

联席会议由国家发展改革委主要负责人担任召集人，中央宣传部、国家发展改革委、文化和旅游部有关负责人担任副召集人，其他成员单位有关负责人担任成员。联席会议成员因工作变动等原因需要调整的，由所在单位提出，联席会议确定。联席会议可根据工作需要增加成员单位。

联席会议办公室设在国家发展改革委，承担联席会议日常工作，完成召集人交办的其他工作，办公室主任由国家发展改革委有关负责人兼任。联席会议设联络员，由各成员单位有关司局级负责人担任。

三、工作规则

联席会议根据工作需要定期或不定期召开会议，由召集人或召集人委托副召集人主持。成员单位可以提出召开会议的建议。研究具体工作事项时，可召集部分成员单位参会，也可以邀请其他相关部门、地方和专家参加会议。联席会议以纪要形式明确会议议定事项并印发有关方面。重大事项按程序报告党中央、国务院。

四、工作要求

国家发展改革委要牵头会同各成员单位切实做好联席会议各项工作。各成员单位要密切配合，认真落实联席会议议定事项。联席会议办公室要加强对联席会议议定事项的跟踪督促落实，及时向各成员单位通报情况。[1]

第二步：固化相关决策和协调机制。逐步推进联席会议实体化运作。省部际联席会议下设办公室，办公室继续设在国家发展改革委，承担联席会议日常工作，督促、检查联席会议决定事项落实情况；完成召集人交办的其他事项。

办公室主任由国家发展改革委副主任兼任。省部际联席会议设联络员，由联席会议成员单位有关司局或参建省（区、市）安排的有关负责人担任。

省部际联席会议下设专家咨询委员会，为联席会议科学决策提供技术支撑。其主要职责是对西部陆海新通道高质量建设实施方案及其相关专项规划实施进行跟踪评估，向联席会议全体会议提交年度评估报告；针对联席会议每年的议事主题和西部陆海新通道高质量建设中的难点和重点

[1] 国务院办公厅. 国务院办公厅关于同意建立大运河文化保护传承利用工作省部际联席会议制度的函[EB/OL].（2019-06-14）[2022-12-15]. https://www.gov.cn/zhengce/zhengceku/2019-06/24/content_5402771.htm.

问题，开展调研和咨询活动，向联席会议提交专题咨询报告；负责收集和整理公众对西部陆海新通道高质量建设的意见和建议，向联席会议反映社情民意。

建立联席会议和专项工作小组的例会制度。原则上，联席会议工作例会每半年召开一次，专项工作小组工作例会每季度召开一次。牵头单位可根据实际需要召开专题会议。联席会议成员因工作变动需要调整的，由所在单位向联席会议办公室提出后联席会议确定。联席会议可根据工作需要调整成员单位。联席会议办公室不刻制印章，因工作需要印发文件，由国家发展改革委代章。

（2）调整和完善西部陆海新通道门户网的平台功能。

一是将西部陆海新通道门户网的定位调整为集西部陆海新通道沿线所有省（区、市）主办的跨部门、跨区域、跨行业的枢纽式、门户式网络信息交流平台。目前，西部陆海新通道物流和运营组织中心主办的西部陆海新通道门户网站更多提供信息发布的服务。随着西部陆海新通道沿线地区合作的深入，未来还将涉及跨区域的政府服务协同办理问题，因此可以借鉴泛珠三角合作信息网的定位与建设模式，详见专栏6-3，建设集西部陆海新通道沿线所有省（区、市）主办的跨部门、跨区域、跨行业的枢纽式、门户式网络信息交流平台，增设跨域通办服务专区，为西部陆海新通道沿线企业和群众提供统一事项标准、统一支撑平台、线上一网通办、线下代收代办等服务，同时增设经贸洽谈的专区，促进通道沿线地区招商引资，并为西部陆海新通道沿线地区之间产业合作提供展示与交流平台。

专栏6-3　泛珠三角合作信息网：一个跨区域、跨行业的枢纽式、门户式网络信息交流平台
泛珠三角合作信息网（以下简称泛珠网，网址：http://www.pprd.org.cn）是在福建省、江西省、湖南省、广东省、广西壮族自治区、海南省、四川省、贵州省、云南省、香港特别行政区、澳门特别行政区等省（区）共同展开泛珠三角区域合作的大背景下，为加强泛珠三角区域合作信息交流，建立统一、快捷、方便的信息交流平台，根据“9+2”政府的共同意愿，由泛珠三角区域合作日常工作办公室主办的。

泛珠网的建设是贯彻落实《泛珠三角区域合作框架协议》精神的具体措施，以整合现有网上资源为主，贯彻高效务实的原则搭建而成，避免了各部门单独建立类似网站所造成的资源浪费。泛珠网的建设目标是构建跨区域、跨行业的枢纽式、门户式网络信息交流平台，具有合作交流、电子商务、公众服务、信息发布四大功能。泛珠网不仅将为各成员方提供权威的专业信息服务，而且也为知识界、企业界和广大社会公众提供深入研究和全方位了解泛珠三角区域合作的窗口，向全世界动态展示泛珠三角区域合作的发展进程。其中的泛珠跨域通办服务专区，由广东省人民政府办公厅主办，数字广东网络建设有限公司承办，广东省政务服务数据管理局运行管理。

二是西部陆海新通道门户网应该提供各地区政府服务网站的“一网通办”入口。西部陆海新通道门户网在汇聚西部陆海新通道沿线省（区、市）还有国家部门网上政务平台时，每个部门和地方的政务平台都应该严格按照《国务院关于加快推进政务服务标准化规范化便利化的指导意见》，以加快推进政务服务标准化、规范化、便利化，推动更多政务服务事项网上办、掌上办为指导思想，加快推进“一网通办”，建立和完善网上政务平台的办事指南、网上咨询、查询、办事、投诉等功能，重点提升网上政务服务能力，全面落实“好差评”评价。如果条件允许，甚至可以考虑不同部门、省级政府之间打通政务服务网之间的信息壁垒，实现数据共享、协同服务。最终目标是一旦涉及西部陆海新通道建设与发展的跨地区事项，仅需要通过西部陆海新通道门户网跨域通办入口，就能全部完成相关项目的审批工作。

（3）建立重大事项的协商合作机制。

由省部际联席会议召集，对事关西部陆海新通道建设及西部地区发展的重大事项开展议事协调，包括但不限于中长期规划、年度计划、发展战略、发展目标、功能定位、特别重大项目安排、重大的体制机制改革和创新、人才的管理和交流等。

推进国际陆海贸易新通道建设合作工作小组会议、西部陆海新通道省际协商合作专项工作小组会议及西部陆海新通道班列运输协调专项工作小组会议，分别由商务部、重庆市人民政府、国铁集团作为牵头单位召集，通过专项工作小组对特定领域的重要合作事项进行推动和协商，包括但不限于年度投资计划、实事项目、土地和空间利用计划、重大项目的推进、相关领域的体制机制创新等。

由省部际联席会议办公室召集，统筹协调区域内涉及面广、较为复杂的事项或专题工作组无法完成的重要事项，包括但不限于资源的利用、可持续发展、公共服务和社会管理、重大体制机制改革的建议等。以专项工作小组协商合作机制为平台，完善双边和多边会晤协调机制。进一步强化专项小组秘书处和各方日常办公室职能，切实履行职责，加强与国务院有关部门的沟通衔接和横向沟通联系。

(4)建立具体事项的协商通报机制。

发挥省部际联席会议办公室的信息中枢和整体协调优势，及时将西部地区和西部陆海新通道其他参建省(区、市)在主通道建设、枢纽功能强化、班列运输协调、降成本与优化服务、省际协商合作的体制机制创新等方面的工作情况、成功的经验和好的做法、相关的重要研究成果向所有西部陆海新通道沿线省(区、市)进行通报，并同时报送国务院有关部门。

积极发挥专家咨询委员会的作用，对西部陆海新通道高质量建设实施方案及其相关专项规划实施进行跟踪评估；针对联席会议每年的议事主题和西部陆海新通道高质量建设中的难点和重点问题，开展调研和咨询活动；负责收集和整理公众对西部陆海新通道高质量建设的意见和建议。相关的重要研究成果提交联席会议，并向所有西部陆海新通道沿线省(区、市)进行通报。

积极发挥专题工作组的协调职能，在做好相关领域工作互相通报的基础上，促进各地区在物流枢纽建设、功能配套、招商引资等方面开展协商，避免冲突和矛盾升级。

省部际联席会议办公室及时发现各地区在一些重大事项上的冲突和矛盾，对各地区在西部陆海新通道基础设施建设、物流枢纽建设、班列组织与运输管理、西部陆海新通道与经济融合等方面的利益和诉求进行综合平衡；创新机制和方法，引导各地区协商解决、实现共赢。

6.4.1.3　对方案1的总体评价

本方案充分考虑了西部地区参与陆海新通道建设现有的合作机制和发展现状，体现了立足现实和循序渐进的原则，遵循中央统筹、地方与国家部委合作共建的方针，努力跨出统筹西部地区参与陆海新通道的第一步。由于保持了国家发展改革委、商务部、重庆市人民政府、国铁集团各自原来在西部大开发省部联席落实推进工作机制、西部陆海新通道省部际联席会议机制、推进国际陆海贸易新通道建设合作工作机制、西部陆海新通道省际协商合作机制、西部陆海新通道班列运输协调机制的重要地位，也没有触及其他单位的利益核心，因此相对比较容易操作，不会引起较大反弹。同时，明确了国家发展改革委作为西部陆海新通道省部际联席会议机制牵头部门，以及国务院相关部委和西部陆海新通道沿线地方政府的重要地位，以便加强中央政府对西部陆海新通道省部际工作的组织领导和统筹协调，凝聚工作合力，从而更好地体现了西部陆海新通道建设是一项系统性的宏大工程。

此外，调整完善后的西部陆海新通道省部际联席会议制度在工作规则方面也有所变化，强调在研究具体工作事项时，可召集部分成员单位参会，也应该邀请其他相关部门、地方、企业和专家、群众代表参加会议。这体现陆海新通道建设更加注重倾听地方、基层、群众的呼声和企业、专家学者的建议，更体现了陆海新通道建设是一项共治性的宏大工程，需要调研论证、集思广益、群策群力。同时，调整完善后的西部陆海新通道省部际联席会议制度在主要职责方面发生了变化：一是要在党中央、国务院领导下，深入贯彻落实《中共中央　国务院关于新时代推进西部大开发形成新格局的指导意见》《实施方案》，加强对陆海新通道高质量建设各项工作的统筹协调；二是要研究审议相关重要政策、年度计划、工作总结和其他重要事项；三是要指导做好重大任务、重大工程、重大措施的组织实施，协调解决跨地区、跨部门的重大问题；四是完成党中央、国务院交办的其他事项。方案提出建立相应的沟通协调机制，以较小的沟通成本推动重要事项的解决成为可能。

本方案的局限性在于,受制于现有议事决策的领导规格和行政框架的约束,市场化的体制机制不能得到有效发挥。在协调议事机制中,国家发展改革委主任承担了联席会议召集人的角色,但是没有明确的领导和被领导关系,联席会议和专题小组在推进相关决策事项时,有可能出现议而不决的情况。即使在沟通层面达成共识,相关决策缺乏约束力,决策效率、措施落地效果也不能得到有力保证。

6.4.2 方案2:西部地区协作参与陆海新通道建设的合作机制

6.4.2.1 总体思路

为加强国家对陆海新通道建设与发展工作的统筹协调和督促落实,充分调动重庆等初始省(区、市)参与陆海新通道建设的主动性和积极性,遵循中央统筹与地方负责相结合的基本原则[1],由重庆市委牵头,会同国务院各部委、各直属机构,以及陆海新通道沿线其他省(区、市),国铁集团、中远海运集团、招商局集团,建立加快西部陆海新通道建设与发展协作小组,组成国家层面的议事协调机构,负责重大事项的决策、协调。考虑到西部陆海新通道的战略定位,以及陆海新通道作为中国和新加坡两国的合作项目和两国政府沟通协调的需要,加快西部陆海新通道建设与发展协作小组作为国务院西部地区开发领导小组统筹领导下的议事协调机构,重大事项需向西部地区开发领导小组报告。加快西部陆海新通道建设与发展协作小组根据《西部陆海新通道总体规划》和《实施方案》,成立若干工作协调小组,加强具体事项的沟通和协调。

通过建立机制,确立重庆市在统筹西部地区共建共享陆海新通道中的主导地位。建立健全沟通协商机制,综合运用交流、协调、部署等手段,降低沟通和摩擦成本,减少重复建设和低水平的恶性竞争,协商解决陆海新通道建设及西部地区发展中的重点问题,推动重大事项的落地和解决。

---

[1] 中共中央　国务院关于建立更加有效的区域协调发展新机制的意见[EB/OL].(2018-11-29)[2023-04-03]. http://www.gov.cn/zhengce/2018-11/29/content_5344537.htm.

6.4.2.2　相关事项的具体安排

(1)整合协作发展的组织框架。

在国务院西部地区开发领导小组的统筹指导下，由重庆市人民政府牵头，外交部、工业和信息化部、财政部、自然资源部、交通运输部、商务部、中国人民银行、海关总署、市场监管总局、国际发展合作署、国家铁路局、中国民航局，国铁集团、中远海运集团、招商局集团，广东省、湖南省、海南省及西部11个省(区、市)参加组成加快西部陆海新通道建设与发展协作小组，作为国家层面的议事协调机构，省部际联席会议、省际协商合作联席会议、推进国际陆海贸易新通道建设合作工作机制同时撤销。加快西部陆海新通道建设与发展协作小组负责与陆海新通道建设及西部地区发展有关的重大事项的决策、协调。

参考2013年由北京市牵头成立的京津冀及周边地区大气污染防治协作小组领导规格，详见专栏6-4，协作小组由重庆市委书记担任组长，国家发展改革委、商务部、交通运输部和重庆市人民政府主要负责人担任副组长，领导小组成员包括：广东省、湖南省、海南省、西部地区12个省(区、市)有关负责人，以及外交部、工业和信息化部、财政部、自然资源部、交通运输部、商务部、中国人民银行、海关总署、市场监管总局、国际发展合作署、国家铁路局、中国民航局等部门领导，还有国铁集团、中远海运集团、招商局集团等部门的负责人。

专栏6-4　北京市牵头国家部委和相关省(区、市)共同成立了京津冀及周边地区大气污染防治协作小组
按照《大气污染防治行动计划》有关要求，2013年由北京市牵头，天津、河北、山西、内蒙古、山东六省(区、市)和国家发展改革委、财政部、环保部、工信部等七部委共同成立了京津冀及周边地区大气污染防治协作小组(以下简称协作小组)，北京市委书记任组长，环保部和京津冀三地政府主要负责人任副组长，小组办公室设在北京市环保局。

> 京津冀三地按照“责任共担、信息共享、协商统筹、联防联控”的原则，共同推进区域大气污染联防联控工作。2015年5月，随着河南省政府和交通运输部的加入，协作小组成员单位扩大到八个中央部委和七个省(区、市)。目前，协作小组共召开了10次全体会议，部署区域大气污染联防联控重点工作、协调解决区域污染治理难题、联合保障国家重大活动期间空气质量等。值得注意的是，虽然协作小组是由北京市牵头，但时任国务院副总理张高丽也出席过很多次全体会议。
>
> 协作小组成立之后，京津冀区域大气污染治理从各自为政的模式逐步转向联防联控的模式，主要进行了六大方面的具体工作：①进行京津冀环境保护合作顶层设计；②建立完善京津冀联动执法机制；③深化“2+4”(北京与保定、廊坊；天津与唐山、沧州)结对合作机制；④建立完善区域空气质量预报预警及应急联动机制；⑤深入开展大气污染治理科研合作；⑥统一区域排放标准。❶

协作小组下设若干专题工作组，负责相关领域重大事务、重大项目、重要措施的协同推进。近期可先行设立6个专题工作组。

主通道建设推进工作组：由国家发展改革委、国铁集团联合牵头，陆海新通道沿线省(区、市)、交通运输部、国家铁路局参加，负责协调加快大能力主通道建设，尽快形成东中西线通路合理分工、核心覆盖区和辐射延展带密切沟通、与东南亚地区互联互通的西部陆海新通道陆路交通网络。

重要枢纽功能强化工作组：由交通运输部牵头，陆海新通道沿线省(区、市)、国家发展改革委、商务部、海关总署、国家铁路局、国铁集团、中远海运集团、招商局集团参加，负责协调推进陆海新通道沿线枢纽与集疏运体系建设。根据《实施方案》，近期可先成立4个工作小组开展具体工作。其中，①广西北部湾国际门户港建设工作组，由广西壮族自治区人民政府牵头，国家发展改革委、交通运输部、商务部、国家铁路局、国铁集团、中远海运集团、招商局集团参加，负责协调北部湾国际门户港建设的重大事项；②打造海南洋浦区域国际集装箱枢纽港工作组，由海南省牵头，国家发展改革委、交通运输部、商务部、海关总署、中远海运集团、招商局集

❶ 政知道．韩正领导的这个小组，大有来头[EB/OL]．(2018-07-12)[2023-04-03]．https://www.jfdaily.com/news/detail.do?id=96256.

团参加,负责协调洋浦区域国际集装箱枢纽港建设的重大事项;③西部陆海新通道物流和运营组织中心建设工作组,由重庆市人民政府牵头,国家发展改革委、交通运输部、商务部、海关总署、中国民航局、国铁集团参加,负责协调西部陆海新通道物流和运营组织中心建设的重大事项;④成都国家重要商贸物流中心建设工作组,由四川省人民政府牵头,国家发展改革委、交通运输部、商务部、海关总署、国家铁路局、中国民航局、国铁集团参加,负责协调成都国家重要商贸物流中心建设的重大事项。

省际协商合作工作小组:由重庆市委、市政府牵头,会同陆海新通道沿线所有省(区、市),以及愿意加入陆海新通道建设的其他省(区、市),按照"13+N"的建设思路,对原省际协商合作联席会议的成员单位进行扩充,围绕《实施方案》目标和任务,按照联席会议工作机制,研究协调方案实施中跨省的重大事项。

班列运输协调工作小组:将原来国铁集团牵头成立的西部陆海新通道班列运输协调委员会工作协调机制调整为班列运输协调工作组,在加快西部陆海新通道建设与发展协作小组指导下开展专项工作。工作小组由交通运输部、国铁集团联合牵头,国家发展改革委、商务部、海关总署、中国民航局等有关司(局)、陆海新通道沿线省(区、市)有关部门、中铁集装箱运输有限责任公司、中远海运集装箱运输有限公司、中国外运股份有限公司、广西北部湾国际港务集团有限公司、成都国际铁路港投资发展有限公司、陆海新通道运营有限公司等相关企业共同组成,负责协调陆海新通道的运营组织优化,提高铁海联运、国际班轮、跨境班列班车等服务水平,全面提升通道整体运行效率。

通道降成本工作组:由国家发展改革委牵头,陆海新通道沿线省(区、市)有关部门,交通运输部、商务部、外交部、中国人民银行、海关总署、市场监管总局等有关司(局),国铁集团、中远海运集团、招商局集团等相关下属企业共同组成,负责标准规范衔接、推动多式联运"一单制"、降低物流成本、完善口岸功能、深化通关便利等重大项目建设中的相关事项的协调。

通道融合开放发展工作组：将原来由商务部牵头成立的推进国际陆海贸易新通道建设合作工作机制调整为通道融合开放发展工作组，在协作小组指导下开展专项工作。工作小组仍由商务部牵头，陆海新通道沿线省（区、市），外交部、交通运输部、国家发展改革委、中国人民银行、海关总署、工业和信息化部、国家金融监管总局及其他相关部门共同组成，统筹联系、协调各部门，在加快通道经济发展、拓展全球服务网络、完善国际合作机制、深化经贸交流合作等方面推动工作的协同和创新。

（2）推动协作小组实体化运作。

适时撤销西部陆海新通道省部际联席会议制度、省际协商合作联席会议、推进国际陆海贸易新通道建设合作工作机制，成立加快西部陆海新通道建设与发展协作小组后，重庆市委、市政府通过加快西部陆海新通道建设与发展协作小组，实现对原西部陆海新通道省部际联席会议机制、西部陆海新通道省际协商合作机制、推进国际陆海贸易新通道建设合作工作机制、班列运输协调委员会机制的整合。在保持整体架构不变的情况下，由重庆市委书记出任协作小组组长，具体负责推动陆海新通道建设工作的协同，促进陆海新通道建设高质量发展。

进一步完善协作小组的内设机构。建立加快西部陆海新通道建设与发展协作机制旨在协调的对象是国务院有关部门和陆海新通道沿线的省级人民政府，但协作的发起及国务院各部或省级人民政府间的沟通需要具体的办事机构牵线搭桥。根据太湖流域水环境综合治理的实践经验，推动长三角一体化发展领导小组在《完善太湖治理协调机制工作方案》中，将太湖流域水环境综合治理省部际联席会议制度纳入推动长三角一体化发展工作机制，并在太湖流域水环境综合治理省部际联席会议制度下设立太湖流域调度协调组[1]，作为太湖治理协调机制中的一个重要的具体办事机构。以其作为参考，协作小组也要下设具体的办事机构。根据就近原则，协作小组办公室设在重庆市西部陆海新通道物流和运营组织中心，承担协作小组日常工作，及时向协作小组汇报工作情况、提出工作

[1] 水利部．充分发挥太湖流域调度协调组作用保障流域“四水”安全[EB/OL].（2021-09-28）[2023-04-03]. http://finance.people.com.cn/n1/2021/0928/c1004-32240848.html.

建议，督促、检查领导协作会议决定事项落实情况；承办协作小组交办的其他事项。办公室主任由重庆市人民政府主要负责人兼任，办公室副主任由国家发展改革委基础司和重庆市人民政府口岸和物流办公室主要负责人兼任，办公室成员由领导小组成员单位有关司局或部门负责人担任。同时，提升西部陆海新通道物流和运营组织中心的机构规格和增加人员编制，加强对陆海新通道建设与发展的体制机制研究、规划编制、任务安排、工作落实情况的跟踪督查、事后反馈和评估等工作的协调和推进。

协作小组下设专家咨询委员会，为协作小组科学决策提供技术支撑。其主要职责是对陆海新通道高质量建设实施方案及其相关专项规划实施进行跟踪评估，向协作小组全体会议提交年度评估报告；针对协作小组的议事主题和陆海新通道高质量建设中的难点和重点问题，开展调研和咨询活动，向协作小组提交专题咨询报告；负责收集和整理公众对陆海新通道高质量建设的意见和建议，向协作小组反映社情民意。

强化各专题组的职能。负责指导督促、跟踪分析各自领域的重点工作和重大项目的落实情况。及时发现工作推进中的体制机制问题，上报加快西部陆海新通道建设与发展协作小组。各专题组要成立工作机制秘书处或下设工作小组办公室，承担工作机制的日常工作。

制定和完善工作规则。协作小组实行工作会议制度和信息报送制度。工作会议由组长召集，也可由组长委托副组长召集，根据工作需要定期或不定期召开；工作会议议定事项，以会议纪要形式印发有关方面并抄报国务院西部地区开发领导小组，重大事项按程序报批；参加人员为协作小组成员、专家咨询委员会代表，必要时可邀请其他有关部门和地方人员参加。相关部门和省级政府每年向协作小组报告所负责的陆海新通道建设与发展年度任务完成情况和下一年度工作计划。

(3)扩展协作发展的范围。

完善战略规划和年度计划的编制和落地机制。由协作小组负责加快陆海新通道建设与发展的中长期规划和年度计划，建立“发展规划—三年行动计划—年度计划”层层推进、逐项落实的工作机制。西部省(区、市)

在加快陆海新通道建设与发展统筹规划和工作计划的指导和框架内，编制各自的发展规划和工作计划，确保规划和工作计划的有效衔接，重点工作落实到位。

进一步深化统一的大通道公共服务平台建设。在各专题工作组的指导协调下，在西部陆海新通道门户网基础上，整合陆海新通道沿线各省（区、市）相关部门及国务院各部委、各直属机构的有关职能，协调海关、铁路、港口、航运、金融等信息资源接入，加强数据共享与业务联动，建设通道大数据中心，完善金融、政务、法律等业务功能。跨域通办服务专区实现为陆海新通道沿线企业和群众提供统一事项标准、统一支撑平台、线上一网通办、线下代收代办等服务。经贸洽谈专区能够为陆海新通道沿线地区招商引资提供服务，同时也能实现产业合作的展示与交流。进出口商品贸易服务专区，在海关总署国家口岸管理办公室指导下，根据《国际贸易“单一窗口”西部陆海新通道平台建设合作协议》，进一步完善“单一窗口”西部陆海新通道平台建设，加强与铁路、公路、港口和国家物流枢纽等信息平台对接，实现“一个平台、一个界面、一点接入、一次申报”办理国际贸易各项业务。投资服务专区，实现“一表申报、一口受理、一照一码”。集装箱服务专区，成立集装箱共享调拨平台和流转系统，逐步搭建境内外集装箱共享体系。金融服务专区建设金融创新服务平台，增强金融支持和服务通道建设功能。

加强事中事后监管。积极探索跨地域的联合监管模式，实现中央和地方，陆海新通道沿线省（区、市）相关部门间的联合，建立统一的平台，不断丰富平台功能，实现不同地区、不同部门间的协同，提高事中事后监管的效率。不断探索、深化与陆海新通道建设与发展相关事项的事中事后监管的方式和方法，在建立安全审查制度、反垄断审查制度、健全社会信用体系、建立企业年报公示和经营异常名录制度、健全信息共享和综合执法制度等方面深入探索。

（4）明确各主体的权责边界。

加快西部陆海新通道建设与发展协作小组的职责应当包括推进或实

现以下事项：着力加快通道和物流设施建设、大力提升运输能力和物流发展质量效率、深化国际经济贸易合作，以及促进交通、物流、商贸、产业深度融合。这四项职能是党中央、国务院在《西部陆海新通道总体规划》中的决策部署，应当作为加快西部陆海新通道建设与发展领导小组目前工作的重点。但从长远来看，要全面建成西部陆海新通道，实现通道运输能力更强、枢纽布局更合理、多式联运更便捷，物流服务和通关效率达到国际一流水平，物流成本大幅下降，整体发展质量显著提升的发展目标，后续难免会遇到相关体制机制创新、重大项目建设、对外开放合作、生态环境保护等跨区域、跨领域等问题，这时候就需要建立更加高级的、专门的、权威的陆海新通道议事决策机构，负责陆海新通道建设的统筹协调。

明确加快西部陆海新通道建设与发展协作小组、陆海新通道沿线地区省级人民政府和国家部委、直属机构的责任边界，力求做到权责一致，运转高效。协作小组负责战略决策和协调平衡；陆海新通道沿线地区省级人民政府根据协作小组的决策，推动本地区陆海新通道建设与发展的相关工作落地；国家部委、直属机构根据协作小组的决策，支持陆海新通道沿线地区参与陆海新通道的建设与发展。

(5)优化分工合作的体制机制。

国家部委、直属机构要充分发挥各自的比较优势，做好本部门内关于陆海新通道建设与发展的相关管理工作。同时，可将陆海新通道管理能力较为薄弱的公共服务和管理、社会管理等职能交由陆海新通道沿线地区地方政府有关部门或相关属地行政单位进行属地管理，并确定相应的财力补偿和转移支付机制。

协作小组应站在国家经济和社会发展全局的高度，全面系统地规划、推进西部地区之间、西部地区以外省(区、市)的基础设施和功能配套建设，为西部地区的发展营造良好的环境。陆海新通道沿线地区地方政府要根据自身发展的需要，请求协作小组在本省(区、市)以外完善物流基础设施建设和配套功能。相关部门和地区应当根据协作小组的要求进行配合。同时，按照权责明确、权责一致和谁受益、谁付费的原则，确定相应的费用分担和利益分享机制。

(6)完善相关保障机制。

建立统一的统计监测、评价和研究体系。参考重庆市委办公厅《"七张报表"指标体系评价实施细则(试行)》规定,在陆海新通道沿线地区复制推广西将陆海新通道货运量、货运值增幅纳入经济报表,统计各地区、开发区经西部陆海新通道铁海联运班列、国际铁路联运班列、跨境公路班车等方式运输的货量(标箱)、货值(万元)和同比增长。充分依托已经建立的统一数据平台,做好各类数据的统计监测工作。按月、季、年对各项工作的推进情况进行跟踪、督查和评价,第一时间发现问题,进行及时督促并对有关目标进行调整和完善。在做好现有工作的基础上,加强相关的前瞻性研究,为深入推进陆海新通道建设省部际统筹工作提出建议、细化时间表。

建立项目反馈和评估机制。立足企业需求,坚持问题导向,充分运用访谈和问卷调查等方式,及时了解企业对陆海新通道的需求,搭建创新顾问制度、建设顾问制度等,对企业的诉求形成快速反应。确保陆海新通道建设的体制和制度设计朝着为企业提供便利的方向发展,增加企业经营活动中的获得感。

实行更加积极的人才政策。支持陆海新通道参建省(区、市)地方组织部和公务员局,完善人才的引进、培养和使用机制。创新人才引进方式,着力引进海内外高层次人才,探索聘任制公务员等人才引进方式;通过专题培训等方式,加强对陆海新通道沿线地区本地人才的培养;开展国家部委机关干部和地方政府干部间、地方政府和地方政府干部间的挂职交流。

建立毗邻省(区、市)间发展规划衔接机制,共同研究陆海新通道基础设施建设、陆海新通道沿线地区产业转移承接、生态环境保护等跨区域的重大问题,加强规划衔接,确保空间布局和时序安排协调、统一。建立次区域合作协调机制,探索新常态下区域合作新途径,支持有条件的次区域开展全方位合作,建立健全毗邻区域一体化发展体制机制,在海关、产业、金融、生态环境保护等方面先行先试。充分调动社会力量，建立各类跨地区合作组织，共同研究解决区域合作中的重大事项。

6.4.2.3　对方案2的总体评价

本方案解决了西部地区协作参与通道建设的难点问题，迈出了西部地区形成发展合力的关键一步。从体制机制上明确并保证了重庆市对西部地区参与陆海新通道建设的主导作用，相关决策的难度大大降低，决策的有效性得到了保证。国家各部委在陆海新通道沿线省（区、市）在发展规划、重大问题的协调、分工协作、政府职能转变等领域都可以进行充分的合作，形成发展的合力。

本方案的核心是解决陆海新通道省部际协商合作现有的机制问题。但是，在国家严格控制议事协调机构设置的背景下，根据《国务院行政机构设置和编制管理条例》，凡是工作可以交由现有机构承担或者由现有机构进行协调可以解决问题的，不另设立议事协调机构，涉及跨部门的事项，由主办部门牵头协调；确需设立议事协调机构的，要严格按照管理条例的规定，由国务院机构编制受理机关提出方案，并报国务院批准，一般不单设实体性办事机构，不单独核定人员编制和领导职数。因此，这需要国家层面在对西部陆海新通道省部际协商合作机制当前所处发展阶段、现有管理体制利弊进行科学判断和权衡的基础上，给予重庆市大力支持。

本方案需要国家支持协作小组的建立和开展工作。因为重庆作为最早参与陆海新通道建设的省（区、市），目前也处于整条陆海新通道的核心覆盖区，是极为重要的通道枢纽城市。要想发挥重庆市在陆海新通道建设与发展中的引领作用，需要国家确定加快陆海新通道建设与发展协作方案，批准设立加快西部陆海新通道建设与发展协作小组，明确重庆市作为牵头单位，为推动相关协作事项提供组织保证。同时，鉴于西部陆海新通道的战略定位是推进西部大开发形成新格局的战略通道、连接“一带”和“一路”的陆海联运通道、支撑西部地区参与国际经济合作的陆海贸易通道、成为交通物流与经济深度融合的重要平台，所以协作小组为推进陆海贸易通道建设与发展所开展的所有工作，最终都是助力国务院西部开发领导小组履行其推动西部大开发形成新格局的职责。因此，关于协作小组的总体架构及其在国务院西部开发领导小组体制中的定位，对协作小组方案的确定、实施的步骤具有决定性的影响。对此需要中共中央、国务院加快对相关问题的研究，尽早形成加快西部陆海新通道建设与发展协作小组体制的预案，为推动西部地区协作参与西部陆海新通道建设提供科学的指导。最后，还需要国家在调整相关议事决策的领导规格和管理架构方面予以大力支持。统筹西部地区协作参与陆海新通道建设的难点和关键是打破现有行政体制的束缚，核心是解决重庆市在西部地区协作参与陆海新通道建设与发展的牵头单位的行政级别问题。需要中共中央、国务院比照京津冀及周边地区大气污染防治协作小组架构，适时将西部陆海新通道省部际联席会议制度委托重庆市委、市政府牵头，条件成熟时，明确加快西部陆海新通道建设与发展协作小组在国家西部开发领导小组工作机制中的领导规格，灵活调整西部陆海新通道省部际联席会议制度、西部陆海新通道省际协商合作联席会议制度、推进国际陆海贸易新通道建设合作工作机制的成员构成和领导规格，为统筹西部地区协作参与通道建设扫除体制机制障碍。

虽然本方案在政府流程再造方面进行了深入的探索，但行政的色彩依然较浓，市场化机制仍然没有得到有效的发挥。在管理架构上中，协作小组隶属于国务院西部地区开发领导小组，所有重大事项均需向上级领导汇报并获得审批，这使决策流程冗长和决策效率降低。陆海新通道沿线各地区，还有国家各部委之间各自为政的现象依然存在，协同作业的成本较高，流程再造过程中可能遇到阻力。在社会领域的分工合作中，涉及国家直属机构、中央企业和地方政府的协调难度大，利益平衡耗时耗力，合作的效率有待提高。

6.4.3　方案3:统筹西部地区协调参与陆海新通道建设的合作机制

6.4.3.1　方案的总体考虑

进一步推动完善加快西部陆海新通道建设与发展协作机制,将其升格为加快西部陆海新通道建设与发展领导小组(以下简称领导小组)。由国务院西部地区开发领导小组组长、国务院总理委派一名国务院领导(建议是国务院西部地区开发领导小组副组长)担任组长,进一步强化西部陆海新通道沿线地区协作机制的领导力、执行力,结合落实西部大开发战略,加快推进西部陆海新通道建设与发展进程。

通过协作机制的优化升级,强化制度化决策机制,提高统筹协作力度,增强陆海新通道建设整体效能,同时也将更强力地推进陆海新通道建设与发展攻坚任务的深入开展。建立健全沟通协商机制,综合运用协调、统筹、合并等手段,降低沟通和摩擦成本,减少重复建设和低水平的恶性竞争,协商解决陆海新通道建设及西部地区发展中的重点问题,推动重大事项的落地和解决。

通过逐步打破现有体制框架,灵活设置议事决策机构的成员构成和领导规格,加快推进机构精简和简政放权;理顺政府内部的关系,实现经济职能和其他行政管理职能的分离;处理好政府和市场的关系,最大限度地减少政府对市场的不必要干预,发挥市场在资源配置中的决定性作用;提高政府效能,加快体制机制创新,逐步营造与东盟国家通道畅通和产业合作要求相符的制度环境;将西部地区的政策优势转化为陆海新通道沿线地区发展的共同优势,推动陆海新通道成为畅通国内国际双循环的重要国际经济走廊。

6.4.3.2　相关事项的具体方案

(1)确定统筹协调机制具体执行主体。

在陆海新通道建设和发展的初期,实行现有的议事协调体制,有利于更好地调动各方资源,促进其快速发展。随着陆海新通道的进一步加快发展，相关体制机制创新、重大项目建设、对外开放合作、生态环境保护等跨区域、跨领域的问题日益突出，同时陆海新通道与经济融合发展所采取的属地化管理趋势也将成为必然，这就需要通过环境的营造和体制机制的创新，提高陆海新通道的竞争力和吸引力。不仅如此，国家层面支持陆海新通道发展的边际效应会出现加速递减的趋势，而陆海新通道建设投资主体与地方运营平台的磨合沟通、陆海新通道沿线地区之间的摩擦成本会逐步递增。因此，建议参照京津冀及周边地区大气污染联防联控协作机制调整思路，参见专栏6-5，适时将方案2中的加快西部陆海新通道建设与发展协作小组适时调整为加快陆海新通道建设与发展领导小组，或者参照国家为推进质量强国建设，将全国质量工作部际联席会议撤销，成立国家质量强国建设协调推进领导小组的做法，参见专栏6-6，撤销方案1中的西部陆海新通道省部际联席会议制度，将其整建制升格为加快西部陆海新通道建设与发展领导小组，由国务院领导（建议同时也是兼任国务院西部地区开发领导小组副组长的国务院副总理）担任调整后的领导小组组长，国家发展改革委主任、交通运输部部长、商务部部长和重庆市委书记担任副组长，领导小组成员包括：国务院副秘书长、国家发展改革委、商务部、交通运输部、中央宣传部、外交部、教育部、科技部、工业和信息化部、国家民委、公安部、民政部、财政部、人力资源社会保障部、自然资源部、生态环境部、住房城乡建设部、水利部、农业农村部、文化和旅游部、国家卫生健康委、中国人民银行、海关总署、市场监管总局、国际发展合作署、税务总局、广电总局、国家统计局、金融监督管理总局、国家能源局、国家国防科工局、国家林草局、国家铁路局、中国民航局等部门和单位领导，以及西部12个省（区、市）、海南省、广东省、湖南省人民政府和新疆生产建设兵团等部门和单位相关负责人，还有国铁集团、中远海运集团、招商局集团、亚洲开发银行的负责人。[1]

[1] 王姝．京津冀大气污染联防联控将由国务院领导牵头［EB/OL］．(2018-07-10)［2023-04-03］．https://www.bjnews.com.cn/news/2018/07/10/494520.html.

专栏6-5　京津冀及周边地区大气污染防治协作小组调整为京津冀及周边地区大气污染防治领导小组

按照《大气污染防治行动计划》有关要求，2013年由北京市牵头，天津、河北、山西、内蒙古、山东六省（区、市）和国家发展改革委、财政部、环保部、工信部等七部委共同成立了京津冀及周边地区大气污染防治协作小组（以下简称协作小组），北京市市委书记任组长，环保部和京津冀三地政府主要负责人任副组长，小组办公室设在北京市环保局。京津冀三地按照“责任共担、信息共享、协商统筹、联防联控”的原则，共同推进区域大气污染联防联控工作。2015年5月，随着河南省政府和交通运输部的加入，协作小组成员单位扩大到八个中央部委和七个省（区、市）。

2018年7月，为推动完善京津冀及周边地区大气污染联防联控协作机制，将京津冀及周边地区大气污染防治协作小组调整为京津冀及周边地区大气污染防治领导小组。从“协作小组”升格为“领导小组”之后，组成部门和人员都有了变动。与“协作小组”对比，“领导小组”主要变化有三：

第一，组长由国务院副总理亲自担任，副组长分别为生态环境部部长、北京市市长、天津市市长和河北省省长。原协作小组的组长是北京市委书记，副组长是原环保部和京津冀三地政府的主要负责人。

第二，小组成员中，除了原协作小组包括的七个省（区、市）和八个中央部委，还多了一名国务院副秘书长和一名公安部副部长。

第三，领导小组办公室设在生态环境部，办公室主任由生态环境部副部长兼任，成员为领导小组成员单位有关司局级负责人。原协作小组办公室则设立在北京市环保局。❶

专栏6-6　国务院撤销国质量工作部际联席会议，成立国家质量强国建设协调推进领导小组

为深入推进质量强国建设，加强对质量工作的组织领导和统筹协调，凝聚工作合力，2022年8月，国务院成立国家质量强国建设协调推进领导小组，作为国务院议事协调机构，原来的全国质量工作部际联席会议同时撤销。据国办函〔2022〕88号，国家质量强国建设协调推进领导小组的主要职责是：深入学习贯彻习近平总书记关于质量强国建设的重要指示精神，全面贯彻落实党中央、国务院

❶政知道．韩正领导的这个小组，大有来头［EB/OL］．（2018-07-12）［2023-04-03］．https://www.jfdaily.com/news/detail.do?id=96256.

有关决策部署；推动完善质量工作有关法律法规，研究审议重大质量政策措施；统筹协调质量强国建设工作，研究解决质量强国建设重大问题，部署推进质量提升行动、质量基础设施建设、质量安全监管、全国“质量月”活动等重点工作；督促检查质量工作有关法律法规和重大政策措施落实情况；完成党中央、国务院交办的其他事项。

国家质量强国建设协调推进领导小组组长由国务委员担任，市场监管总局局长、国务院副秘书长、国家发展改革委副主任担任副组长，成员包括中央组织部部务委员、中央网信办副主任、教育部副部长、科技部副部长、工业和信息化部副部长、公安部副部长、民政部副部长、司法部副部长、财政部副部长、自然资源部副部长、生态环境部副部长、住房城乡建设部副部长、交通运输部副部长、水利部副部长、农业农村部副部长、商务部副部长、文化和旅游部副部长、国家卫生健康委副主任、应急部副部长、中国人民银行副行长、国务院国资委秘书长、海关总署副署长、税务总局副局长、市场监管总局副局长、国家统计局副局长、国家国际发展合作署副署长、工程院副院长银保监会副主席、国家知识产权局副局长、供销合作总社理事会副主任、全国工商联副主席30个部门和单位的相关负责人。

与2019年8月调整和完善的全国质量工作部际联席会议制度相比，议事决策的领导规格更高，原来的联席会议由市场监管总局主要负责人担任召集人，市场监管总局有关负责人担任副召集人，各成员单位有关负责人为联席会议成员。同时，成员单位也从原来的23个部门和单位增加到30个。❶

领导小组下设领导小组办公室和专家咨询委员会。领导小组办公室设在国家发展改革委，负责协作小组日常工作。专家咨询委员会则为领导小组科学决策提供技术支持。

领导小组下设6个专题工作组，负责相关领域重大事务、重大项目、重要措施的协同推进，推动陆海新通道战略与西部大开发战略的实施。

主通道建设推进工作组：由国家发展改革委、国铁集团牵头，陆海新通道沿线省（区、市）、交通运输部、国家铁路局等部门和单位参加，负责协调加快大能力主通道建设，尽快形成东中西向通路合理分工、核心覆盖区和辐射延展带密切沟通、与东南亚地区互联互通的陆路交通网络。

❶ 国务院办公厅. 国务院办公厅关于成立国家质量强国建设协调推进领导小组的通知[EB/OL].（2022-08-29）[2023-04-03]. https://www.gov.cn/zhengce/zhengceku/2022-08/29/content_5707291.htm

重要枢纽功能强化工作组：由交通运输部牵头，陆海新通道沿线省(区、市)、国家发展改革委、商务部、海关总署、国家铁路局、国铁集团、中远海运集团、招商局集团等部门和单位参加，负责协调推进沿线枢纽与集疏运体系建设。根据《实施方案》，近期可先成立4个工作小组开展具体工作。其中，①广西北部湾国际门户港建设工作组，由广西壮族自治区人民政府牵头，国家发展改革委、交通运输部、商务部、国家铁路局、国铁集团、中远海运集团、招商局集团参加，负责协调北部湾国际门户港建设的重大事项；②打造海南洋浦区域国际集装箱枢纽港工作组，由海南省牵头，国家发展改革委、交通运输部、商务部、海关总署、中远海运集团、招商局集团参加，负责协调洋浦区域国际集装箱枢纽港建设的重大事项；③西部陆海新通道物流和运营组织中心建设工作组，由重庆市人民政府牵头，国家发展改革委、交通运输部、商务部、海关总署、中国民航局、国铁集团参加，负责协调重庆西部陆海新通道物流和运营组织中心建设的重大事项；④成都国家重要商贸物流中心建设工作组，由四川省人民政府牵头，国家发展改革委、交通运输部、商务部、海关总署、国家铁路局、中国民航局、国铁集团参加，负责协调成都国家重要商贸物流中心建设的重大事项。

省际协商合作工作小组：由重庆市委、市政府牵头，会同陆海新通道沿线所有省(区、市)，以及愿意加入陆海新通道建设的其他省(区、市)，对原省际协商合作联席会议的成员单位进行扩充，根据《中共中央　国务院关于新时代推进西部大开发形成新格局的指导意见》，围绕《西部陆海新通道总体规划》《实施方案》目标和任务，按照联席会议工作机制，研究协调方案实施中跨省(区、市)的重大事项。

班列运输协调工作小组：由交通运输部、国铁集团牵头，国家发展改革委、商务部、海关总署、中国民航局等有关司(局)陆海新通道沿线省(区、市)有关部门、中铁集装箱运输有限责任公司、中远海运集装箱运输有限公司、中国外运股份有限公司、广西北部湾国际港务集团有限公司、成都国际铁路港投资发展有限公司、陆海新通道运营有限公司等相关企业共同组成，负责协调西部陆海新通道的运营组织优化，提高铁海联运、国际班轮、跨境班列班车等服务水平,全面提升陆海新通道整体运行效率。

通道降成本工作组:由国家发展改革委牵头,陆海新沿线省(区、市)有关部门,交通运输部、商务部、外交部、中国人民银行、海关总署、市场监管总局等有关司(局),国铁集团、中远海运集团、招商局集团等相关下属企业共同组成,负责标准规范衔接、推动多式联运"一单制"、降低物流成本、完善口岸功能、深化通关便利等重大项目建设中的相关事项的协调。

通道融合开放发展工作组:原来由商务部牵头成立的推进国际陆海贸易新通道建设合作工作机制调整为通道融合开放发展工作组,在领导小组指导下开展专项工作。工作小组仍由商务部牵头,陆海新通道沿线省(区、市),外交部、交通运输部、国家发展改革委、中国人民银行、海关总署、工业和信息化部、金融监管总局及其他相关部门共同组成,统筹联系、协调各部门,在加快通道经济发展、拓展全球服务网络、完善国际合作机制、深化经贸交流合作等方面推动工作的协同和创新。

(2)完善统筹协调机制运行程序细则。

加快西部陆海新通道建设与发展领导小组要做好统筹指导和综合协调工作,需要制定统筹协调机制运作的具体细则,包括统筹协调机制的开启和运行的流程、统筹协调的权责等,以便激活这个合作机制,真正发挥统筹协调机制的作用和效能。

统筹协调机制的开启。陆海新通道建设与发展统筹协调机制的启动应当分为两种情况,一种情况,对于《西部陆海新通道总体规划》《实施方案》已经明确规定的加快推进主通道建设、强化重要枢纽功能、提高通道运输组织与物流效率、推动陆海新通道降低成本和优化服务、构建陆海新通道融合开放发展新局面等事项,领导小组应当由下设的6个专题工作组主动履责。另一种情况,对于《西部陆海新通道总体规划》《实施方案》没有明文列出,但是属于中共中央、国务院《关于新时代推进西部大开发形成新格局的指导意见》规定的重点任务,可以根据陆海新通道沿线各省级人民政府或国务院各部委要求而启动或者由领导小组主动启动。此外,统筹协调机制的启动的情况还可能涉及陆海新通道沿线地区统一行动的所有内容，这里的统一行动应当指的是涉及陆海新通道沿线两个或两个以上省级行政区统一行动的事项，借由此扩大陆海新通道建设与发展统筹协调机制的适用范围解决以往各自为政或者地方联合上书带来的弊端。

完善统筹协调机制的运行细则。陆海新通道统筹协调机制启动后，领导小组应在一定的期限内组织所涉及的部门或者省级人民政府之间通过正式或者非正式方式进行沟通协调，并在一定期限内形成决策和制订具体的方案。明确各方的职责。如果事项是涉及陆海新通道的发展战略、重大规划、重大政策、重大项目和年度工作安排等问题的，领导小组应当向西部陆海新通道建设与发展专家咨询委员会进行科学技术等方面的专业咨询。专家咨询委员会应当在一定的期限内完成专业咨询并形成专业的书面意见反馈。此外，对西部陆海新通道建设与发展专家咨询委员会的组成和议事制度也应当做出规定。为保证专家咨询委员会所作专业咨询的公平性，专家咨询委员会应当容纳来自陆海新通道沿线各个行政区域的专家成员。

完善统筹协调的监督和激励机制。陆海新通道建设与发展统筹协调机制要想得到有效落实，需要不断完善相应的监督和激励机制提高参建省（区、市）之间、横纵向主管部门之间积极沟通解决问题的积极性。现阶段，要将落实领导小组及其下设机构，以及各专项小组确定的通道建设与发展任务纳入政府考核机制，特别是将配合统筹协调机制作为义务纳入，以及将部门之间、地区之间常出现的有关陆海新通道建设与发展协作性的问题纳入，完善政府绩效考核体系，以此促进横纵向主管部门之间、陆海新通道沿线地区之间积极主动沟通，协作解决问题。对于参与陆海新通道建设政府部门的具体相关人员，通过提高陆海新通道建设与发展在部门和个人考核中所占的比重、将个人负责的陆海新通道建设与发展模块纳入到其离任的业绩审计中等多种方式，提高部门主管领导及其下面工作人员参与、配合陆海新通道建设与发展统筹协调机制的积极性。

(3)规范陆海新通道共建共享中的公众参与机制。

陆海新通道的建设与发展离不开社会公众的参与。《中共中央 国务院关于建立更加有效的区域协调发展新机制的意见》指出,要坚持和加强党对区域协调发展工作的领导,充分发挥中央与地方区域性协调机制作用,强化地方主体责任,广泛动员全社会力量,共同推动建立更加有效的区域协调发展新机制,为实施区域协调发展战略提供强有力的保障。根据《中华人民共和国立法法》《规章制定程序条例》等法律、法规的规定,包括自然人、法人和其他组织在内的社会公众,均享有参与规章的立项、起草、审查、实施等环节,并就此提出意见的权利。随后,由行政机关决定是否采纳并及时反馈。对此,陆海新通道建设与发展统筹协调机制为公众参与提供便利,在公众参与的具体程序、内容、方式等方面制定了详细的规定,以有利于实现公众对陆海新通道统筹协调机制的监督。

此外,在管理学的范畴内,决策过程不仅涵盖决策的制定,还涉及对决策效果的深入评估。公众对决策的反馈,应作为衡量决策实际效果的重要标准之一。在评估环境政策的执行成果与效益时,公众的满意度是一个不可或缺的考量因素。若决策效果未能达到预期或实施过程中出现问题,公众应当有权力、有途径发声,以实现对决策的有效监督。因此,在陆海新通道统筹协调机制中,公众参与显得尤为重要,至少包含以下几个方面:一是确保信息的及时公开与公示。协调机制所涉及的重大事项应当让公众第一时间知悉,在做出重大决策之前,须对方案进行公布,公示时间应达到规定的最低期限,以给予公众充分的时间做出反应。二是决策过程中应通过多种方式,如听证会、问卷调查、走访及与专业咨询机构的合作等,广泛征集和收集各方意见。特别是在涉及公众利益或重大规划事项时,应确保能够广泛且具代表性地收集各方意见,尤其要关注可能受到具体事项影响或与决策事项存在利益关联的公众群体。三是在政策制定后,应确保公民、法人和非法人组织能够通过网络、信件等多种渠道,畅通无阻地向相关部门反映政策实施过程中的问题,以便对政策实施效果进行评估,并据此进行必要的改进。

(4)扩展统筹发展的范围。

在方案2提及相关部门和省(区、市)需要协作的范围基础上,领导小组还需进一步扩大统筹西部地区协调参与陆海新通道建设与发展的范围,具体包括以下内容。

统筹陆海新通道建设与发展规划的编制与管理。根据国家重大战略布局需要,适时编制实施新的西部陆海新通道发展规划。同时,要加强西部陆海新通道建设与发展规划编制前期研究,完善西部陆海新通道规划编制、审批和实施工作程序,实行西部陆海新通道规划编制审批计划管理制度,进一步健全西部陆海新通道规划实施机制,加强中期评估和后评估,形成科学合理、管理严格、指导有力的西部陆海新通道建设规划体系。对实施到期的西部陆海新通道建设规划,在后评估基础上,确需延期实施的可通过修订规划延期实施,不需延期实施的要及时废止。

统筹陆海新通道发展的土地和形态规划。领导小组根据国务院印发的《中共中央　国务院关于新时代推进西部大开发形成新格局的指导意见》,在充分考虑陆海新通道沿线省(区、市)发展需求的基础上,统筹西部地区的土地利用规划和形态规划。西部各省(区、市)根据国家对西部地区的整体规划制订和完善本省参建陆海新通道所需土地的控制性详细规划。

健全口岸管理、交通运输管理、市场监督等综合执法体系。发挥西部陆海新通道建设与发展领导小组办公室的作用,整合国家部委、直属机构和陆海新通道沿线省(区、市)的有关资源,建立信息共享、资源整合、执法联动、措施协同的监管工作机制。

完善区域公共服务体系。陆海新通道沿线各省(区、市)要根据沿线枢纽的产业发展需求,除了要规划建设强化枢纽功能的陆路交通网络,以及一批具有集散、储存、分拨、转运等功能的物流设施,加快完善集疏运体系之外,还要同步规划和建设与物流枢纽配套的住房、教育、卫生、文化、休闲娱乐等公共服务设施,完善相应的服务体系。在西部大开发的框架内,明确中央和西部各省(区、市)的利益平衡机制,提高地方参与陆海新通道建设的积极性和完善区域公共服务体系的可持续性。

统筹优化通道沿线生态环境保护。为进一步强化陆海新通道沿线环境保护“一盘棋”思想，统筹陆海新通道沿线地区各方利益，加大陆海新通道沿线地区环境保护协调协商力度，国家发展改革委、生态环境部等部门要在领导小组统筹协调下，统筹优化陆海新通道沿线生态环境保护，开展最严格生态环境保护管理制度考核，全面加强陆海新通道建设过程中生态环境保护，指导有关部门科学制订生态环境保护方案，细化实化生态环境保护统一调度管理，提高陆海新通道全线的资源利用效率和环境保护力度，形成有利于节约资源和保护生态环境的空间格局、产业结构和生产生活方式。陆海新通道沿线省级人民政府要加强组织领导，全面推进环境友好型社会建设，根据本地区资源和环境承载能力，调整经济结构，优化产业布局，促进节能降碳，通过最严格的环境保护管理制度限制高耗能、高污染建设项目，以资源高效利用、生态环境高质量保护推动陆海新通道高质量发展。

(5)明确各主体的权责边界。

领导小组的职责是统筹指导和综合协调陆海新通道战略与西部大开发战略的实施，研究审议重大规划、重大政策、重大项目和年度工作安排，协调解决重大问题，督促落实重大事项，全面做好陆海新通道建设与发展各项工作，具体包括：贯彻落实党中央、国务院关于加快陆海新通道建设的方针政策和决策部署；组织推进加快陆海新通道建设工作，统筹研究解决陆海新通道建设突出问题；研究确定陆海新通道质量建设目标和重点任务，指导、督促、监督有关部门和地方落实，组织实施考评奖惩；组织制定有利于陆海新通道质量建设的重大政策措施，研究审议陆海新通道建设与发展相关规划等文件；研究确定陆海新通道应急联动相关政策措施，组织实施陆海新通道重大安全事故联合应对工作；完成党中央、国务院交办的其他事项。

领导小组下设专家咨询委员会，为领导小组科学决策提供技术支持。其主要职责是对陆海新通道高质量建设实施方案及其相关专项规划实施进行跟踪评估，向领导小组全体会议提交年度评估报告；针对领导小组的议事主题和陆海新通道高质量建设中的难点和重点问题，开展调研和咨询活动，向领导小组提交专题咨询报告；负责收集和整理公众对陆海新通道高质量建设的意见和建议，向领导小组反映社情民意。

明确加快西部陆海新通道建设与发展领导小组、陆海新通道沿线地区省级人民政府和国家部委、直属机构等各方的责任边界，力求做到权责一致，运转高效。领导小组负责战略决策和协调平衡；陆海新通道沿线地区省级人民政府根据领导小组的决策，推动本地区陆海新通道建设与发展的相关工作落地；国家部委、直属机构根据领导小组的决策，支持陆海新通道沿线地区参与陆海新通道的建设与发展。

(6)保持财政管理体制的相对独立性。

根据《国务院关于推进中央与地方财政事权和支出责任划分改革的指导意见》，西部陆海新通道属于跨省(区、市)的基本公共服务，但同时也是全国性大通道，因此应该确定或上划为中央的财政事权。但是，陆海新通道的建设与发展不仅是交通基础设施的投资，还涉及陆海新通道沿线枢纽建设，还有相关配套的基本公共服务，关于这方面事项，诸如社会治安、市政交通、农村公路等受益范围地域性强、信息较为复杂且主要与当地居民密切相关的基本公共服务均为地方的财政事权。不过，由于陆海新通道建设这种跨省(区、市)的重大基础设施项目建设，属于受益范围较广、信息相对复杂的财政事权，所以整个陆海新通道建设与发展由中央与地方共同负责履行财政事权的支出义务和保障。对此，要明确陆海新通道建设与发展过程中的中央与地方各自承担的职责，将财政事权履行涉及的战略规划、政策决定、执行实施、监督评价等各环节在中央与地方间做出合理安排，做到财政事权履行权责明确和全过程覆盖。同时，西部省(区、市)在履行财政事权、落实支出责任方面一般存在收支缺口，除部分资本性支出通过依法发行政府性债券等方式安排外，还需要国家或省级政府给予一般性转移支付弥补，并建立“费随事转”的机制，由陆海新通道沿线地区完成的与陆海新通道建设与发展有关的工作事项，中央财政应进行相应的转移支付。甚至需要中央支持西部地区对陆海新通道建设与发展实行特殊管理的地方财政。另外,根据《西部大开发重点项目前期工作专项中央预算内投资管理办法》《中西部地区铁路项目中央预算内投资管理暂行办法》,陆海新通道的铁路项目属于国家发展改革委投资安排的铁路项目,其由国铁集团作为出资人代表投入项目,并作为项目资本金使用管理。类似于这种情形的陆海新通道建设相关项目,项目单位是年度投资计划申报、执行、项目建设和管理的责任主体。项目日常监管直接责任单位及监管责任人应当对项目申报、建设管理、信息报送等履行日常监管直接责任。项目单位应当自觉接受审计等部门的监督检查,如实提供项目相关文件资料和情况,保证中央预算内投资合理使用和项目顺利实施。不过由于一些项目单位属于中央或省级的国有企业,要注意企业收入和税费如何分配以补贴由企业经营所在地负责管理的事务发生的财政支出。

保持陆海新通道沿线地区建设与发展方面的相对独立性。各省(区、市)在招商、政策扶持、企业服务、项目建设和开发等领域保持相对独立性,在不出现明显的恶性竞争的情况下,领导小组原则上不干涉、不介入地方具体的陆海新通道建设与发展事务。

保障陆海新通道沿线地区地方政府的职能。陆海新通道沿线地区地方政府(指省级人民政府)作为一级行政主体,对其行政行为承担行政责任。对已列入统筹目录的相关事项,最终仍由陆海新通道沿线地区地方政府做出决定的事项,由陆海新通道沿线地区地方政府承担相应的行政责任;最终由领导小组及其下属机构做出决定的事项,由领导小组承担行政责任。国家部委、直属机构和各省人民政府在推进陆海新通道主通道建设及重要枢纽建设时,可根据自身的特点和需求,委托或指示地市政府有关部门或相关属地行政单位承担相应的城市建设、公共服务和管理、社会管理等方面的工作,并按照权责一致、谁受益谁负责的原则商定财政转移支付等方面的细节问题。

（7）健全相关保障机制。

完善法律责任。根据《中共中央　国务院关于建立更加有效的区域协调发展新机制的意见》，要建立更加有效的陆海新通道建设与发展统筹协调新机制，离不开区域协调发展法律法规体系的建立健全。就国家层面而言，需要通过国家西部开发领导小组尽快研究论证促进区域协调发展的法规制度，建立西部省（区、市）经济协调仲裁委员会，协调、解决区域合作中出现的矛盾和冲突[1]，考虑出台《关于深化西部陆海新通道区域协调发展的指导意见》，明确区域协调发展的内涵、战略重点和方向，健全区域政策制定、实施、监督、评价机制，明确有关部门在区域协调发展中的职责，明确地方政府在推进区域协调发展中的责任和义务，发挥社会组织、研究机构、企业在促进区域协调发展中的作用。就本方案而言，需要领导小组研究确定加快西部陆海新通道建设与发展的目标和重点任务，指导、督促、监督有关部门和地方落实，组织实施考评奖惩。需要注意的是，一个完整的义务性规范通常由两部分组成：第一部分明确规定某类主体应承担何种义务；第二部分进一步规定，若某类主体不履行法律规定的义务，将承担何种法律责任，及受到何种制裁。[2]因此，应当确定不履行领导小组所规定的义务，以及不配合西部陆海新通道建设与发展统筹协调机制需要承担责任的主体，还应当说明所需要承担责任的形式和相应的处罚等。

建立陆海新通道建设与发展监测评估预警体系。围绕加快运输通道建设、加强物流设施建设、提升通道运行与物流效率、促进陆海新通道与区域经济融合发展、加强陆海新通道对外开放及国际合作等重点领域，建立区域协调参建陆海新通道指标评价体系，科学客观地评价陆海新通道沿线地区参与陆海新通道建设的协调性，为统筹协调政策制定和调整提供参考。引导社会智库研究发布区域协调参建陆海新通道指数。加快建立陆海新通道建设与发展风险识别和预警预案制度，密切监控突出问题，

[1] 杨杰．加强西部省区市合作的思考[J]．中共云南省委党校学报，2009，10（4）：100-102.

[2] 陈锐．论法律规范的逻辑结构及相关的元理论问题[J]．浙江社会科学，2022（2）：42-50，156.

预先防范和妥善应对陆海新通道建设与发展风险。

加强政策的评估和研究。对已施行的统筹政策进行跟踪和评估，建立及时的反馈和调整机制。加强政策研究工作，为下一步的统筹工作排定计划和时间表。

进一步加强人才的引进和培养。加大人才引进，从税收激励、经费支持、住房保障、医保社保、子女入学等方面进行政策的优化和细化，吸引国内外高端人才来陆海新通道沿线地区，特别是西部地区创新创业。完善人才的交流培养机制，打通公务员、事业单位人员、西部陆海新通道平台公司工作人员、企业人员的挂职交流和交叉任职通道。

推动法治和矛盾调处机制。对统筹中遇到的政策和法律问题进行系统研究，探索合理的解决路径。建立矛盾、纠纷的调处机制，及时调处、化解与机构整合相关的纠纷。

科学组织项目实施。统筹规划，科学论证，突出重点，区分轻重缓急，有序推进项目实施，避免一哄而上。加快陆海新通道主通道项目建设，优先消除铁路“卡脖子”和公路“断头路”“瓶颈路段”工程。抓好铁路公路连接线建设，解决进港铁路、高等级公路“最后一公里”问题。

深化陆海新通道投融资体制改革。创新陆海新通道建设与发展投融资方式，进一步完善国家投资、地方筹资、社会融资、利用外资的投融资机制。给予陆海新通道沿线综合交通枢纽开发建设必要的政策支持。深化陆海新通道沿线铁路投融资体制改革，扩大铁路发展基金募集规模，优化结构和投向。完善陆海新通道公路投融资体制，建立以公共财政为基础，各级政府责任清晰、事权和支出责任相适应的投融资长效机制，加大财政性资金对跨省公路和沿线省（区、市）内普通公路建设的支持力度。继续加大中央资金对内河航道（如广西平陆运河）、广西和海南沿海港口航道和西部地区支线机场的投入。

拓宽陆海新通道建设融资渠道。抓紧制定鼓励包括民营资本在内的社会资本投资陆海新通道基础设施建设的政策措施，突破融资瓶颈。鼓励政策性金融机构加大对陆海新通道基础设施建设的支持力度，鼓励保险业和各类融资性担保机构提供信用支持。推进经营性陆海新通道工程市场化融资，支持符合条件的企业通过发行债券满足城际铁路、普通公路、内河航道等建设资金需求。

6.4.3.3 对方案3的总体评价

本方案架构统一，整合有力，无论是从“联席会议”调整为“领导小组”，还是从“协作小组”到“领导小组”的升格，都是对跨地区陆海新通道建设体制机制的优化、深化和探索，是陆海新通道建设与纵深发展需要，符合统筹解决跨区域陆海新通道建设与发展问题的要求，也符合区域合作共建国际物流大通道的客观规律。

通过领导小组的作用，实现此前由陆海新通道沿线地区平等行政区之间的协作调整为更具权威性的统筹推动，更加强化统筹、协调和决策职责，整合优化相关省级政府需衔接配合和协调督办的陆海新通道建设与管理职能。政令统一，提高决策和执行的效率；推动陆海新通道沿线地区一体化发展，便于发挥各自优势，形成改革和竞争的合力，提高陆海新通道在全国乃至东南亚地区的竞争力。

本方案虽然在政府流程再造方面做了很大的探索，但是行政的色彩依然较浓，政府和市场、经济和社会的关系仍需进一步厘清，市场化的机制仍然没有得到有效的发挥。同时，要完全突破现有的行政体制和人员编制束缚，有效分离通道本身经济管理职能和公共管理职能，阻力和难度较大，需要国家层面的支持和强力推动；政府内部的功能整合和简政放权，会触及很多部门的利益，需要党中央、国务院发挥坚强的领导核心作用；一体化发展后，西部地区要为陆海新通道自身的建设与发展提供更好的支撑和服务，在基础设施建设、公共服务、社会管理乃至经济服务等领域都对西部地区提出了更高的要求。

附　录　西部地区陆海新通道参建水平测度

1. 评价指标体系构建

2019年8月，国家发展改革委印发的《西部陆海新通道总体规划》从加快运输通道建设、加强物流设施建设、提升通道运行与物流效率、促进通道与区域经济融合发展、加强通道对外开放及国际合作五个方面对通道建设做出了总体规划。结合《西部陆海新通道总体规划》中提及的上述5个方面具体内容，综合考虑陆海新通道沿线地区参与陆海新通道建设的具体情况，遵循科学性、系统性、代表性、可行性以及相对独立性原则，构建出西部地区陆海新通道参建水平评价指标体系（附表1）。在附表1中，评价指标体系的5个一级指标分别对应《西部陆海新通道总体规划》中关于加快运输通道建设、加强物流设施建设、提升通道运行与物流效率、促进通道与区域经济融合发展、加强通道对外开放及国际合作5方面建设内容。其中，运输通道建设的4个二级指标分别对应《西部陆海新通道总体规划》中要求沿线地区和相关部门在合作加快运输通道建设时，所涉及的提高干线运输能力、加强港口分工协作、提升综合交通枢纽功能、加强与周边国家设施联通4个较为具体的内容。物流设施建设的3个二级指标则对应规划中关于加强通道物流设施建设涵盖的优化物流枢纽布局、完善物流设施及装备、提升物流信息化水平等。通道运行与物流效率的2个二级指标、通道与区域经济融合发展的3个二级指标及通道对外开放合作的3个指标也同样根据《西部陆海新通道总体规划》要求沿线地区合作参建的内容和发展目标设定。至于指标体系中34个三级指标的选取及其测量，是在对二级指标进行理论剖析和结合总体规划的具体建设内容和发展目标基础上，从陆海新通道沿线地区参与陆海新通道建设的核心关键指标及其所能贡献的比例来设定，如以公路为代表的干线运输能力建设从理论上应该是主要修建高速公路，而不是那些低级别的公路，又由于物流通道建设要形成的是纵横交错且畅通无阻的交通网络，那么要测量沿线地区在高速公路运输能力建设中的参与程度，可以通过计算本地区高速公路总里程在陆海新通道沿线所有省（区、市）高速公路总里程中的比重来表示。至于那些不是计算本地区在通道全线比重的指标，也是从理论与实践综合考虑而定，如枢纽经济培育下面有两个指标，其中本地枢纽城市人均生产总值衡量的是本地区物流枢纽承载城市经培育后的经济发展水平，然后本地枢纽城市生产总值占通道沿线所有枢纽城市的比重则衡量本地区物流枢纽承载城市经培育后这个省（区、市）的枢纽城市在通道全线的竞争力。[1]

附表1　西部地区陆海新通道参建水平评价指标体系

一级指标	二级指标	三级指标	指标属性
运输通道建设（A_1）	干线运输能力（B_1）	本地高速公路里程数占通道全线比重（C_1）	正向
		本地铁路里程数占通道全线比重（C_2）	正向
		本地航道总长度占通道全线比重（C_3）	正向
	港口分工协作水平（B_2）	本地生产用码头泊位数占通道全线比重（C_4）	正向
	综合交通枢纽功能（B_3）	本地所有枢纽城市公路网密度（C_5）	正向
		本地所有枢纽城市公路货运水平（C_6）	正向
		本地所有枢纽城市航空货运量占全省比重（C_7）	正向
	与周边国家设施联通（B_4）	本地对外开放口岸数占通道全线比重（C_8）	正向
		本地国际机场数占通道全线比重（C_9）	正向

[1] 黄伟新，钱林．中国西部地区西部陆海新通道参建水平测度与评价［J］．统计理论与实践，2023（8）：16-24.

续表

一级指标	二级指标	三级指标	指标属性
物流设施建设(A_2)	物流枢纽布局建设(B_5)	本地国家级物流枢纽数量占通道全线比重(C_{10})	正向
		本地物流服务水平(C_{11})	正向
	物流设施及装备完善(B_6)	本地物流基础设施投资水平(C_{12})	正向
		本地移动电话普及率(CC_{13})	正向
		本地人均耗电量(C_{14})	负向
		本地人均能耗量(C_15)	负向
	物流信息化水平(B_7)	本地电子商务交易额占通道全线比重(C_{16})	正向
		本地互联网域名数占通道全线比重(C_{17})	正向
通道运行与物流效率(A_3)	物流运输组织效率(B_8)	本地公路货物周转量占通道全线比重(C_{18})	正向
		本地铁路货物周转量占通道全线比重(C_{19})	正向
		本地海铁联运班列开行数量占通道全线比重(C_{20})	正向
		本地航空货运量占通道全线比重(C_{21})	正向
	通关便利化程度(B_9)	本地进口货物通关时间(C_{22})	负向
		本地出口货物通关时间(C_{23})	负向
通道与区域经济融合发展(A_4)	通道经济发展(B_{10})	本地物流与经济耦合协调度指数(C_{24})	正向
		本地人均生产总值(C_{25})	正向
	枢纽经济培育(B_{11})	本地枢纽城市生产总值占通道沿线所有枢纽城市的比重(C_{26})	正向
		本地枢纽城市人均生产总值(C_{27})	正向
	营商环境改善(B_{12})	本地市场化指数(C_{28})	正向
通道对外开放合作(A_5)	贸易开放合作(B_{13})	本地进口贸易额占生产总值比重的区位熵指数(C_{29})	正向

续表

一级指标	二级指标	三级指标	指标属性
通道对外开放合作(A_5)	贸易开放合作(B_{13})	本地出口贸易额占生产总值比重的区位熵指数(C_{30})	正向
	投资开放合作(B_{14})	本地外资企业数占比的区位熵指数(C_{31})	正向
		本地对外投资额占生产总值P比重的区位熵指数(C_{32})	正向
	旅游开放合作(B_{15})	本地国际旅游人数占通道全线比重(C_{33})	正向
		本地国际旅游外汇收入占通道全线比重(C_{34})	正向

如附表1所示,本书从运输通道建设、物流设施建设、通道运行与物流效率、通道与区域经济融合发展及通道对外开放合作5个方面对西部陆海新通道沿线地区通道参建水平进行评价,各层次指标阐释如下。

(1)运输通道建设指标。

运输通道作为区域间联系的重要的交通基础设施,其建设对整个区域发展起到至关重要的作用,本书选取了干线运输能力、港口分工协作水平、综合交通枢纽功能及与周边国家设施联通4个方面来衡量运输通道建设。

①干线运输能力。干线运输能力指标主要考察各地区间高速公路、铁路、水路运输方式的运输能力及衔接情况。其计算公式及指标含义如附表2所示。

附表2　干线运输能力

指标	计算公式	表示含义	备注
本地高速公路里程数占通道全线比重	$\dfrac{L_{gi}}{\sum_{i=1}^{13} L_{gi}} \times 100\%$	反映该地区在高速公路运输能力建设中的参与程度	式中L_{gi}表示第i个地区公路里程数

续表

指标	计算公式	表示含义	备注
本地铁路里程数占通道全线比重	$\frac{L_{ti}}{\sum_{i=1}^{13} L_{ti}} \times 100\%$	反映该地区在铁路运输能力建设中的参与程度	式中L_{ti}表示第i个地区铁路里程数
本地航道总长度占通道全线比重	$\frac{L_{hi}}{\sum_{i=1}^{13} L_{hi}} \times 100\%$	反映该地区在航道运输能力建设中的参与程度	式中L_{hi}表示第i个地区航道总长度

②港口分工协作水平。港口泊位的数量与大小是衡量一个港口或码头规模的重要标志，反映了该港口物流的生产能力，各种泊位分工协作，组成一个有机的港口整体。本书中港口分工协作水平主要用本地生产用码头泊位数占陆海新通道全线比重来衡量，其计算公式及指标含义如附表3所示。

附表3　港口分工协作水平

指标	计算公式	表示含义	备注
本地生产用码头泊位数占通道全线比重	$\frac{N_{mi}}{\sum_{i=1}^{13} N_{mi}} \times 100\%$	反映港口物流的生产能力，各种泊位分工协作	式中N_{mi}为第i个地区生产用码头泊位数

③综合交通枢纽功能。综合交通枢纽反映了陆海新通道沿线枢纽间的交通便利化程度。考虑到一些枢纽城市相关铁路、水运数据难以获取，因此选取公路与航空相关指标来反映综合交通枢纽水平。其计算公式及指标含义如附表4所示。

附表4　综合交通枢纽功能

指标	计算公式	表示含义	备注
本地所有枢纽城市公路网密度	$\frac{C_{li}}{S_i}$	反映枢纽城市公路网密度通达性及完善程度	式中C_{li}、S_i分别为第i个地区枢纽城市公路里程数、全省面积
本地所有枢纽城市公路货运水平	$\frac{C_{gi}}{P_{gi}}\times 100\%$	反映枢纽城市在综合交通枢纽建设中的运输效率	式中C_{gi}、P_{gi}分别为第i个地区枢纽城市公路货物周转量、全省公路货物周转量
本地所有枢纽城市航空货运量占全省比重	$\frac{C_{hi}}{P_{hi}}\times 100\%$	反映枢纽城市在综合交通枢纽建设中的对外交通联系程度	式中C_{hi}、P_{hi}分别为第i个地区枢纽城市航空货运量、全省总航空货运量

④与周边国家设施联通程度。与周边国家设施联通程度反映陆海新通道沿线地区与周边国家相互关联和相互沟通的水平，其计算公式及指标含义如附表5所示。

附表5　与周边国家设施联通程度

指标	计算公式	表示含义	备注
本地对外开放口岸数占通道全线比重	$\frac{N_{ki}}{\sum_{i=1}^{13}N_{ki}}\times 100\%$	反映该地区口岸建设在与周边国家设施联通中的参与程度	式中N_{ki}为第i个地区口岸个数
本地国际机场数占通道全线比重	$\frac{N_{ai}}{\sum_{i=1}^{13}N_{ai}}\times 100\%$	反映该地区机场在与周边国家设施联通建设中的参与程度	式中N_{ai}为第i个地区机场数量

（2）物流设施建设指标。

物流基础设施是现代物流行业赖以生存和发展的先决条件，是保证物流活动顺利开展的基石，物流设施建设水平的高低直接影响着物流活动效率。本书选取了物流枢纽布局建设、物流设施及其装备完善和物流信息化水平3个方面来衡量物流设施建设水平。

①物流枢纽布局建设。物流枢纽布局建设能反映一个地区物流枢纽功能的强弱及整体发展状况。其计算公式及指标含义如附表6所示。

附表6　物流枢纽及布局建设

指标	计算公式	表示含义	备注
本地国家级物流枢纽数量占通道全线比重	$\frac{N_{wi}}{\sum_{i=1}^{13} N_{wi}} \times 100\%$	反映该地区物流枢纽的发展程度	式中N_{wi}为第i个地区物流枢纽个数
本地物流服务水平	$\frac{W_i}{GDP_i}$	反映该地区物流服务需求程度	式中W_i、GDP_i分别为第i个地区运输仓储邮政业增加值和生产总值

②物流设施及装备完善。物流设施设备及完备程度反映陆海新通道沿线地区物流设施和物流技术的发展水平，本书主要用本地物流基础设施投资水平、本地移动电话普及率、本地人均耗电量和本地人均能耗量4个指标来衡量。其中，本地移动电话普及率反映了该地区通信基础设施在物流设施及装备完善方面的参与程度；本地人均耗电量反映了该地区电力设施在物流设施及装备完善方面的参与程度；本地人均能耗量反映了该地区能源基础设施在物流设施及装备完善方面的参与程度；本地物流基础设施投资水平反映了该地区在物流基础设施及装备完善方面的投资规模，其计算公式及指标含义如附表7所示。

附表7　物流设施及装备完善

指标	计算公式	表示含义	备注
物流基础设施投资水平	$\frac{G_i}{\sum_{i=1}^{13} G_i} \times 100\%$	反映该地区在物流基础设施及装备完善方面的投资规模	式中G_i为第i个地区交通运输邮政业固定资产总额

③物流信息化水平。物流信息化水平反映物流在一定时期和环境下所达到的信息化带动物流产业规模、能力、效果等的综合程度，是用来衡量物流发展水平的重要指标。其计算公式及指标含义如附表8所示。

附表8　物流信息化水平

指标	计算公式	表示含义	备注
本地电子商务交易额占通道全线比重	$\frac{X_i}{\sum_{i=1}^{13} X_i} \times 100\%$	反映该地区电子商务物流对通道电商物流发展的贡献	式中X_i为第i个地区电子商务销售额
本地互联网域名数占通道全线比重	$\frac{H_i}{\sum_{i=1}^{13} H_i} \times 100\%$	反映该地区互联网技术应用于整条通道物流信息化建设中的程度	式中H_i为第i个地区互联网域名数

(3)通道运行与物流效率指标。

物流运作效率反映物流活动各个环节之间的衔接程度，在地区间的交流合作中发挥着重要作用。本书选取物流运输组织效率与通关便利化程度来衡量通道运行与物流效率。

①物流运输组织效率。物流运输组织反映多种运输方式之间的配合程度和各运输环节的协作水平，有利于开展综合运输。其计算公式及指标含义如附表9所示。

附表9 物流运输组织效率

指标	计算公式	表示含义	备注
本地公路货物周转量占通道全线比重	$\frac{P_{gi}}{\sum_{i=1}^{13} P_{gi}} \times 100\%$	反映该地区一定时间内公路货物运输在通道物流运输中的参与程度	式中P_{gi}为第i个地区公路货物周转量
本地铁路货物周转量占通道全线比重	$\frac{P_{ti}}{\sum_{i=1}^{13} P_{ti}} \times 100\%$	反映该地区一定时间内铁路货物运输在通道物流运输中的参与程度	式中P_{ti}为第i个地区铁路货物周转量
本地航空货运量占通道全线比重	$\frac{P_{hi}}{\sum_{i=1}^{13} P_{hi}} \times 100\%$	反映该地区航空货物运输在物流运输中的参与程度	式中P_{hi}为第i个地区航空货运量
本地海铁联运班列开行数量占通道全线比重	$\frac{N_{hi}}{\sum_{i=1}^{13} N_{hi}} \times 100\%$	反映该地区海铁联运在物流运输中的参与程度	式中N_{hi}分别为第i个地区海铁联运班列开行数

②通关便利程度。通关便利程度影响着陆海新通道沿线地区进出口贸易的发展，本书中用本地进口货物通关时间和本地出口货物通关时间两个指标来衡量，主要反映该地区在通关便利化方面的参与程度。

(4)通道与区域经济融合发展指标。

通道与区域经济融合发展水平反映了一个区域的经济发展规模和经济发展状态。本书选取通道经济发展、枢纽经济培育和营商环境改善3个方面来衡量通道与区域经济融合发展水平。

①通道经济发展。由于总体规划的发展目标之一是实现通道与区域经济融合发展，因此通道经济发展下设了本地物流与经济耦合协调度指数和本地区人均生产总值两个指标，前者能够衡量通道建设与区域经济的耦合协调度，后者则可以衡量本地区融入参与通道建设所实现的经济发展水平。其中，本地物流与经济耦合协调度指数计算公式为

$$D = \sqrt{C \times T} \tag{1}$$

式中，D表示耦合协调度；C表示耦合度，其计算公式为

$$C = \left\{ f(x)f(y) / \left[\frac{f(x) + f(y)}{2} \right]^2 \right\}^{1/2} \tag{2}$$

$$T = 0.5f(x) + 0.5f(y) \tag{3}$$

式中，$f(x)$表示物流系统发展水平，用标准化处理的运输仓储邮政业增加值表示，$f(y)$表示地区经济发展水平，用本地生产总值表示，T为综合评价指数。

②枢纽经济发展水平。枢纽经济发展水平反映陆海新通道沿线各枢纽经济发展的现状，本书主要用本地枢纽城市人均生产总值和本地枢纽城市生产总值占通道沿线所有枢纽城市的比重两个指标来衡量。其中本地枢纽城市人均生产总值反映的是本地区物流枢纽承载城市经培育后的经济发展水平，本地枢纽城市生产总值占通道沿线所有枢纽城市的比重则衡量本地区物流枢纽承载城市经培育后这个省（区、市）的枢纽城市在通道全线的竞争力。

③营商环境水平。营商环境反映经济社会发展的活力，营商环境的优劣，反映了一个地区的区位优势，展现了区域经济的发展动力和市场主体的发展活力，该项指标选取自张三保、张志学编制的《中国省份营商环境研究报告2023》。

（5）通道对外开放合作指标。

对外开放合作是国家经济发展及竞争力的重要体现，反映了西部陆海新通道沿线地区投资环境优劣和经济开放程度。本书选取贸易开放合作、投资开放合作和旅游开放合作3个方面来衡量通道对外开放合作程度。

①贸易开放合作。贸易开放水平直观地反映了地区进出口贸易状况，体现了地区对外贸易的依存程度。由于区位熵能够衡量某一区域要素的空间分布情况，因此本书引入本地进口贸易额占生产总值比重的区位熵指数、本地出口贸易额占生产总值比重的区位熵指数衡量本地区在西部

陆海新通道贸易开放中的参与程度，其计算公式及指标含义如附表10所示。

附表10　贸易开放合作

指标	计算公式	表示含义	备注
本地进口贸易额占生产总值比重的区位熵指数	$\dfrac{\dfrac{M_{ji}}{GDP_i}}{\dfrac{\sum_{i=1}^{13} M_{ji}}{\sum_{i=1}^{13} GDP_i}}$	反映该地区在促进通道进口贸易开放中的参与程度	式中M_{ji}和GDP_i分别为第i个地区进口贸易额和生产总值
本地出口贸易额占生产总值比重的区位熵指数	$\dfrac{\dfrac{M_{ci}}{GDP_i}}{\dfrac{\sum_{i=1}^{13} M_{ci}}{\sum_{i=1}^{13} GDP_i}}$	反映该地区在促进通道出口贸易开放中的参与程度	式中M_{ci}和GDP_i分别为第i个地区出口贸易额和生产总值

②投资开放合作。投资开放合作水平反映了陆海新通道沿线地区在投资领域吸引外资的能力与潜力。其计算公式及指标含义如附表11所示。

附表11　投资开放合作

指标	计算公式	表示含义	备注
本地外资企业数占比的区位熵指数	$\dfrac{\dfrac{N_{qi}}{N_{wi}}}{\dfrac{\sum_{i=1}^{13} N_{wi}}{\sum_{i=1}^{13} N_{qi}}}$	反映该地区市场主体在促进通道投资开放合作中的参与程度	式中N_{qi}和N_{wi}分别为第i个地区外资企业数和注册登记企业数
本地对外投资额占生产总值比重的区位熵指数	$\dfrac{\dfrac{I_i}{GDP_i}}{\dfrac{\sum_{i=1}^{13} I_i}{\sum_{i=1}^{13} GDP_i}}$	反映该地区在促进通道对外投资中的参与程度	式中I_i和GDP_i分别为第i个地区对外投资额和生产总值。

③旅游开放合作水平。文化产业是对外交流的重要媒介，旅游产业是

文化产业的重要组成部分，因此旅游产业在对外合作与交流中发挥着重要作用。其计算公式及指标含义如附表12所示。

附表12　旅游开放合作水平

指标	计算公式	表示含义	备注
本地国际旅游人数占通道全线比重	$\frac{N_{1i}}{\sum_{i=1}^{13} N_{1i}} \times 100\%$	反映该地区旅游客源市场在旅游发展中的参与程度	式中N_{1i}为第i个地区旅游人数
本地国际旅游外汇收入占通道全线比重	$\frac{R_i}{\sum_{i=1}^{13} R_i} \times 100\%$	反映地区国际旅游市场在旅游发展中的参与程度	式中R_i为第i个地区国际旅游外汇收入

2. 评价模型的构建

2.1　评价指标数据的标准化处理及权重确定

本书使用SPSSAU在线统计分析平台的熵值法和主成分分析法来确定上述指标体系中每个三级指标的权重。由于这两种方法在计算指标权重前，要对指标的原始数值进行标准化处理，同时本书设定的指标中既有正向作用指标又有负向作用指标，因此在SPSSAU数据分析之前，笔者采用极差归一化的方法对原始数据矩阵进行无量纲标准化处理。

对于正向指标采用公式

$$y_{ij}^{t} = \mathrm{c} + \frac{x_{ij}^{t} - x_{j\min}}{x_{j\max} - x_{j\min}}\mathrm{d} \tag{4}$$

对于负向指标采用公式

$$y_{ij}^{t} = \mathrm{c} + \frac{x_{j\max} - x_{ij}^{t}}{x_{j\max} - x_{j\min}}\mathrm{d} \tag{5}$$

式中，$i=1,2,\cdots,m$，$j=1,2,\cdots,n$，$t=1,2,\cdots,T$，$x_{j\min}$，$x_{j\max}$分别代表第j项指标的最小值和最大值，常数c的作用是对数据进行平移，常数d的作用是对数据进行放缩，根据本书数据情况，取值c = 60，d = 40，那么各指标值标准化后取值范围为[60，100]。

原始数据经过上述方法进行无量纲标准化处理后，选择SPSSAU在线统计分析平台中的熵值法计算得到的各三级指标信息熵值、信息效用值和权重，选择主成分分析法计算得到各三级指标综合得分系数和权重，上述计算结果如附表1所示。为尽可能客观确定西部地区陆海新通道参建水平各级指标的权重，本书取附表13给出的熵值法和主成分分析法所得指标权重的平均值为指标体系三级指标的最终权重，在此基础上，计算得出指标体系一级指标的权重，以及二级指标相对于其上一级指标的权重。

附表13　西部地区陆海新通道参建水平评价指标体系各级指标的权重

一级指标	二级指标	三级指标	熵值法分析结果			主成分分析结果	
			信息熵值	信息效用值	三级指标权重	综合得分系数	三级指标权重
运输通道建设（29.45%）	干线运输能力（26.87%）	本地高速公路里程数占通道全线比重（3.23%）	0.968	0.032	1.16%	0.166	0.035
		本地铁路里程数占通道全线比重（2.82%）	0.936	0.064	2.33%	0.133	0.028
		本地航道总长度占通道全线比重（3.23%）	0.882	0.118	4.29%	0.140	0.030
	港口分工协作水平（14.76%）	本地生产用码头泊位数占通道全线比重（3.20%）	0.833	0.167	6.09%	0.155	0.033
	综合交通枢纽功能（37.73%）	本地所有枢纽城市公路网密度（3.17%）	0.713	0.287	10.45%	0.162	0.034
		本地所有枢纽城市公路货运水平（2.87%）	0.937	0.063	2.29%	0.138	0.029
		本地所有枢纽城市航空货运量占全省比重（2.61%）	0.987	0.013	0.46%	0.118	0.025

续表

一级指标	二级指标	三级指标	熵值法分析结果			主成分分析结果	
			信息熵值	信息效用值	三级指标权重	综合得分系数	三级指标权重
运输通道建设（29.45%）	与周边国家设施联通（23.64%）	本地对外开放口岸数占通道全线比重（4.94%）	0.830	0.170	6.18%	0.145	0.030
		本地国际机场数占通道全线比重（3.40%）	0.922	0.078	2.85%	0.138	0.029
物流设施建设（24.45%）	物流枢纽布局建设（31.20%）	本地国家级物流枢纽数量占通道全线比重（4.75%）	0.790	0.210	7.65%	0.134	0.028
		本地物流服务水平（2.19%）	0.965	0.035	1.27%	0.124	0.026
	物流设施及装备完善（39.32%）	本地物流基础设施投资水平（3.04%）	0.926	0.074	2.71%	0.143	0.030
		本地移动电话普及率（2.23%）	0.975	0.025	0.90%	0.134	0.028
		本地人均耗电量（2.99%）	0.967	0.033	1.21%	0.154	0.032
		本地人均能耗量（3.06%）	0.971	0.029	1.04%	0.150	0.031
	物流信息化水平（29.48%）	本地电子商务交易额占通道全线比重（3.53%）	0.908	0.093	3.37%	0.148	0.031
		本地互联网域名数占通道全线比重（2.69%）	0.888	0.113	4.10%	0.142	0.030
通道运行与物流效率（15.71%）	物流运输组织效率（84.22%）	本地公路货物周转量占通道全线比重（3.47%）	0.943	0.057	2.07%	0.159	0.034
		本地铁路货物周转量占通道全线比重（3.09%）	0.922	0.078	2.86%	0.127	0.027
		本地海铁联运班列开行数量占通道全线比重（2.75%）	0.753	0.247	9.00%	0.146	0.031

续表

一级指标	二级指标	三级指标	熵值法分析结果			主成分分析结果	
			信息熵值	信息效用值	三级指标权重	综合得分系数	三级指标权重
通道运行与物流效率（15.71%）	物流运输组织效率（84.22%）	本地航空货运量占通道全线比重（3.36%）	0.940	0.060	2.18%	0.140	0.029
	通关便利化程度（15.78%）	本地进口货物通关时间（1.47%）	0.995	0.006	0.20%	0.119	0.025
		本地出口货物通关时间（1.58%）	0.992	0.008	0.29%	0.108	0.023
通道与区域经济融合发展（14.51%）	通道经济发展（35.80%）	本地物流与经济耦合协调度指数（3.37%）	0.964	0.036	1.32%	0.140	0.029
		本地人均生产总值(2.46%)	0.964	0.036	1.32%	0.139	0.029
	枢纽经济培育（48.57%）	本地枢纽城市生产总值占通道沿线所有枢纽城市的比重（3.52%）	0.901	0.099	3.61%	0.157	0.033
		本地枢纽城市人均生产总值（2.95%）	0.960	0.040	1.47%	0.150	0.032
	营商环境改善（15.63%）	本地市场化指数（2.22%）	0.980	0.020	0.74%	0.141	0.030
通道对外开放合作（15.88%）	贸易开放合作（33.22%）	本地进口贸易额占生产总值比重的区位熵指数（2.62%）	0.928	0.072	2.63%	0.137	0.029
		本地出口贸易额占生产总值比重的区位熵指数（3.10%）	0.932	0.068	2.49%	0.151	0.032

续表

一级指标	二级指标	三级指标	熵值法分析结果			主成分分析结果	
			信息熵值	信息效用值	三级指标权重	综合得分系数	三级指标权重
通道对外开放合作(15.88%)	投资开放合作(20.05%)	本地外资企业数占比的区位熵指数(2.26%)	0.960	0.041	1.48%	0.131	0.027
		本地对外投资额占生产总值比重的区位熵指数(2.37%)	0.987	0.014	0.49%	0.097	0.020
	旅游开放合作(46.73%)	本地国际旅游人数占通道全线比重(3.04%)	0.869	0.131	4.77%	0.151	0.032
		本地国际旅游外汇收入占通道全线比重(2.51%)	0.870	0.130	4.74%	0.144	0.030

本书使用如下公式计算西部地区陆海新通道参建水平的综合评价值

$$S_i^t = \sum_{i=1}^{n} w_j y_{ij}^t \tag{6}$$

式中，S_i^t为i地区第t年的综合评价得分，w_j为第j个三级指标权重，y_{ij}^t表示第t年i地区第j个三级指标的经平移处理后的无量纲化值，为便于观察，将该值放大100倍。当$n = 34$时，计算得到的是第t年i地区的综合得分；当n等于某一级指标或二级指标下辖三级指标个数时，计算得到的是第t年i地区一级指标或二级指标的综合得分。根据上述公式计算得到各地区一级指标和二级指标的综合得分，结合附表1给出的一级指标和二级指标权重，使用SPSSAU在线统计分析平台测算出西部地区参与陆海新通道各项建设任务的耦合协调度。

2.2　数据来源及处理

本书选取西部陆海新通道沿线涵盖的西部12个省（区、市）和海南省为研究对象，研究数据主要来源于EPS数据库、《中国统计年鉴》《中国口岸年鉴》《中国港口年鉴》、各省（市）国民经济和社会发展统计公报、各省

(市)统计年鉴、互联网数据及相关参考文献等。同时,考虑到2015年为西部陆海新通道的前身南向通道建设启动之年,为使数据运用得科学合理,避免使用数据的片面性,对陆海新通道沿线地区通道参建水平进行测算选取2016—2021年的数据,使从时间维度评价陆海新通道沿线地区通道参建水平更合理。对于部分缺失数据采用插值法填补。

3. 综合测评结果

根据上述研究设计,测算得到的西部地区陆海新通道参建水平综合测评结果如附表14所示。

附表14　西部地区陆海新通道参建水平综合测评结果

省(区、市)	年份	运输通道建设	物流设施建设	通道运行与物流效率	通道与区域经济融合发展	通道对外开放合作	综合得分
广西	2016	24.315	17.029	11.979	8.591	13.164	75.077
	2017	24.502	17.171	12.332	8.699	13.164	75.868
	2018	24.456	17.012	12.451	8.809	13.205	75.932
	2019	24.602	18.978	12.268	9.109	13.346	78.303
	2020	24.464	18.863	12.416	9.004	12.925	77.672
	2021	24.626	18.904	12.771	9.119	12.480	77.900
云南	2016	23.562	16.816	11.875	8.483	12.976	73.712
	2017	23.547	16.929	14.450	8.720	12.929	76.576
	2018	23.611	17.700	12.888	8.963	12.943	76.104
	2019	23.819	17.806	13.059	9.565	13.132	77.382
	2020	24.061	18.577	13.246	9.429	14.333	79.646
	2021	24.162	18.119	12.660	9.602	13.039	77.581
贵州	2016	23.044	17.420	11.662	8.546	10.610	71.282
	2017	23.187	17.496	11.838	8.758	10.561	71.840
	2018	23.314	17.322	11.921	8.780	10.534	71.872
	2019	23.431	17.307	11.850	9.071	10.633	72.292
	2020	23.609	17.963	12.148	9.058	10.613	73.393

续表

省(区、市)	年份	运输通道建设	物流设施建设	通道运行与物流效率	通道与区域经济融合发展	通道对外开放合作	综合得分
贵州	2021	23.251	18.496	12.102	9.248	10.681	73.778
重庆	2016	24.728	18.077	11.501	9.975	12.834	77.114
	2017	24.757	18.115	13.029	10.121	12.748	78.771
	2018	24.892	18.167	14.110	10.257	12.754	80.180
	2019	25.125	19.843	14.066	10.729	12.800	82.563
	2020	25.224	19.689	13.366	10.878	12.939	82.097
	2021	25.268	19.587	13.636	11.199	12.765	82.455
四川	2016	25.049	19.084	12.115	9.969	12.764	78.980
	2017	24.947	19.266	12.521	10.246	12.788	79.768
	2018	24.982	19.478	13.481	10.555	12.838	81.333
	2019	24.905	21.138	13.583	10.877	12.803	83.305
	2020	24.749	20.801	13.365	10.681	12.944	82.539
	2021	24.747	20.598	13.487	10.943	13.647	83.423
陕西	2016	21.360	17.013	12.680	9.075	12.699	72.827
	2017	21.337	17.081	12.826	9.425	12.768	73.437
	2018	21.309	17.477	12.819	9.600	12.805	74.011
	2019	21.360	19.151	12.784	9.899	12.681	75.875
	2020	21.295	18.861	13.178	9.659	11.925	74.919
	2021	21.294	18.777	13.084	9.908	12.220	75.283
甘肃	2016	21.551	15.994	12.183	7.942	10.932	68.601
	2017	21.433	16.099	12.415	8.091	10.920	68.958
	2018	21.438	16.358	12.456	8.259	11.061	69.572
	2019	21.446	18.118	12.289	8.512	11.002	71.366
	2020	21.420	17.130	12.363	8.310	11.015	70.238
	2021	21.418	16.768	12.485	8.585	10.990	70.246
宁夏	2016	20.190	15.401	11.350	8.355	11.037	66.333
	2017	20.207	15.288	11.474	8.498	11.036	66.502

续表

省(区、市)	年份	运输通道建设	物流设施建设	通道运行与物流效率	通道与区域经济融合发展	通道对外开放合作	综合得分
宁夏	2018	20.173	15.185	11.255	8.698	10.976	66.286
	2019	20.178	14.950	11.662	8.797	11.076	66.663
	2020	20.152	14.899	11.710	8.792	10.843	66.396
	2021	20.116	14.814	11.502	8.830	10.870	66.132
青海	2016	20.896	15.187	11.159	7.784	10.468	65.494
	2017	20.864	15.177	11.408	7.760	10.301	65.510
	2018	20.815	15.313	11.546	7.908	10.291	65.874
	2019	20.868	15.229	11.693	7.871	10.410	66.071
	2020	20.778	16.000	11.486	7.868	10.486	66.617
	2021	20.867	15.764	11.660	8.120	10.357	66.769
西藏	2016	20.569	15.832	10.885	7.514	11.149	65.949
	2017	20.371	15.792	11.124	7.630	11.354	66.271
	2018	20.340	15.925	11.265	7.959	11.203	66.691
	2019	20.450	15.859	11.146	8.228	10.773	66.455
	2020	20.351	15.696	11.263	8.104	10.544	65.958
	2021	20.415	16.183	11.149	8.303	10.991	67.041
内蒙古	2016	23.945	16.300	13.265	9.795	11.641	74.946
	2017	24.021	16.289	13.586	9.167	11.609	74.672
	2018	23.972	16.055	13.701	9.418	11.558	74.704
	2019	23.889	17.831	13.560	9.496	11.546	76.322
	2020	23.970	17.422	13.715	9.377	11.392	75.878
	2021	23.787	17.273	13.581	9.778	11.641	76.060
新疆	2016	23.385	15.650	11.845	8.432	12.014	71.327
	2017	23.411	16.026	11.949	8.645	12.014	72.044
	2018	23.469	15.948	12.182	8.987	11.906	72.493
	2019	23.613	17.733	12.345	9.464	11.849	75.003
	2020	23.328	17.184	11.969	8.936	11.447	72.865

续表

省(区、市)	年份	运输通道建设	物流设施建设	通道运行与物流效率	通道与区域经济融合发展	通道对外开放合作	综合得分
新疆	2021	23.380	17.698	12.195	9.335	11.383	73.991

4. 聚类分析结果

运用SPSS26.0软件中的系统聚类对各个地区通道参建水平进行聚类分析，通过欧氏距离划分其所属类别，得到陆海新通道沿线地区通道参建水平聚类谱系图（附图1和附图2）。

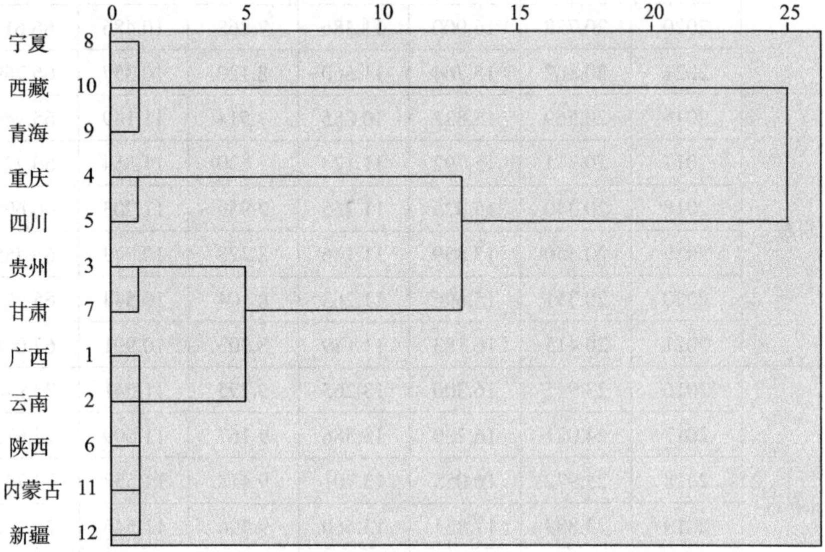

附图1　2019年西部地区陆海新通道参建水平的聚类组合谱系

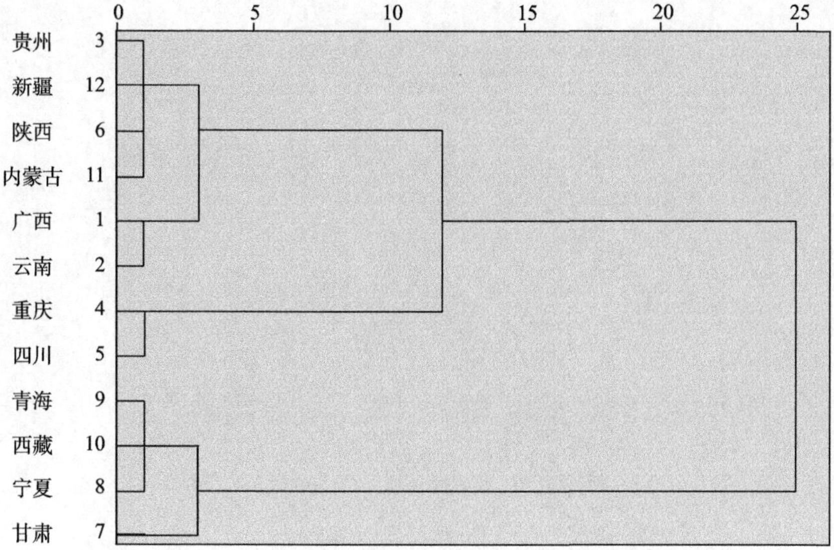

附图 2　2021 年西部地区陆海新通道参建水平的聚类组合谱系

参考文献

[1]国家发改委基础司.以习近平总书记建设西部陆海新通道重要论述为指引按下西部陆海新通道建设“快进键”[EB/OL].(2022-08-29)[2023-04-03].https://www.ndrc.gov.cn/fggz/zcssfz/dffz/202008/t20200811_1235827.html.

[2]李学勤,赵平安.字源[M].天津:天津古籍出版社;沈阳:辽宁人民出版社,2012(12):462-463.

[3]吴东平.汉字文化趣释[M].武汉:湖北人民出版社,2001(10):200-202.

[4]赵武宏.细说汉字[M].北京:大众文艺出版社,2010:333-334.

[5]李土生.土生说字(第3卷)[M].北京:中央文献出版社,2009:149-151.

[6]陈政.字源谈趣[M].南宁:广西人民出版社,1986:331-332.

[7]新华字典:11版[M].北京:商务印书馆,2011:651.

[8]R.哈特向.地理学性质的透视[M].黎樵,译.北京:商务印书馆,1981:129-130.

[9]埃德加·M.胡佛,弗兰克·杰莱塔尼.区域经济学导论[M].王翼龙,译.上海:上海远东出版社,1992:239.

[10]MARKUSEN A R. Regions: The economics and politics of territory [M]. Washington: Rowman & Littlefield Pub Inc, 1987.

[11]黄鲁成,张家欣,苗红.区域创新质量:概念维度与实证研究[J].创新科技,2020,20(5):7-20.

[12]杨爱平,陈瑞莲.从“行政区行政”到“区域公共管理”——政府治理形态嬗变的一种比较分析[J].江西社会科学,2004(11):23-31.

[13]孙久文.区域经济学:2版[M].北京:首都经济贸易大学出版社,2010:231.

[14]陈瑞莲.论区域公共管理研究的缘起与发展[J].政治学研究,2003(4):75-84.

[15]石佳弋. 泛珠三角区域分工合作模式的经验及启示——基于泛长三角区域的角度[J]. 现代经济信息,2011(2):265,269.

[16]国家推进"一带一路"建设工作领导小组办公室. 国际陆海贸易新通道(New International Land-Sea Trade Corridor)[EB/OL].(2019-02-20)[2023-02-06]. https://www.yidaiyilu.gov.cn/zchj/slbk/80076.htm.

[17]佚名. 中共中央首次明确提出发挥广西作为西南出海通道的作用——1992年中共中央《关于加快改革、扩大开放,力争经济更好更快地上一个新台阶的意见》[EB/OL].(2009-03-20)[2023-10-20]. http://www.gx-dfz.org.cn/flbg/gxzhizui/ls/201612/t20161227_35203.html.

[18]赵光辉,谢柱军,任书玉. 西部陆海新通道枢纽经济效益分析[J]. 东南亚纵横,2020(2):94-102.

[19]王水莲. 推动西部陆海新通道建设走深走实[J]. 开放导报,2020(5):48-53.

[20]李红启,常馨玉,李嫣然. 国外典型运输通道发展概况与启示[J]. 综合运输,2014(9):70-75.

[21]林祥. 企业核心资源理论与战略[M]. 北京:人民出版社,2004.

[22]徐榕行. 区域物流通道运行机制研究[D]. 西南交通大学,2015.

[23]GRAY B, WOOD D. Collaborative alliances: moving from practice to theory [J]. Journal of applied behavioral science a publication of the Ntl Institute, 1991,27(1):3-22.

[24]RING P S, VAN DE VEN A H. Developmental processes of cooperative interorganizational relationships[J]. Academy of management review, 1994, 19(1), 90-118.

[25]THOMSON, A M, PERRY J L. Collaboration processes: Inside the black box [J]. Public administration review, 2006(66):20-32.

[26]ALMOG-BAR M, SCHMID H. Cross-Sector partnerships in human services: Insights and organizational dilemmas[J]. Nonprofit and voluntary sector quarterly, 2018, 47(341):119-138.

[27]赵晖,许思琪.跨域环境治理中的“避害型”府际合作:研究框架与生成逻辑——以广佛合作治理水污染为例[J].理论探讨,2022(3):87-95.

[28]刘祖云.政府间关系:合作博弈与府际治理[J].学海,2007(1):79-87.

[29]曼瑟尔·奥尔森.集体行动的逻辑[M].陈郁,郭宇峰,李崇新,译.上海:格致出版社;上海:上海三联书店;上海:上海人民出版社,2014.

[30]杨志云,毛寿龙.制度环境、激励约束与区域政府间合作——京津冀协同发展的个案追踪[J].国家行政学院学报,2017(2):97-102,127-128.

[31]PROVAN K, KENIS P. Modes of network governance: Structure, management, and effectiveness[J]. Journal of public administration research and theory,2008,18(2):229-252.

[32]蒋瑛,郭玉华.区域合作的机制与政策选择[J].江汉论坛,2011(2):25-28.

[33]ALEXANDERJA, COMFORTME, WEINERBJ, et al. Leadership in collaborativecommunity health partnerships[J]. Nonprofit management and leadership,2001,12(2):159—175.

[34]李先忠.京津冀交通一体化成就介绍[EB/OL].(2020-01-02)[2022-12-20]. https://www.meiligaosu.com/h-nd-1202.html.

[35]佚名.省政府召开着力推动京津冀交通一体化发展新闻发布会[EB/OL].(2023-02-21)[2023-03-20]. https://baijiahao.baidu.com/s?id=1758511287516656230&wfr=spider&for=pc.

[36]卢现祥.西方新制度经济学[M].北京:中国发展出版社,1996:46.

[37]张紧跟.当代美国地方政府间关系协调的实践及其启示[J].公共管理学报,2005(1):24-28,83-92.

[38]唐德才,张瑛,李智江.长江经济带区域合作机制研究[J].现代管理科学,2019(4):67-69.

[39]傅钧文.日本跨区域行政协调制度安排及其启示[J].日本学刊,2005(5):23-36.

[40]罗珉,何长见.组织间关系:界面规则与治理机制[J].中国工业经济,

2006(5):87-95.

[41]DARON A,ELHANAN H,POL A. Contracts and technology adoption[J]. American economic review,2007(97),916-943.

[42]科尼利厄斯·M.克温.规则制度:政府部门如何制定法规与政策:3版[M].刘璟,张辉,丁洁,译.上海:复旦大学出版社,2007.

[43]赵家祥.对经济基础决定上层建筑原理的深刻阐释——《反杜林论》中“暴力论”三章的解读[J].马克思主义理论学科研究,2017,3(5):14-23.

[44]黄伟新,龚新蜀.我国沿边地区开放型经济发展水平评价及影响因素的实证分析[J].经济问题探索,2014(1):39-45.

[45]方旋,刘春仁,邹珊刚.对区域科技创新理论的探讨[J].华南理工大学学报(自然科学版),2000(9):1-7.

[46]杨爱平,陈瑞莲.从“行政区行政”到“区域公共管理”——政府治理形态嬗变的一种比较分析[J].江西社会科学,2004(11):23-31.

[47]陈瑞莲,杨爱平.从区域公共管理到区域治理研究:历史的转型[J].南开学报(哲学社会科学版),2012(2):48-57.

[48]马捷,锁利铭,陈斌.从合作区到区域合作网络:结构、路径与演进——来自“9+2”合作区191项府际协议的网络分析[J].中国软科学,2014,288(12):79-92.

[49]李牧原.西部陆海新通道的前世今生与当下行动[J].中国远洋海运,2019(10):38-39.

[50]朱坚真.六省区二市政协“加快大西南出海通道建设速度战略研讨会”纪要[J].经济问题探索,1993(11):61-62.

[51]薛志伟.我国将力促国际道路运输互联互通[EB/OL].(2014-10-16)[2023-10-18]. http://politics.people.com.cn/n/2014/1016/c70731-25844012.html.

[52]樊东方.建设西南地区出海大通道纪实[J].广西党史,1994(5):4-7.

[53]蔡庆华.加强省部合作 完善路网结构 畅通西南出海大通道[N].人民政协报,2007-07-24(A03).

[54]黄兴忠.北部湾港口—昆明物流中心海铁联运集装箱班列开通[EB/OL].(2008-03-06)[2024-01-03]. http://www.gxnews.com.cn/staticpages/20080306/newgx47cf1697-1406092.shtml.

[55]广西壮族自治区交通运输厅.借力“一带一路”有机衔接重要门户 广西北部湾港全力进军区域性国际航运中心[EB/OL].(2018-07-08)[2024-01-03]. http://www.zgsyb.com/news.html?aid=26781.

[56]赵宇飞,伍鲲鹏.我国西部9省份合作共建“陆海新通道”[EB/OL].(2019-05-16)[2024-01-03]. https://www.gov.cn/xinwen/2019-05/16/content_5392242.htm.

[57]周红梅.西部陆海新通道海铁联运班列开行突破2.5万列[EB/OL].(2023-03-24)[2023-04-20]. http://gx.people.com.cn/n2/2023/0324/c179430-40349591.html.

[58]于青,李志兰.小机构服务大战略—西部陆海新通道物流和运营组织中心助力通道经济蓬勃发展[EB/OL].(2023-06-09)[2023-07-10]. https://business.sohu.com/a/683645371_99910418.

[59]广西发展和改革委员会.陆海新通道运营新疆公司正式揭牌[EB/OL].(2021-05-20)[2022-03-20]. http://fgw.gxzf.gov.cn/fzgggz/xblhxtd/t8926333.shtml.

[60]杨骏.携手共建西部陆海新通道“13+1”省区市出新招夯基础[EB/OL].(2020-11-17)[2021-12-30]. https://www.cqrb.cn/content/2020-11/17/content_285874.htm.

[61]赵光辉,朱谷生,王厅.“一带一路”背景下国际陆海贸易新通道发展现状评价[J].物流技术,2019,38(7):5-13,70.

[62]王欣悦.重庆公路物流基地2022年市场交易额超千亿元[EB/OL].(2023-02-23)[2023-12-30]. https://m.gmw.cn/baijia/2023-02/23/1303292314.html.

[63]郑平标.西部陆海新通道海铁联运班列发展策略研究[J].铁道运输与经济,2021,43(10):30-34,60.

[64]泸州发布．事关泸州未来！西部陆海新通道西线隆黄铁路隆昌至叙永段，今日启动扩能改造[EB/OL].(2021-06-25)[2021-12-30]. https://mp.weixin.qq.com/s/6xdWlvp5Jw6SKVN9_RC-Lw.

[65]林文泉．2021年洋浦港集装箱总量超130万标箱　同比增长30%[EB/OL].(2022-01-19)[2022-04-25]. https://baijiahao.baidu.com/s?id=1722388754010321920&wfr=spider&for=pc.

[66]林子菲．"粤"升湾区阔 潮涌看中国丨湛江港"硬核"服务"一带一路"[EB/OL].(2023-06-17)[2023-07-10]. https://baijiahao.baidu.com/s?id=1768956738320659593&wfr=spider&for=pc.

[67]康安．西部陆海新通道出海枢纽港优势凸显　前10月钦州港口岸进出口896.5亿元[EB/OL].(2022-12-01)[2022-12-30]. https://gx.cri.cn/n/20221201/57f56e7f-5cde-2029-29e6-6db5e235810c.htm.l

[68]吴丽萍．一图概览运河规划[N].广西日报数字报，2022-08-29(010).

[69]巴渝商讯．重庆自贸试验区含金量足[EB/OL].(2021-04-13)[2021-12-30]. https://baijiahao.baidu.com/s?id=1696893684163228620&wfr=spider&for=pc.

[70]九派新闻．"行·好运"网服务货值突破一万亿[EB/OL].(2021-12-16)[2021-12-30]. https://baijiahao.baidu.com/s?id=1719309783959757363&wfr=spider&for=pc.

[71]封面新闻．国内首条"航空+"西部陆海新通道亮相 成都空铁国际联运港开行在即[EB/OL].(2021-09-11)[2021-12-30]. https://baijiahao.baidu.com/s?id=1710608062070067589&wfr=spider&for=pc.

[72]雷浩然．打造全球供应链新节点，国内首条"航空+"西部陆海新通道发布[EB/OL].(2021-09-11)[2021-12-30]. https://baijiahao.baidu.com/s?id=1710590086734244008&wfr=spider&for=pc.

[73]重庆市沙坪坝区商务委．重庆成为目前全国内陆铁路整车口岸进口货值最多的城市[EB/OL].(2021-10-29)[2021-01-30]. http://www.cqspb.gov.cn/bm/qsww_63873/lwlb_140517/wwm/gzdt_120960/202110/t20211029

_9907553.html.

[74]陆娅楠，蒋云龙，张云河，等．高水平共建西部陆海新通道[N]．人民日报，2021-10-18(002).

[75]《瞭望》新闻周刊记者．重塑区域物流新格局[J]．瞭望，2019(34)：2.

[76]张春莉．北部湾港：开通内外贸集装箱航线53条[EB/OL]．(2021-04-30)[2022-04-25]. http://www.rmzxb.com.cn/c/2021-04-30/2844103.shtml.

[77]李晓婷．西部陆海新通道物流网络拓展至123个国家和地区的514个港口[EB/OL]．(2024-05-27)[2024-05-30]. http://www.xinhuanet.com/mrdx/2024-05/27/c_1310776122.htm.

[78]姜峰，张云河，宋豪新，等．西部陆海新通道加快建设——跨越山海展新途[N]．人民日报，2024-03-26(007).

[79]曹易．回眸中欧班列的2021年[EB/OL]．(2022-01-13)[2022-04-25]. http://news.tielu.cn/pinglun/2022-01-12/267800.html.

[80]李爱斌．沿线国家和中国省区市联合发布"陆海新通道国际合作(重庆)倡议"[EB/OL]．(2021-05-21)[2022-04-25]. https://baijiahao.baidu.com/s?id=1700376287610371463&wfr=spider&for=pc.

[81]谢雨蓉．系列解读文章之——高质量建设西部陆海新通道　更好支撑构建新发展格局[EB/OL]．(2021-09-03)[2022-04-25]. http://news.10jqka.com.cn/20210903/c632431906.shtml.

[82]田野．国际制度的形式选择——一个基于国家间交易成本的模型[J]．经济研究，2005(7)：96-108.

[83]田野．中国参与国际合作的制度设计：一种比较制度分析[M]．北京：社会科学文献出版社，2017.

[84]国务院发展研究中心国际合作局．"一带一路"国际合作机制研究[M]．北京：中国发展出版社，2019.

[85]王春业，徐珮程．论粤港澳大湾区合作中政府间协议及其法律效力[J]．港澳研究，2022(1)：25-34，94.

[86]黄毅莹．"西南六省区市经济协调会"合作机制研究[D]．昆明理工大学，2007.

[87]唐润明．六省区市七方经济协调会的举办[EB/OL].(2007-06-18)[2023-12-20].https://www.gov.cn/ztzl/cqzx/content_651893.htm.

[88]陈林．六省区市经济协调会明开幕 携手为2.5亿人谋福[EB/OL].(2006-11-13)[2023-12-20].http://news.sohu.com/20061113/n246340376.shtml.

[89]佚名．中新(重庆)战略性互联互通示范项目联合实施委员会第一次会议在渝举行[EB/OL].(2016-01-08)[2024-02-28].http://zfwb.cq.gov.cn/zwxx_162/wsyw/201912/t20191224_2697435_wap.html.

[90]杨骏，王翔．全力参与陆海新通道建设 渝桂携手推进西部地区联动发展[EB/OL].(2019-07-09)[2024-02-28].https://www.cqcb.com/hot/2019-07-09/1730839_pc.html.

[91]杨秋，罗黎明．广西联合西部各省区市及各方推动南向通道建设[EB/OL].(2018-08-28)[2024-02-28].http://www.gxzf.gov.cn/gxydm/yw_29788/t1218919.shtml.

[92]余振芳，许焱雄．中新互联互通南向通道2018年中方联席会议召开[EB/OL].(2018-04-20)[2024-02-28].http://m.xinhuanet.com/cq/2018-04/20/c_1122713313.htm.

[93]陈钧，唐璨．“陆海新通道”背后的重庆探索[EB/OL].(2018-11-20)[2024-02-28].http://www.china.com.cn/guoqing/2018-11/20/content_73887234.htm.

[94]赵宇飞，伍鲲鹏．我国15个直属海关合作支持西部陆海新通道建设[EB/OL].(2023-10-13)[2024-02-28].https://www.gov.cn/xinwen/2019-10/13/content_5439133.htm.

[95]佟明彪．西部陆海新通道班列运输协调委员会成立助推班列运输高质量发展[EB/OL].(2020-12-04)[2024-02-28].http://bgimg.ce.cn/cysc/newmain/yc/jsxw/202012/04/t20201204_36081734.shtml.

[96]章轲．交通部：增设西部陆海新通道专项办，加快提升主通道能力[EB/OL].(2022-06-22)[2024-02-28].https://news.stcn.com/news/202206/t20220

622_4671927.html.

[97]重庆市人民政府口岸和物流办公室.系列解读文章之——重庆扎实推进省际协商合作　有效促进西部陆海新通道量质齐升[EB/OL].(2021-09-27)[2022-06-27]. https://www.ndrc.gov.cn/fggz/fgzy/xmtjd/202109/t20210927_1297744_ext.html.

[98]赵颖竹.西部陆海新通道省际协商合作联席会议办公室第二次会议在重庆举行[EB/OL].(2022-06-14)[2022-09-14]. http://cq.cqnews.net/html/2022-06/16/content_987061627739160576.html.

[99]重庆市中新示范项目管理局.中新(重庆)战略性互联互通示范项目合作亮点[EB/OL].(2022-10-12)[2023-06-14]. http://cci.cq.gov.cn/xmjs/hzld/202010/t20201012_7950556.html.

[100]重庆市中新示范项目管理局.中新互联互通项目联合实施委员会高层工作对接会第八次会议召开[EB/OL].(2023-03-09)[2023-06-14]. http://www.cciserv.com/content/2023-03/09/content_10501225.htm.

[101]李茂佳,雷宇婷.第五届中国西部国际投资贸易洽谈会开幕 2023陆海新通道国际合作论坛同期举行[EB/OL].(2023-05-18)[2023-06-14]. https://finance.sina.com.cn/jjxw/2023-05-18/doc-imyuenye5180134.shtml.

[102]杨睿.【走进亚欧博览会】“RCEP+陆海新通道”优势叠加　助力新疆打造对外开放新格局[EB/OL].(2022-09-20)[2023-06-14]. http://xj.people.com.cn/n2/2022/0920/c186332-40132347.html.

[103]陈芳.东博会服务西部陆海新通道建设 推动中国东盟互联互通[EB/OL].(2021-03-09)[2022-09-14]. https://www.sohu.com/a/454887528_123753.

[104]李欢,何洁,石伯宇.西部陆海新通道班列运输协调委员会秘书处第一次会议召开[EB/OL].(2021-03-20)[2022-09-14]. https://www.peoplerail.com/rail/show-1810-457337-1.html.

[105]富君.贯通南北交通走廊 提升陕西在西部陆海新通道的战略地位[EB/OL].(2022-01-18)[2022-09-14]. http://www.sxzx.gov.cn/ztzl/sejwcztbd/dhfy/

44702.html?eqid=a88ebe39001ade9a00000004646db0e5.

[106]金鑫,盛学卿.甘肃研究高水平共建西部陆海新通道有关工作[EB/OL].(2023-06-02)[2023-06-02]. http://www. gs. chinanews. com. cn/news/2023/06-02/360645.shtml.

[107]崔吕萍.全国政协经济委员会“推进西部陆海新通道建设”专题调研侧记[EB/OL].(2022-09-27)[2022-09-27]. https://baijiahao.baidu.com/s?id=1745084608984434624&wfr=spider&for=pc.

[108]董进.陆海新通道运营有限公司增资扩股 股东由8个增至13个[EB/OL].(2023-11-01)[2023-11-01]. https://news.cqnews.net/1/detail/1169262851659374592/web/content_1169262851659374592.html.

[109]中共中央 国务院关于新时代推进西部大开发形成新格局的指导意见[N].光明日报,2020-05-18(01).

[110]陈林.六省区市经济协调会明开幕 携手为2.5亿人谋福[EB/OL].(2006-11-13)[2019-12-20]. http://news.sohu.com/20061113/n246340376.shtml.

[111]杨煜航,罗仕志,刘福名.央视新闻联播关注16年,30000列! 西部陆海新通道海铁联运班列实现新跨越![EB/OL].(2023-10-08)[2023-10-08]. https://mp.weixin.qq.com/s/Re9SD_S-NCYBf0kB836Ffg.

[112]张金萍,强宁娟.重庆市在共建“西部陆海新通道”中面临的机遇与挑战[J].对外经贸,2020(4):47-49.

[113]张彦泽,邵涵.我国西部地区融入国际外循环通道的机遇与挑战[J].工程经济,2023,33(5):17-25.

[114]戴娟.全国政协副主席马飚在渝调研指出 加快推进中新互联互通南向通道建设[EB/OL].(2018-05-21)[2021-08-27]. http://www.liangjiang.gov.cn/Content/2018-05/21/content_430567.htm.

[115]国家发展改革委.对十三届全国人大五次会议第8241号建议的答复[EB/OL].(2023-01-18)[2023-01-27]. https://www.ndrc.gov.cn/xxgk/jianyitianfuwen/qgrddbjyfwgk/202301/t20230118_1346919.html.

[116]王春业,徐珮程.论粤港澳大湾区合作中政府间协议及其法律效力[J].港澳研究,2022(1):25-34,94.
[117]全国人民代表大会关于修改《中华人民共和国地方各级人民代表大会和地方各级人民政府组织法》的决定[EB/OL].(2022-03-12)[2022-04-25].https://www.gov.cn/xinwen/2022-03/12/content_5678640.htm.
[118]袁琳,陈荟词.从一域到全局 一江碧水焕新颜[EB/OL].(2021-12-08)[2022-08-31].https://baijiahao.baidu.com/s?id=1718559470523640977&wfr=spider&for=pc.
[119]鲁宇.议事协调机构设置的制度逻辑——基于外部比较与内部比较的双重视角[J].中国行政管理,2022(2):28-35.
[120]陈天祥.如何赋予省级政府更多自主权?[J].探索,2019(1):19-26,2.
[121]牟春雪.地方政府权力清单制度变迁逻辑、现实困境与优化路径——基于31个省级权力清单的过程追踪分析[J].湖南科技大学学报(社会科学版),2023,26(1):84-92.
[122]彭忠益,柯雪涛.中国地方政府间竞争与合作关系演进及其影响机制[J].行政论坛,2018,25(5):92-98.
[123]文宏,林彬."多任务竞逐":中国地方政府间竞争激励的整体性解释——以粤港澳区域治理为例[J].江苏社会科学,2020(1):75-85.
[124]锁利铭.走向复杂性的地方政府间竞合关系:理论演进与实践路径[J].行政论坛,2023,30(2):55-66,2.
[125]孙发锋.垂直管理部门与地方政府关系中存在的问题及解决思路[J].河南师范大学学报(哲学社会科学版),2010,37(1):63-66.
[126]黄兰松.区域协同立法的实践路径与规范建构[J].地方立法研究,2023,8(2):18-38.
[127]张皓.多方面明确！重庆牵头建立西部陆海新通道省际协商合作工作规则[EB/OL].(2020-12-15)[2022-11-15].https://baijiahao.baidu.com/s?id=1686144348864637278&wfr=spider&for=pc.
[128]高培勇.深刻认识财政"基础和支柱说"[EB/OL].(2016-01-07)

[2022-11-15]. https://www.gov.cn/zhengce/2016-01/07/content_5031101.htm?trs=1.

[129]中共中央政治局就实施网络强国战略进行第三十六次集体学习[EB/OL].(2016-10-09)[2022-09-13]. https://www.gov.cn/xinwen/2016-10/09/content_5116444.htm.

[130]苏德悦.深化数字技术应用　加速推进数字政府建设[N].人民邮电,2022-04-25(001).

[131]马伟东,武腾飞.数字时代提升电子政务服务效能分析[J].生产力研究,2023(8):39-42.

[132]魏礼群.加强绩效评估制度研究　推进服务型政府建设[J].行政管理改革,2013(4):4-6.

[133]马国贤,任晓辉.全面实施绩效管理:理论、制度与顶层设计[J].中国行政管理,2018(4):13-18.

[134]佚名.西部陆海新通道建设省部际联席会议第二次会议召开[EB/OL].(2021-05-14)[2022-09-06]. https://www.ndrc.gov.cn/xwdt/xwfb/202105/t20210514_1279883.html.

[135]佚名.西部陆海新通道建设省部际联席会议第三次会议召开[EB/OL].(2022-03-25)[2022-09-06]. https://www.ndrc.gov.cn/fzggw/wld/hzc/lddt/202203/t20220325_1320452.html.

[136]马世媛.议事协调机构的组织法规制探讨[J].领导科学,2022(8):123-128.

[137]习近平主持召开进一步推动长江经济带高质量发展座谈会强调:进一步推动长江经济带高质量发展　更好支撑和服务中国式现代化[EB/OL].(2023-10-12)[2023-10-13]. https://www.gov.cn/yaowen/liebiao/202310/content_6908721.htm.

[138]国务院新闻办就《河套深港科技创新合作区深圳园区发展规划》有关情况举行发布会[EB/OL].(2023-09-06)[2023-10-13]. https://www.gov.cn/zhengce/202309/content_6902358.htm.

[139]陈贻泽. 刘宁蓝天立会见国务院推动高质量发展综合督查第十一督查组组长唐承沛一行[EB/OL].(2023-11-11)[2023-11-11]. http://www.gx.xinhuanet.com/20231111/a0b3d99ddf0248f7a201953768ca6bdf/c.html.

[140]王超,郭婷. 京津冀交通一体化体制机制建设的国际经验及对策研究[J]. 交通运输部管理干部学院学报,2021,31(4):29-33.

[141]郭濂,李志伟. 长江经济带发展的理论支撑与国际借鉴[J]. 开发性金融研究,2015,3(3):47-54.

[142]刘有明. 流域经济区产业发展模式比较研究[J]. 学术研究,2011(3):83-88.

[143]佚名.【他山之石】美国密西西比河流域治理的若干启示[EB/OL].(2019-04-25)[2022-11-11]. https://mp. weixin. qq. com/s? _biz=MzAxMTEwMTM2Mw==&mid=2649913766&idx=1&sn=9c5555933f845f43dddc7683d3637eaa&chksm=8340ec7ab437656cc027d29e9a305705b15fe366a94d51653e48bb83b4234a45e9abd4f54642&scene=27.

[144]尼古拉斯·亨利. 公共行政与公共事务[M]. 北京:华夏出版社,2002.

[145]郑贤君. 地方制度论[M]. 北京:首都师范大学出版社,2001:198.

[146]郑迎平. 美国是如何处理各州之间关系的[J]. 经济研究参考,1998(18):28-36.

[147]李希元. 美国现代立体交通体系的调研及对中国交通发展的启示[C]//盛世岁月——祝贺孙钧院士八秩华诞论文选集,2006:894-912.

[148]Committee on the Mississippi River and the Clean Water Act, National Research Council. Mississippi river water quality and the clean water act: Progress, challenges, and opportunities? Paperback[M]. Washington, D.C: National Academies Press, 2008, 198-210.

[149]郑莉. 发达国家现代物流管理特点及借鉴[J]. 甘肃科技,2012,28(4):94-95,79.

[150]张静丽. 大部制下交通运输行政管理体制改革研究[D]. 长安大学,2015.

[151]张紧跟. 当代美国地方政府间关系协调的实践及其启示[J]. 公共管理学报,2005(1):24-28,83-92.

[152]刘春颖. 美国政府间关系咨询委员会的形式、成就及影响研究[J]. 现代商贸工业,2019,40(12):154-155.

[153]汪菁. 美国政府间关系的历史演变与"财政联邦制"问题的探讨[J]. 中共杭州市委党校学报,2014(5):24-29.

[154]佚名. 日本新干线的经济带动作用[N]. 中国城乡金融报,2011-09-23(B01).

[155]俞祖成. 日本政府购买服务制度及启示[J]. 国家行政学院学报,2016,100(1):73-77.

[156]干保柱,刘笑非. 日本地方分权改革与中央地方关系调适[J]. 世界经济与政治论坛,2017,322(3):44-61.

[157]杨官鹏. 日本跨行政区域组织机构管理经验及其对长三角一体化发展的启示[J]. 云南行政学院学报,2020,22(2):135-143.

[158]傅钧文. 日本跨区域行政协调制度安排及其启示[J]. 日本学刊,2005(5):23-36.

[159]樊东方,石静远. 日本交通运输管理体制的特征及其借鉴[J]. 工程研究——跨学科视野中的工程,2013,5(4):443-452.

[160]张冠增. 日本的民营铁道[J]. 城市轨道交通研究,1998(4):60-63.

[161]何玏. 日本东京TOD住宅区的可持续化发展——东急电铁实例[EB/OL]. (2021-03-11)[2023-05-12]. https://mp.weixin.qq.com/s?__biz=MzAxMDYyNzE5Mg==&mid=2247487347&idx=1&sn=d36e61ba9842ffb47c9c5133d1d0e2f1&chksm=9b4c3e64ac3bb7721628c01c8ed0fba2220635cf3a6988412b28165a4d987aae908aad118605&mpshare=1&scene=23&srcid=0510ekqvBrnfxPaicAQHSmKe&sharer_sharetime=1683884261935&sharer_shareid=2a11cab670526df5356fa1e463867c33#rd.

[162]佚名. 新的一站式旅游指南"LIVE JAPAN"面向赴日外国游客推出[EB/OL]. (2016-05-16)[2023-05-12]. https://www.prnasia.com/story/

149321-1.shtml.

[163]李远慧,张力梵.JR东日本铁路公司发展战略分析与启示[J].铁道运输与经济,2023,45(1):145-151.

[164]蔡红娟.日本新干线发展经验对我国中小城市高铁站区土地开发的启示[J].商,2016(12):88.

[165]王超,郭婷.京津冀交通一体化体制机制建设的国际经验及对策研究[J].交通运输部管理干部学院学报,2021,31(4):29-33.

[166]李红启,常馨玉,李嫣然.国外典型运输通道发展概况与启示[J].综合运输,2014(9):70-75.

[167]高薇.德国的区域治理:组织及其法制保障[J].环球法律评论,2014,36(2):177-192.

[168]张红梅.公共管理变化过程分析:德国地方政府财政改革案例研究[J].中央民族大学学报(哲学社会科学版),2008,179(4):138-144.

[169]民政部民间组织管理局德国、瑞典考察团.德国、瑞典政府向社会组织购买服务情况考察报告[J].中国社会组织,2013(11):27-30.

[170]王雁红.德国地方政府跨域合作的经验及对中国的启示[J].国外社会科学,2019(2):82-88.

[171]姜彤.莱茵河流域水环境管理的经验对长江中下游综合治理的启示[J].水资源保护,2002(3):45-50,70.

[172]Internationale Kommission zum Schutze des Rheins (IKSR). Aktionsplan hochwasser [M]. Koblenz: Internationale Kommission zum Schutze des Rheins, 1998: 1-30.

[173]杨志云,纪姗姗.中央集权驱动、地方分级响应与政府间合作的机理:基于京津冀的实证阐释[J].天津行政学院学报,2021,23(2):56-66.

[174]北京市交通委员会,天津市交通运输委员会,河北省交通运输厅.京津冀交通一体化发展白皮书(2014—2020年)[EB/OL].(2021-12-24)[2023-02-26]. http://www.beijing.gov.cn/ywdt/yaowen/202112/t20211224_2571761.html.

[175]李先忠. 京津冀交通一体化成就介绍[EB/OL].(2020-01-02)[2022-12-20]. https://www.meiligaosu.com/h-nd-1202.html.
[176]佚名. 省政府召开着力推动京津冀交通一体化发展新闻发布会[EB/OL].(2023-02-21)[2023-03-20]. https://baijiahao.baidu.com/s?id=1758511287516656230&wfr=spider&for=pc.
[177]邢璐霞. 京津冀"轴—辐"物流网络构建研究[D]. 河北师范大学,2017.
[178]马建华. 对表对标 理清思路 做好工作 为推动长江经济带高质量发展提供坚实的水利支撑与保障[EB/OL].(2021-03-25)[2022-07-05]. http://www.cjw.gov.cn/ldzl/mjh/lsjn/53543.html.
[179]习近平在推动长江经济带发展座谈会上强调 走生态优先绿色发展之路 让中华民族母亲河永葆生机活力[EB/OL].(2016-01-07)[2022-07-08]. http://www.gov.cn/xinwen/2016-01/07/content_5031289.htm.
[180]习近平在深入推动长江经济带发展座谈会上的讲话[N]. 人民日报,2018-06-14(002).
[181]习近平在全面推动长江经济带发展座谈会上强调贯彻落实党的十九届五中全会精神推动长江经济带高质量发展韩正出席并讲话[EB/OL].(2020-11-15)[2022-07-08]. https://baijiahao.baidu.com/s?id=1683422658781646152&wfr=spider&for=pc.
[182]推动长江经济带发展领导小组办公室. 推动长江经济带发展战略基本情况[EB/OL].(2019-07-13)[2023-02-17]. https://cjjjd.ndrc.gov.cn/zoujinchangjiang/zhanlue/.
[183]袁琳,陈荟词. 从一域到全局 一江碧水焕新颜[EB/OL].(2021-12-08)[2022-08-31]. https://baijiahao.baidu.com/s?id=1718559470523640977&wfr=spider&for=pc.
[184]国务院. 国务院关于依托黄金水道推动长江经济带发展的指导意见[EB/OL].(2014-09-25)[2022-07-05]. http://www.gov.cn/zhengce/content/2014-09/25/content_9092.htm.

[185]王磊，段学军，杨清可．长江经济带区域合作的格局与演变[J]．地理科学，2017，37(12)：1841-1849.

[186]生态环境部．关于政协十三届全国委员会第四次会议第0867号(资源环境类086号)提案答复的函[EB/OL]．(2021-08-17)[2022-07-05]. https://www.mee.gov.cn/xxgk2018/xxgk/xxgk13/202112/t20211202_962720.html.

[187]徐翀．积极建立长江流域协同管理合作机制[EB/OL]．(2021-04-27)[2022-07-05]. https://cjjjd.ndrc.gov.cn/zxdt/202104/t20210427_1277583.ht.

[188]闵晓英，张玫玲．关于长江保护法几个理论问题的探讨[J]．江苏警官学院学报，2022，37(6)：110-115.

[189]张可月．《"十四五"长江经济带综合交通运输体系规划》突出对外通道建设[EB/OL]．(2021-11-05)[2022-08-31]. https://news. cnr. cn/dj/20211105/t20211105_525651979.shtml.

[190]孙博文，李雪松．国外江河流域协调机制及对我国发展的启示[J]．区域经济评论，2015(2)：156-160.

[191]周金城，胡辉敏，黎振强．密西西比河流域水质协同治理及对长江流域治理的启示[J]．武陵学刊，2021，46(1)：52-58.

[192]泛珠三角合作信息网．泛珠三角区域合作简介[EB/OL]．(2019-03-01)[2022-07-05]. http://www.pprd.org.cn/fzgk/index.html.

[193]张建华．解读"东北物流大通道"[N]．长春日报，2005-06-08(006).

[194]杨洪涛，齐健．泛珠三角区域合作近10年来"交通一体化"提速[EB/OL]．(2013-09-10)[2022-07-05]. http://www. gov. cn/govweb/jrzg/2013-09/10/content_2485277.htm.

[195]佚名．泛珠三角区域合作各方携手打造区域协调发展新机制[EB/OL]．(2019-09-09)[2023-02-22]. http://www.pprd.org.cn/zdpt/content/post_666289.html.

[196]杨静．2022年泛珠三角区域合作行政首长联席会议筹备工作第一次秘

书长会议召开[EB/OL].(2022-09-01)[2022-12-05]. https://baijiahao.baidu.com/s?id=1742774607996558430&wfr=spider&for=pc.

[197]赵磊.泛珠三角区域合作机制创新研究[D].兰州大学,2017.

[198]汪德芬.泛珠三角区域各方签署交通合作框架协议[EB/OL].(2009-06-11)[2023-02-23]. http://www.hinews.cn/news/system/2009/06/11/010498983.shtml.

[199]杨抒燕.2020年珠江水运发展高层协调会议提出 共享高层协调机制成果 合力建设交通强国珠江篇[EB/OL].(2020-09-19)[2023-02-23]. http://www.pprd.org.cn/zt/2020lxhy/zdxw/content/post_666754.html.

[200]佚名.泛珠内地省区与港澳举行多场高层会晤 合作向纵深发展[EB/OL].(2021-09-27)[2023-02-22]. http://www.pprd.org.cn/zdpt/content/post_666329.html.

[201]佚名.泛珠三角区域省会城市将实现交通一体化[EB/OL].(2008-07-16)[2022-07-05]. https://www.cbi360.net/gov/a17435.html.

[202]孙艳.欧盟、泛珠三角区域分工合作模式的经验及启示[J].经济师,2010(6):39-40.

[203]江西省交通运输厅.泛珠三角区域综合交通运输一体化对接磋商会举行[EB/OL].(2017-03-21)[2022-07-05]. http://www.jiangxi.gov.cn/art/2011/9/27/art_5158_285985.html.

[204]《国务院关于深化泛珠三角区域合作的指导意见》全文[EB/OL].(2016-03-15)[2022-07-05]. http://www.pprd.org.cn/fzgk/content/post_664433.html.

[205]国家发展改革委.国家发展改革委关于建立西部大开发省部联席落实推进工作机制的通知[EB/OL].(2021-10-12)[2022-12-15]. https://www.ndrc.gov.cn/xxgk/zcfb/tz/202110/t20211029_1301594_ext.html.

[206]国务院办公厅.国务院办公厅关于同意建立大运河文化保护传承利用工作省部际联席会议制度的函[EB/OL].(2019-06-14)[2022-12-15]. https://www.gov.cn/zhengce/zhengceku/2019-06/24/content_5402771.htm.

[207]中共中央　国务院关于建立更加有效的区域协调发展新机制的意见[EB/OL].（2018-11-29）[2023-04-03]. http://www. gov. cn/zhengce/2018-11/29/content_5344537.htm.

[208]政知道.韩正领导的这个小组，大有来头[EB/OL].（2018-07-12）[2023-04-03]. https://www.jfdaily.com/news/detail.do?id=96256.

[209]水利部.充分发挥太湖流域调度协调组作用保障流域“四水”安全[EB/OL].（2021-09-28）[2023-04-03]. http://finance. people. com. cn/n1/2021/0928/c1004-32240848.html.

[210]王姝.京津冀大气污染联防联控将由国务院领导牵头[EB/OL].（2018-07-10）[2023-04-03]. https://www.bjnews.com.cn/news/2018/07/10/494520.html.

[211]国务院办公厅.国务院办公厅关于成立国家质量强国建设协调推进领导小组的通知[EB/OL].（2022-08-29）[2023-04-03]. https://www.gov.cn/zhengce/zhengceku/2022-08/29/content_5707291.htm.

[212]杨杰.加强西部省区市合作的思考[J].中共云南省委党校学报，2009，10(4)：100-102.

[213]陈锐.论法律规范的逻辑结构及相关的元理论问题[J].浙江社会科学，2022(2)：42-50，156.

[214]黄伟新，钱林.中国西部地区西部陆海新通道参建水平测度与评价[J].统计理论与实践，2023(8)：16-24.

后　记

2019年7月至2023年12月，本人主持完成了国家社科基金项目《中国西部地区优化合作机制参建国际陆海贸易新通道研究》（批准号：19BGL284）的研究。在该课题的研究过程中，课题组收集了大量与陆海新通道建设与发展相关的数据、案例和资料，因此本书能够在此课题研究成果的基础上进行补充、修改和完善。在本书即将付梓出版之际，谨向给予无私帮助和默默支持的领导、同事、朋友及家人致以真诚的感谢和崇高的敬意！

感谢全国社科工作办的资助及匿名评审专家提出的宝贵建议。

感谢广西科技大学经济与管理学院、广西工业高质量发展研究中心、学校科技处等单位和部门的领导，还有广西科技大学经济与管理学院的高安刚副教授、谭东丽副研究员，没有他们的大力支持，本书不可能顺利出版，在此特别向他们表示衷心的感谢。

感谢北部湾大学经济管理学院、科技处的领导，还有北部湾大学黄林教授、刘新文博士、杨小姣老师，广西民族大学贾清显副教授，是他们的支持和帮助，为本书的出版打下了坚实的基础。

感谢为课题组调研提供帮助的所有单位和个人，同时感谢我指导的北部湾大学研究生钱林（现在南昌工程学院工作），还有我们享新通道团队的何秋蓉、林浩添、刘庆霖、徐冬瑞、郑晧仁、傅小慧、黄诗童、林靖敏等研究生，正是有了他们的参与，课题研究才顺利完成。

衷心地感谢我的家人，爱人陆道芬与我相识十年，一路偕行，相互支持与鼓励，给我莫大的动力。家中三位年幼的千金见证了本书的起笔到完成，过程中她们时常给我带来意想不到的惊喜和快乐。年迈的岳父岳母，还有父亲任劳任怨地帮我们照顾女儿，让我有更多时间投入课题研究和书稿撰写工作中。

写作过程参考了众多前人的研究成果，在这里对已经在书中列出和未能一一列出的学者表示诚挚的谢意。同时，由于作者水平有限，本书可能还存在一些缺陷和不足，也真诚欢迎读者批评指正。

黄伟新

2024年6月

（蔡玉华等主编，江苏人民出版社，1999 年出版）、《利国镇志》（吴奇主编，香港天马出版社，2000 年出版）以及本镇主要姓氏家谱等。

值本书付梓之际，首先要诚挚地感谢徐州市文联党组书记、主席王雪春女士于百忙之中多次关心指导并作序；感谢徐州市民协主席殷召义对此书的精心策划；感谢徐州市非遗办张明主任提供资料并帮助摄影；特别感谢蓝海运输公司、牛头山铸造公司等对该书给予热情资助与全力支持。

本书在编辑过程中，由于时间仓促，水平所限，虽尽心努力，万般搜罗，仍有遗珠之憾，舛讹之处亦在所难免，敬请读者和方家批评指正。

编者

2017 年 10 月

↓ 东坡大道

图书在版编目（CIP）数据

中国历史文化名村．江苏利国 / 潘鲁生，邱运华总主编；中国民间文艺家协会组织编写．—北京：知识产权出版社，2018.5

（中国历史文化名城·名镇·名村丛书）

ISBN 978-7-5130-5540-6

Ⅰ．①中… Ⅱ．①潘… ②邱… ③中… Ⅲ．①乡镇—概况—徐州 Ⅳ．① K928.5

中国版本图书馆 CIP 数据核字（2018）第 083583 号

责任编辑：孙 昕　　**责任校对**：王 岩

书装设计：研美文化　　**责任出版**：刘译文

中国历史文化名城·名镇·名村丛书

中国历史文化名村·江苏利国

中国民间文艺家协会　组织编写

总 主 编　潘鲁生　邱运华

本卷主编　王振君　张甫文

出版发行：知识产权出版社有限责任公司　　**网　址**：http：//www.ipph.cn

社　址：北京市海淀区气象路 50 号院　　**邮　编**：100081

责编电话：010-82000860 转 8111　　**责编邮箱**：sunxinmlxq@126.com

发行电话：010-82000860 转 8101/8102　　**发行传真**：010-82000893/82005070/82000270

印　刷：天津市银博印刷集团有限公司　　**经　销**：各大网上书店、新华书店及相关专业书店

开　本：720mm × 1000mm　1/16　　**印　张**：12.5

版　次：2018 年 5 月第 1 版　　**印　次**：2018 年 5 月第 1 次印刷

字　数：150 千字　　**定　价**：80.00 元

ISBN 978-7-5130-5540-6

后 记

《中国历史文化名村·江苏利国》终于定稿付梓了。这既是一本系统介绍古老利国深厚文化底蕴的宣传册，也是一本为扩大利国对外交流的旅游专辑。

本书旨在“一册在手，利国全有”，编写内容立足于“深度挖掘历史文化，有序传承保护”的原则，全面疏理了千年古村的历史和文化，让广大读者了解认识真实的利国，这是一个文化资源丰厚、经济实力雄厚、全国罕见的“百炼钢”名村（“百炼钢”的说法是苏东坡在利国时提出的），这是一个群众文化丰富多彩、京戏与叮叮腔闻名遐迩的文化名村。

本书是一部图文并茂的纪实性史料，其中撰文近10万字，配图近100幅。全书共分七个章节：利国概述——以叙述利国基本情况为主线，系统理清利国冶铁发展史与建制沿革；古村遗迹——以收集查证大量关于利国的史料为依据，再现古老利国历史遗存与遗址；民俗信仰——从利国120多个姓氏中，系统总结民间积累的多种生活习俗与对佛教文化的信仰；文化集萃——以详细记述利国丰富多彩的群众文化以及各类传统技艺与文艺名人、乡贤名人等，再现当代群众文化的发展；趣闻逸事——主要以传说故事的形式，记述利国主要地名的由来与名人逸事；抗日烽火——记述日军侵略徐州期间，为掠夺利国铁矿资源，惨无人道地在采矿区掩埋了万余名中国劳工的事实，以及军民团结一致联合抗日的战例，以此激励后人不忘国耻，奋勇前进；饮食特产——具体介绍特色饮食与主要特产，让美食风味香飘四方。

本书参照书目主要有《二十五史》（上海古籍出版社，1986年出版）、《水经注》（北魏郦道元著，重庆出版社，2008年出版）、《徐州府志》（赵明奇主编，中华书局，2001年出版）、《徐州市非物质文化遗产要览》（徐州市文化局编，2010年版）、《群英谱》